高等院校"十三五"
经济管理实验实训教材

市场营销实训教程

Marketing Training Course

主　编　刘媛媛　包迎春
副主编　韩庆龄　李景东

经济管理出版社
ECONOMY & MANAGEMENT PUBLISHING HOUSE

图书在版编目（CIP）数据

市场营销实训教程/刘媛媛，包迎春主编．—北京：经济管理出版社，2017.6
（2021.12重印）
ISBN 978 - 7 - 5096 - 5246 - 6

Ⅰ.①市…　Ⅱ.①刘…②包…　Ⅲ.①市场营销学—教材　Ⅳ.①F713.50

中国版本图书馆 CIP 数据核字（2017）第 168918 号

组稿编辑：王光艳
责任编辑：任爱清
责任印制：黄章平
责任校对：王淑卿

出版发行：经济管理出版社
　　　　　（北京市海淀区北蜂窝 8 号中雅大厦 A 座 11 层　100038）
网　　址：www. E - mp. com. cn
电　　话：（010）51915602
印　　刷：唐山昊达印刷有限公司
经　　销：新华书店
开　　本：720mm × 1000mm/16
印　　张：14.5
字　　数：276 千字
版　　次：2018 年 6 月第 1 版　　2021 年 12 月第 2 次印刷
书　　号：ISBN 978 - 7 - 5096 - 5246 - 6
定　　价：48.00 元

前　言

　　伴随着国家"一带一路"战略的提出和我国市场经济的发展，新形势下社会对营销管理人才培养提出了新的要求，高等院校本科市场营销专业人才培养目标也从"应用型"定位向"复合型、创新型"提升。内蒙古财经大学市场营销专业教师为适应市场需求，认识到实践教学是应用型本科教学体系中的重要组成部分，也是进行人才实践能力、创新能力培养的重要途径。一直把提升学生专业实践能力放在重要位置，积极倡导基于创新创业导向的多维互动实践教学改革。

　　本书是为配合市场营销专业实验实训教学而编写的指导教程，也是我们专业"营销实战与模拟"综合实验实训课程的配套教材。在本书编写过程中，我们秉承以学生为主体，以提升学生的实践创新能力为原则，依据市场营销完整工作流程将教材体系划分为企业战略与营销管理、市场营销环境分析、市场调查与预测、目标市场营销战略、产品策略的制定、价格策略的制定、分销渠道策略的制定、促销策略的制定、营销策划九章。在每章内容设置上力求反映市场营销实践教学各部分的重要作用，达到培养和提升专业人才实践应用能力和创新能力的目标。为此，本书设置了知识概要、模拟演练、案例分析、实践任务、实务作品展示五个模块。知识概要模块，凝练营销理论，使学生综合领会市场营销管理基础知识；模拟演练模块，利用实验室软件平台进行仿真模拟训练，学生需要根据项目要求进行分工协作，教师在教学过程中现场讲解并进行指导；案例分析模块，在教师的指导下，通过对案例的分析与讨论，来提升学生的理论应用能力，启发学生思考，促进学生更积极地学习；实践任务模块……提升实际操作能力；实务作品展示模块，配合课堂教学，结合课外实践训练项目，从学生的课程训练项目作品节选部分内容，供学生分析讨论，并结合亲身体验帮助企业分析在营销中出现的问题及如何解决问题。实践任务模块，结合课堂教学内容布置实践任务，让学生在课堂之外进行实战训练，提升实际操作能力。实务作品展示模块，配合课堂教学。本书通过五大模块多个项目的安排设计，培养学生多维度、全方位地掌握营销管理理论、技能和现代信息技术手段。

本教材编写工作具体分工如下：刘媛媛老师负责第一、第二、第三章的编写工作；韩庆龄老师负责第四、第五、第六章的编写工作；包迎春老师负责第七、第八章以及流程图表的编写工作；李景东老师负责第九章的编写工作。另外，本教材内所使用的本地案例也是几位老师多年来带领学生在课程内外所做项目成果的部分节选内容，在此向提供资料的老师们表示感谢！特别感谢鑫颖老师在本书编写过程中给予的帮助和支持！

我校的国家级经济管理实验实训中心与深圳市因纳特科技有限公司、杭州贝腾科技有限公司等单位有着长期的合作关系，在本书编写过程中参阅了因纳特市场营销模拟平台软件、营销之道——营销管理电子对抗系统中的部分内容，对他们长期以来的支持在此表示感谢！

最后，经济管理出版社的王光艳编辑对本书的出版给予了大力支持并付出了诸多辛苦，在此表示衷心感谢。由于我们尚在理论与实践的学习和探索中，编写水平和视野较为有限，甚至偏颇，本书疏漏之处在所难免，恳请同行专家和读者不吝赐教。

刘媛媛

内蒙古财经大学

2018 年 4 月

目　录

第一章
企业战略与营销管理

知识概要

一、企业战略的特征

现代社会，"战略"一词被广泛应用于政治和经济领域，泛指统领性、全局性、左右胜败的谋略、方案及对策，指导战争全局的计划和策略等。企业战略主要描述企业打算如何实现其目标和使命。

企业战略具有四种特性：

全局性。战略以大局为对象，根据整体发展的需要制定，规定的是整体的行动，追求的是全局的效果。虽然也包括局部活动，但都是作为整体行动的有机组成部分出现的。

长远性。战略是谋求长远发展的反映，又是对未来较长时期内企业怎样生存和发展的通盘考虑。

抗争性。战略是竞争中如何与对手抗衡的行动纲领，也是针对各种冲击、压力、威胁和困难的基本安排。因此不同于那些不考虑竞争，单纯为了改善现状、增加效益和提高管理水平等的计划或安排。

纲领性。战略规定长远目标、发展方向和重点以及拟采取的基本方针、重大措施和主要步骤。这些都是原则性和概括性的规定，必须展开、分解和落实为具体的行动和计划。

二、企业战略的层次结构

1. 总体战略

总体战略又称公司战略，是一个企业最高层次的战略。总体战略的任务是回答企业在哪些领域开展活动、经营范围的选择和如何配置资源。通常，总体战略由企业高层负责制定、落实。

企业使命就是解答一个具体的企业是"干什么的""应该是怎样的"。企业通常从以下方面思考和归纳企业使命：愿景（Vision），即企业关于未来的愿望和发展，希望和愿意看到的景象；业务领域（Business Area），说明企业想在哪些领域发挥作用参与竞争；经营政策（Business Policy），用以指导企业内部所有部门和员工，如何对待顾客、供应商、经销商、竞争者和一般公众，保证整个企业在重大问题或原则上保持一致，可遵循共同的标准。

2. 经营战略

经营战略又称经营单位战略、竞争战略，是战略业务单位（Strategic Business Units，SBU）或有关事业部、子公司的战略。一个企业经营的业务，可能会涉及多个领域。有一定规模的企业大多数经营着多种业务。战略业务单位是企业值得和必须为其专门制定经营战略的最小业务管理单位。区分战略业务单位时要注意以需求为导向合理界定其范围，如表 1-1 所示。

表 1-1　产品导向型和市场导向型有关业务的不同界定比较

公司	产品定义	市场定义
铁路公司	经营铁路	承载商品和旅客
爱普生公司	生产复印设备	帮助提高办公效率
电影公司	拍摄电影	提供娱乐
出版社	出版书籍	传播知识
海尔公司	制造家用电器	面向全社会孵化创客的平台

3. 职能战略

职能战略又称职能层战略。帮助职能部门更清楚地明确自己在总体战略、经营战略中的任务、责任和要求，有效地运用有关管理职能，保证企业整体目标的实现。

三、规划投资组合

1. "市场成长率/市场占有率"矩阵（波士顿成长—份额矩阵）

（1）市场成长率（Market Growth Rate）。"市场成长率"指战略业务单位所在市场或行业，一定时期内销售增长的百分比。

（2）市场占有率（Relative Market Share）。"市场占有率"指本企业在该市场所占的份额。相对市场占有率是其市场份额与最大竞争对手之比，如图 1 – 1 所示。

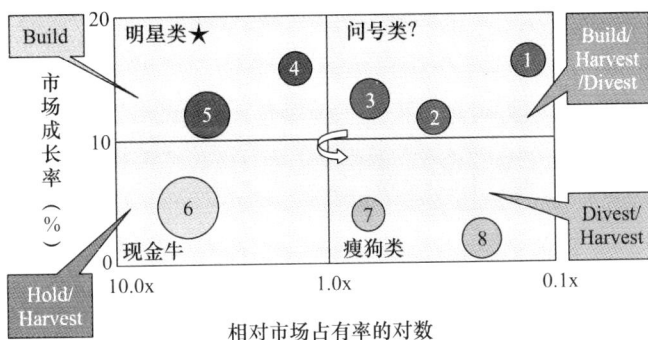

图 1 – 1　波士顿成长—份额矩阵

2. "多因素投资组合"矩阵（通用电气公司矩阵）

企业对每个战略业务单位从市场吸引力（Market Attractive）和业务优势（Business Strength）两个方面进行评估。市场吸引力取决于市场大小、年市场增长率、历史的利润率等。竞争能力由该单位的市场占有率、产品质量、分销能力等因素决定，如图 1 – 2 所示。

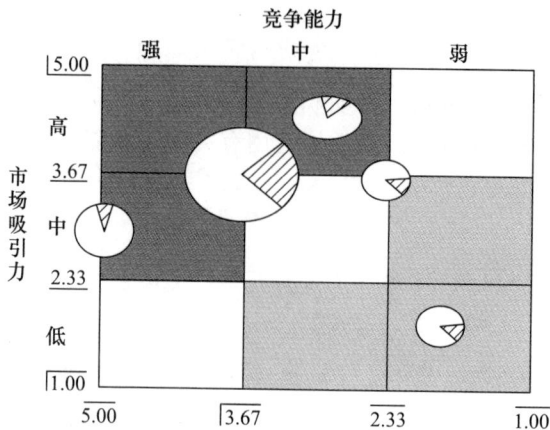

图 1 - 2　多因素投资组合矩阵

四、规划成长战略

1. 设计成长战略的三种思路

设计成长战略有三种思路：其一，在现有业务范围内寻找进一步发展的机会。其二，分析建立和从事某些与目前业务有关的新业务的可能性。其三，考虑开发与目前业务无关，但是有较强吸引力的业务。

2. 密集式成长

密集发展战略是一种在现有的业务领域内寻找未来发展的各种机会。企业的经营者在寻求新的发展机会时，首先，应该考虑现有产品是否还能得到更多的市场份额；其次，应该考虑是否能为其现有产品开发一些新市场；最后，考虑是否能为其现有市场发展若干有潜在利益的新产品。还应考虑为新市场开发新产品的种种机会，如图 1 - 3 所示。

（1）市场渗透（Market - pentration）。市场渗透是指企业在现有市场上增加现有产品的市场占有率。要增加现有产品的市场占有率，企业必须充分利用已取得的经营优势或竞争对手的弱点，进一步扩大产品的销售量，努力增加产品的销售收入。市场渗透主要有三种方法：①尽力促使现有顾客增加购买，包括增加购买次数、购买数量；②尽力争取竞争者的顾客；③尽力争取新的顾客，使更多的潜在顾客、从未使用过该产品的顾客购买。

	产	品
	原有	新
市 原有	**市场渗透** (Market- penetration)	*产品开发* Product- development
场 新	**市场开发** Market- development	**多角化** Diversification

图 1 - 3 密集式成长战略

（2）市场开发（Market - development）。企业尽力为现有的产品寻找新的市场，满足新市场对产品的需要。①企业可以寻找新的分市场，使现有产品进入新的细分市场，如开发新的产品用途。②企业可以考虑扩大其市场范围，建立新的销售渠道或采取新的营销组合，发展新的销售区域，如向其他地区或国外发展。

（3）产品开发（Product - development）。向现有市场提供新产品或改进的新产品，目的是满足现有市场不同层次的需要。具体的做法有：①利用现有技术增加新产品；②在现有产品的基础上，增加产品的花色品种；③改变产品的外观、造型或赋予产品新的特色；④推出不同档次、不同规格、不同式样的产品。发现这些机会，企业就有可能从中找到促进销售增长的途径。然而这还远远不够，企业还应该进一步研究一体化成长的可能性。

3. 一体化成长

（1）后向一体化。利用自己的产品、品牌的优势，把原来外购的原材料或零件改为自行生产。

（2）前向一体化。企业根据市场需求和生产技术的可能，利用自己的优势对产品进行深加工。例如，并购相关的下游厂商或联合组成战略联盟。

（3）水平一体化。并购性质相同、生产同类产品的其他企业。

4. 多角化成长

（1）同心多角化。同心多角化经营战略也称集中化多角化经营战略，是指企业以一种主要产品为圆心、充分利用该产品在技术、市场上的优势和特长，不断向外扩散，生产多种产品，充实产品系列结构的战略。是企业利用原有的生产技术条件，制造与原产品用途不同的新产品。这种发展战略有利于企业利用原有的技术、资源、渠道。

（2）水平多角化。水平多角化经营战略也称横向多角化水平多元化战略，是指企业利用原有的市场，采用不同的技术来跨行业发展新产品，增加产品种类并将新产品销售给原市场的顾客，以满足他们的新需求。

（3）综合多角化。以新业务进入新市场，新业务与现有技术、市场以及业务没有关联。

📖 模拟演练

模拟演练部分的训练内容是在综合实训中心开展，依托市场营销专业教师发布的模拟实训任务，运用实验室的模拟综合训练平台对企业营销管理进行实战化演练，将企业运营中普遍应用的营销知识、工具、模型、方法与国内外成功企业的营销管理经验融入虚拟企业的经营管理中，使学生在模拟经营中快速掌握营销管理这一实践性极强的学科知识，并使复杂、抽象、枯燥的营销理论知识趣味化、生动化和形象化。参训学生分组组建团队，每个团队分别组建一家模拟企业，这样就形成了相互竞争的多家模拟企业，通过团队的运营管理，在若干个经营周期内实现企业的经营目标。学生需要借助所掌握的理论知识，独立做出各种运营决策。包括制定企业战略、分析市场信息、制订研发计划、产品特性设计、营销渠道建设、生产制造管理、竞争对手分析、产品定价策略、市场营销推广、经营绩效分析等。学生通过对虚拟企业的亲自运营管理，帮助其掌握在现实中解决各种管理问题的有效应对办法，在失败中吸取教训，在成功中领悟真谛，从而增强对企业的感性直观的认识，真正提升日常企业市场营销经营中的分析决策能力。

学生模拟演练环节评分办法：

第一，课堂综合表现，占 30 分，包括课堂中是否认真填写各类练习以及是否积极参与讨论、积极发表意见、回答问题等方面；

第二，课后实验报告，占 40 分，要求 3000 字左右，根据综合演练的情况完成实习报告；

第三，实战经营绩效，占 30 分，根据所在小组的综合成绩排名情况打分。

一、实验模块介绍

模拟操作环节涵盖了从市场营销调研、市场需求预测到市场营销策略组合实施的营销全过程，如图 1-4 所示。

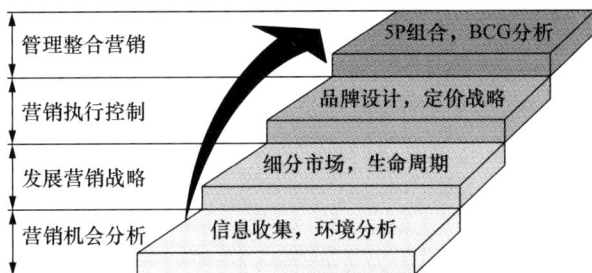

图1-4 营销实验模块设置

模块一：营销机会分析。根据整个训练系统平台的商业背景环境与数据规则，分析市场环境与竞争形势，完成前期的市场营销环境调研和市场需求预测。

模块二：发展营销战略。系统中设置了不同的消费群体，根据不同消费群体的市场需求，进行细分市场分析、产品定位分析、竞争对手分析，由此指导产品研发、市场开发和竞争策略的制定。

模块三：营销执行控制。有了好的营销战略，接下来就是靠具体的营销策略组合来实现它。这一环节包括如何制定企业的营销策略组合，包括产品策略、定价策略、渠道策略和促销策略。系统中设置了丰富的渠道路径，包括直销和经销商，还有网络营销和国际市场营销，根据不同的渠道特点和市场特点来灵活制定有效的定价策略、促销策略和服务策略，这一系列的训练，可以极大地锻炼提升学生的营销技能。

模块四：管理整合营销。通过对营销组合的运用，结合每一季度的营销结果进行调整改进，综合运用系统提供的多种分析工具，包括BSG矩阵、市场分析报告等来进行管理整合营销，进一步提升营销综合能力，提升企业经营效益。

二、建立虚拟企业

1. 电子实验对抗系统介绍，规则介绍，商业背景环境介绍

根据教师下发的有关电子对抗模拟企业所处商业环境的介绍和团队中其他成员一起组建一家以市场营销工作为重心的企业，可以以月度、季度或者年度为时间周期，模拟经营若干个经营周期，具体根据实际情况而定。

2. 组建团队，职责分工，命名企业名称，团队述职

系统会依据行业及产品种类为每家企业提供若干初始资金，经营团队可以根据系统中公开的各类数据规则、市场信息开始经营自己的企业，同时组建虚拟企

业并一起为企业命名、提炼企业价值观、确立企业目标，完成各团队中成员的岗位任命工作。

参与公司管理的每位同学都可以选择总经理、直销总监、技术总监、市场总监、生产总监、财务总监、渠道总监、国际总监等其中的一个角色，也可以一位同学兼管多个角色相关的工作内容。

每支团队建议由 3~5 名学生组成，各模拟企业的总经理人选需要准备一份五分钟的演讲，向"公众"介绍自己所领导的企业。内容包括：企业名称、企业价值观、企业目标等。要求生动、形象、富有活力，并能让人记忆深刻。

团队任命总经理、生产总监、市场总监、直销总监、渠道总监、财务总监等职位，也可以采用竞选的方式获得相关职位。

三、岗位职责分配

教师可根据教学需要，要求学生在课前完成总经理、生产总监、市场总监、直销总监、财务总监五个职位的岗位分析说明书，并在课程实施前一天提交。

各角色和决策项目权限设置如下：

总经理 CEO（兼财务总监）：设立公司总部，根据公司的营销规划，进行贴现，根据公司发展资金需要申请银行贷款，最后在所有决策做完后要确认所有操作已经完成。

生产总监 CPO（兼技术总监）：根据公司的战略规划，设计符合消费群体需求的产品，并对已经设计好的产品进行研发测试。根据公司营销和生产规划，进行投料生产。同时，根据公司的营销规划，把产品配送到不同的渠道及区域。根据公司生产规划，购置固定资产。

市场总监 CMO：根据公司的营销规划，开设互联网渠道并开发不同的市场，在各个市场制定不同的服务策略。根据规划要求投入不同形式的广告及设定投入次数。

直销总监：根据公司的营销规划，在不同区域和地段开设专卖店，并招聘销售人员。对已经开设的专卖店进行不同档次的装修工作。根据公司规划要求，制定各大卖场定价及促销策略，并负责招聘各大卖场的促销人员。

渠道总监 CCO（兼国际总监）：根据公司的营销规划，制定本地经销商定价及返利策略，制定互联网定价和促销策略，制定国际经销商定价策略。

四、操作思路及流程

企业基本信息操作思路及流程如图 1-5 所示：总经理设立总部；财务部进

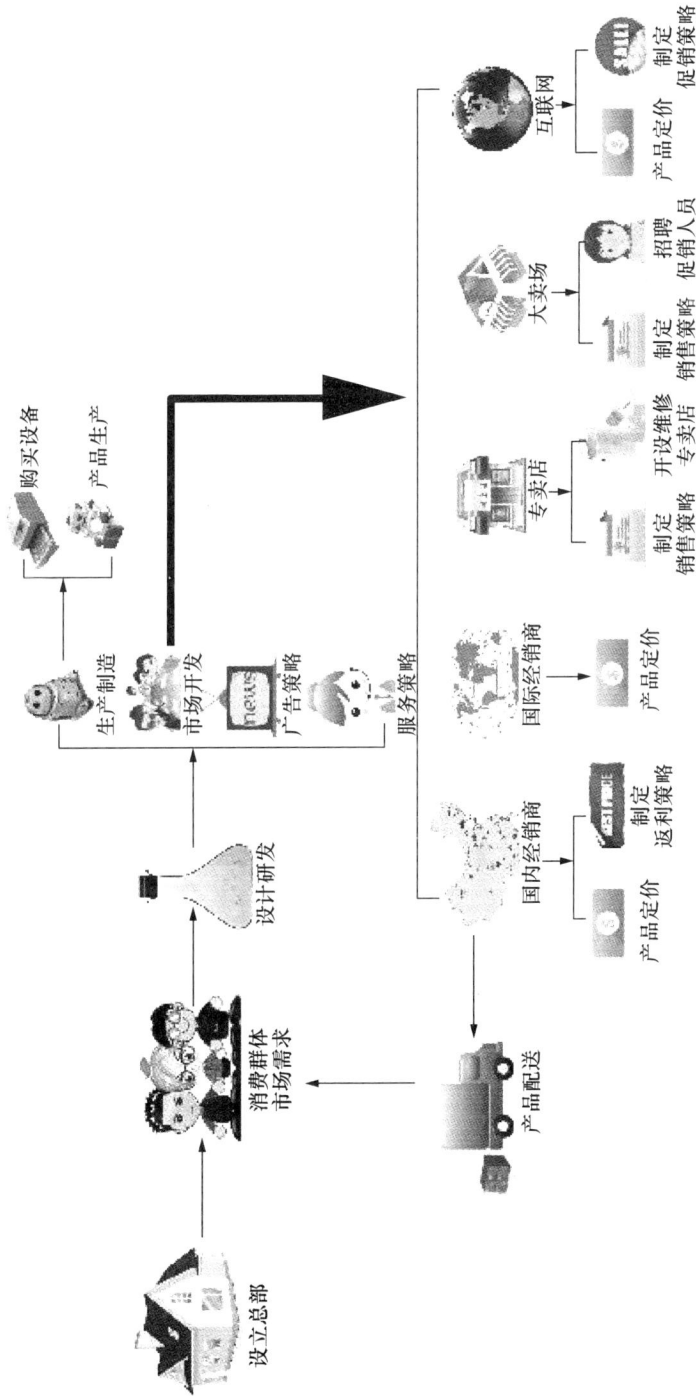

图 1-5　企业基本信息实验操作流程

行财务预算、筹资；研发部分析消费群体需求、设计研发产品；生产部购置固定资产、生产产品；市场部开发市场、制定广告、服务策略；渠道部和直销部分别对已经开发的市场制定营销组合策略；制造部把成品配送到各渠道市场；总经理点击完成决策。学生登录电子对抗平台，将以上内容输入，电子对抗平台界面将能显示其所在企业的基本信息。

📖 案例分析

经济型酒店借长租房再抢市场

从 2015 年 4 月铂涛推出公寓品牌"窝趣轻社区"、同年 10 月如家推出逗号公寓，到华住酒店集团投资"城家公寓"，以及住友酒店集团公寓品牌"漫果连锁公寓"开业。经济型酒店纷纷涉足长租市场，是目前酒店市场经济压力下沉而致的寻求转型之路，还是看上每年 8000 亿元租房市场的巨大潜力以求抢占市场先机？

一、经济型酒店纷纷推出长租产品

在海友酒店官方网站上可以看到，海友酒店推出了长包房项目，顾客可像租房一样租酒店房间。不仅海友酒店推出长包房项目，华住酒店集团还投资了名为"城家公寓"的平台，其他几家较大的经济型酒店也均有涉及公寓等长租项目。住友酒店集团旗下"漫果连锁公寓"在杭州开业，铂涛推出"窝趣轻社区"品牌。

从经济型酒店跨入长租市场方式来看，几个集团涉足长租市场的方式分别代表不同的类型，如海友酒店直接用酒店客房作为长租房。如家为保证初期经营情况精确的参考价值，旗下公寓是由如家投资自建；铂涛旗下的"窝趣轻社区"则开放加盟，"漫果连锁公寓"除自营之外也开放了加盟。

海友酒店的客房按照实际经营情况灵活调配长包房和传统商旅客房，总体上采取弹性的方式，"漫果连锁公寓"目前掌握了约 1200 套房源。总体来讲，经济型酒店在向长租市场的进军中，规模都不是很大。

二、酒店做长租有行业优势

经济型酒店涉足长租市场的步伐基本一致，不管是简单的客房长租还是针对青年白领的公寓模式，长租市场已经酝酿多年，此前雷军高调入股"you + 国际青年公寓"或是公众视线集中到公寓上的原因之一。

有媒体将投资经济型酒店与投资公寓做了比较，总体投资额相对较小和投资回报期相对较短也是公寓的明显优势。例如一家拥有 100 间客房规模的公寓总体投资在 500 万元左右，而同规模的经济型酒店总体投资在 700 万元左右，相比之下，公寓要节省 200 多万元。长租公寓平均每间夜收益 100 元左右，空置率通常为 5%，而经济型酒店的每间夜收益约为 150 元，空置率为 20%。

而业内观点比较一致的是，酒店行业的管理、运营、服务经验也正是酒店做公寓的突出优势。

目前经济型酒店经营公寓都主要针对一线城市青年白领，酒店做肯定是有优势的，经济型酒店的运营商和长租公寓模式比较相似，同时管理和服务上也都非常规范。此外，有限的服务既能满足青年白领的生活需求又能满足他们的隐私需求。

如家"逗号公寓"项目相关负责人表示，公寓和酒店在提供有限服务上有很大的相似性，就如家来讲，酒店团队做公寓有着非常丰富的服务和管理经验优势。

三、寻求转型还是抢占先机

由于酒店市场不景气、市场压力下沉等因素，经济型酒店略显疲态，目前仍然是酒店业亟须解决的问题，所以很多酒店都在寻求转型，从如家的品牌布局上来看，已经在向中高档酒店倾斜，铂涛一系列比较时尚的中高档品牌也是代表之一。因此，试水长租市场也是经济型酒店转型的方式之一。

也有业内人士分析，高端酒店公寓一直都有，但是针对青年白领的公寓却在这两年才开始出现一批品牌，但是影响力都局限在地方，尤其集中在北上广深等一线城市。例如上海的青客、魔方，经济型酒店，尤其是目前试水的这一批里正有当年在经济型酒店大行其道时率先占领市场的如家、铂涛和华住，它们非常明白抢占市场先机的重要性，尽管青年白领公寓或者经济型酒店长包房的发展前景还不是很确定，先行投入先占坑也是它们的考虑之一。

资料来源：网易财经 2015 年 10 月 8 日。

案例思考题

1. 经济型酒店为何要推出长租产品?
2. 目前经济型酒店面临的市场环境如何?
3. 经济型酒店与普通酒店在营销中有何区别?

实践任务

以小组为单位,参观走访身边的企业,了解其组织架构和职能划分。分析由于行业不同,企业组织结构有哪些差异?

[链接] 市场营销管理体系如图1-6所示

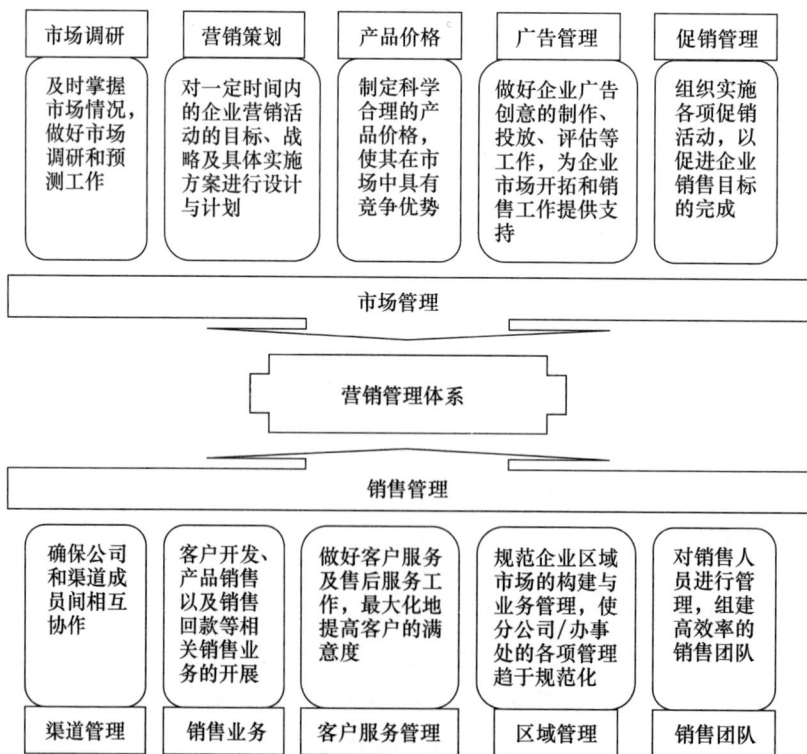

市场调研	营销策划	产品价格	广告管理	促销管理
及时掌握市场情况,做好市场调研和预测工作	对一定时间内的企业营销活动的目标、战略及具体实施方案进行设计与计划	制定科学合理的产品价格,使其在市场中具有竞争优势	做好企业广告创意的制作、投放、评估等工作,为企业市场开拓和销售工作提供支持	组织实施各项促销活动,以促进企业销售目标的完成

市场管理

营销管理体系

销售管理

确保公司和渠道成员间相互协作	客户开发、产品销售以及销售回款等相关销售业务的开展	做好客户服务及售后服务工作,最大化地提高客户的满意度	规范企业区域市场的构建与业务管理,使分公司/办事处的各项管理趋于规范化	对销售人员进行管理,组建高效率的销售团队
渠道管理	销售业务	客户服务管理	区域管理	销售团队

图1-6 市场营销管理体系

第二章
市场营销环境分析

知识概要

一、市场营销环境的概念及特点

1. 市场营销环境的概念

市场营销环境，指影响企业生存和发展的各种外部条件，是指那些与企业营销活动有关联因素的部分集合。

市场营销环境是一个不断完善和发展的概念。在 20 世纪初，工商企业仅将销售市场作为营销环境；到 20 世纪 30 年代以后，又把政府、工会、竞争者等对企业有利害关系者也看作是营销环境因素；进入 60 年代以后，进一步把自然生态、科学技术、社会文化等作为重要的环境因素；随着政府对经济干预的加强，70 年代以来，现代企业开始重视对政治、法律环境的研究。这个不断扩大的过程，国外称之为"企业的外界环境化"。可见，随着商品经济的发展，发达国家的企业已越来越重视对市场营销环境的研究。

2. 市场营销环境的特点

（1）客观性。环境作为营销部门外在的不以营销者意志为转移的因素，对企业营销活动的影响具有强制性和不可控的特点。要求企业主动适应环境的变化和要求，制定并不断调整营销战略。

（2）相关性。营销环境因素间相互联系、相互影响、相互制约，某一因素的变化，必然导致其他因素的变化，形成新的营销环境。

（3）差异性。不同的国家或地区之间，宏观环境存在着广泛的差异；不同的企业，微观环境也千差万别，同一环境的变化对不同企业的影响不同。

（4）多变性。市场营销环境是一个动态系统，每一个环境都随着社会的发展不断变化。这种变化，既会给企业提供机会，也会给企业带来威胁，企业虽然很难准确无误地预见未来环境的变化，但可以通过设立预警系统，追踪不断变化的环境，及时调整营销策略。

3. 市场营销环境的构成

（1）微观环境。微观环境指与企业紧密相连，直接影响企业营销能力的各种参与者。包括企业营销活动、营销中间商、供应商、顾客、公众、竞争者等要素。

（2）宏观环境。宏观环境指影响微观环境的一系列巨大的社会力量，代表企业不可控制的变量。包括人口环境、经济环境、自然环境、科学技术环境、政治法律环境、社会文化环境等要素，如图 2-1 所示。

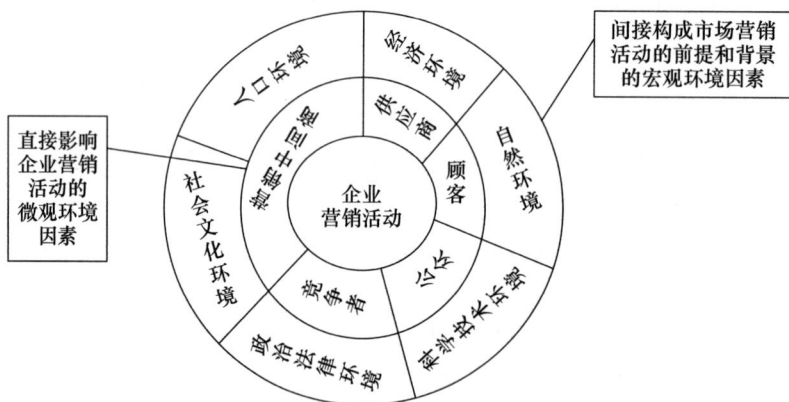

图 2-1　企业市场营销环境

二、环境威胁分析

环境威胁分析是指营销环境中一种对企业发展不利的趋势。如果企业不采取果断的市场营销行动，这种不利的趋势将会伤害到企业的市场地位，甚至会影响企业的生存和发展。因此，企业要善于分析环境发展的趋势，识别环境威胁或潜在的环境威胁，并正确认识和评估威胁的可能性和严重性，以采取相应的对策。对环境威胁的分析，一般着眼于两个方面：一方面是分析威胁的潜在严重性，即影响程度；另一方面是分析威胁出现的可能性，即出现概率，如图 2 - 2 所示。

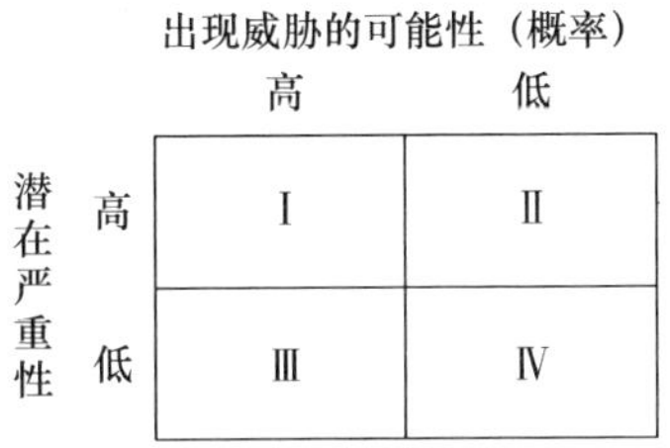

出现威胁的可能性（概率）

		高	低
潜在严重性	高	Ⅰ	Ⅱ
	低	Ⅲ	Ⅳ

图 2 - 2　环境威胁矩阵

"环境威胁矩阵"图的横轴代表"出现威胁的可能性"，纵轴代表"潜在严重性"，即表示企业盈利减少程度。图 2 - 2 中的四个象限：第Ⅰ象限是企业必须高度重视的。因为它的潜在严重性大，出现的可能性也大，企业必须严格监视和预测其发展变化趋势，及早制定应变策略。第Ⅱ象限和第Ⅲ象限也是企业不可忽视的，因为第Ⅱ象限虽然出现的可能性小，但是一旦出现，给企业营销带来的危害性就特别大。第Ⅲ象限虽然潜在的严重性不大，但出现的可能性大，企业也应注意准备应有的对策措施。第Ⅳ象限企业要注意其发展变化是否有向其他象限发展变化的可能。

企业对所面临的环境威胁有以下六种可供选择的对策：其一，对抗，即试图限制或扭转不利因素的发展。其二，缓解，即通过调整市场营销组合等来改善环境适应，以缓解环境威胁的严重性。其三，转移，即决定转移到其他盈利更多的行业或市场。其四，改进，即对自身及其产品进行改进，增强对环境威胁的防御能力。其五，利用，可理解为利用"威胁因素"，使其变成机会。即"因势利导"以便"化害为利"。其六，防备，即要求企业富于远见，抓住根本，增强实力，增强自身的抗逆能力，真正做到防患于未然。

三、市场机会分析

市场机会是指对企业具有吸引力的，能给企业带来竞争优势和丰厚利益的营销环境变化趋势。有效地捕捉和利用市场机会，是企业营销成功和发展的前提。企业只要密切注视营销环境变化带来的市场机会，适时作出适当评价，并结合自身的资源和能力，及时将市场机会转化为企业机会，就能开拓市场、扩大销售、提高企业市场占有率。企业可采用"市场机会矩阵"图对市场机会加以分析评价，如图2－3所示。

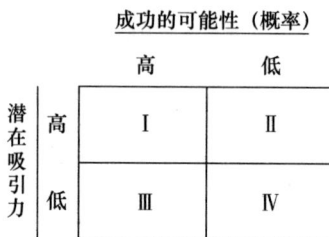

成功的可能性（概率）

		高	低
潜在吸引力	高	Ⅰ	Ⅱ
	低	Ⅲ	Ⅳ

图2－3　市场机会矩阵

"市场机会矩阵"图的横轴代表"成功的可能性"（概率），纵轴代表"潜在吸引力"，即表示潜在盈利能力。图2－3中的四个象限：第Ⅰ象限是企业必须重视的，因为它的潜在吸引力和成功的可能性都很大。第Ⅱ象限和第Ⅲ象限也是企业不可忽视的，因为第Ⅱ象限虽然成功的可能性小，但是一旦出现会给企业带来很大的潜在盈利能力。第Ⅲ象限虽然潜在吸引力不大，但成功的可能性大，企业也应注意准备应有的对策措施。第Ⅳ象限企业要注意其发展变化并依据变化情况及时采取措施。

企业面对市场机会，有三种对策可供选择：其一，及时利用。当环境变化给企业提供的市场机会与企业的营销目标、资源条件相一致，并能享有竞争的差别利益，能给企业带来较高经济利益时，企业要充分利用市场机会，求得更大的发展。其二，适时利用。有些市场机会相对稳定，在短期内不会变化，而企业暂时又不具备利用市场机会的有利条件，则应等待时机成熟时再加以利用。其三，果断放弃。有些市场机会有吸引力，但企业缺乏有利的条件，不能加以利用，这时应选择果断放弃。

四、综合环境分析

企业所面临的市场营销环境，机会和威胁往往并存。因此在分析市场营销环境时，必须同时分析营销机会和威胁，做出综合评价。用上述两个矩阵进行分析、评价，可能会出现四种不同的结果，如图2－4所示。

威胁水平

低 高

	低	高
高	理想的业务	风险的业务
低	成熟的业务	困难的业务

图 2 - 4 环境分析综合评价

1. 对理想的业务

应看到机会难得，甚至转瞬即逝，必须抓住机会，迅速行动；否则丧失战机，后悔不已。

2. 对风险的业务

面对其高利润与高风险，既不宜盲目冒进，也不应迟疑不决，坐失良机，应全面分析自身的优势与劣势，扬长避短，创造条件，争取突破性地发展业务。

3. 对成熟的业务

机会与威胁处于较低水平，可作为企业的常规业务，用以维持企业的正常运转，并为开展理想的业务和风险的业务准备必要的条件。

4. 对困难的业务

要么努力改变环境，走出困境或减轻威胁；要么立即转移，摆脱无法扭转的困境。

五、竞争环境分析

美国哈佛商学院大学教授迈克尔·波特（Michael E. Porter）认为，有五种竞争的力量影响和决定着行业、市场的吸引力。他们是一个企业尤其是相关的战略业务选择经营战略必须考虑的环境因素。

1. 行业内部的竞争

依据市场结构理论，在一个行业内部，企业品牌之间的竞争关系与强度，是由集中度、产品差别以及进入、退出障碍的高低决定的。如果已经有众多强大的或竞争意识强的竞争者，这个行业就可能失去吸引力。市场处于稳定期或萎缩状态，全行业生产能力还在继续扩大，或固定成本高、退出障碍大，投资者大多不愿离去，这样的环境容易诱发价格战、促销战或广告战，企业将被迫不断推出新产品、新款式应对竞争。

2. 新进入者的竞争

新进入者也叫新竞争者，它们给行业带来新的产能、资源，要求市场重新洗牌，对行业秩序和现有企业形成冲击，甚至导致产品价格下降，影响行业的盈利能力。新进入者的威胁大小，取决于进入障碍和退出障碍。

3. 替代品的竞争

替代产品是指与本企业的产品具有相同或类似功能的产品。在质量相等的情况下，替代产品的价格会比被替代产品的价格更有竞争力。

分析与替代品的竞争关系，需要结合双方的产品生命周期，尤其是所处生命周期的阶段与发展方向，不能盲目竞争。

4. 购买者的讨价还价能力

购买者的讨价还价能力作为一种重要的竞争力量，不仅影响到一个企业，也影响到整个行业的盈利水平。企业要设法找出讨价还价能力更弱或转换成本最高的购买者，借以增强竞争优势。最好的办法是提供购买者无法拒绝的优秀产品、品牌，以便占领市场。

5. 供应商的讨价还价能力

供应商提高价格或降低质量或减少供应，都会对作为购买者的企业产生一定的影响。

六、选择竞争战略

通过分析竞争态势的五种力量，企业要为其相关战略业务制定经营战略。迈克尔·波特认为通常有三种一般性战略有助于企业形成竞争优势。

1. 成本领先战略

企业内部加强成本监控，通过简化产品、改进设计、节约材料、降低人工费用和生产创新、自动化等，在研发、生产、销售、服务和广告等领域使总成本降到行业最低，从而获得高于行业平均水平的利润。即使爆发价格战，也能在对手毫无利润时保持一定的盈利；可降低或缓解替代品的威胁；设置较高的障碍；应对费用增长更有余地。

2. 差异化战略

依托于产品及设计、工艺、品牌、特征、款式和服务等方面或几个重要的关键点，与竞争者相比具有更显著并能为顾客感知的独到之处。此种战略有助于企业具有以下竞争优势：企业可有多种途径创造特色；市场异质化；采用类似差异化的竞争者很少；技术变革太快。

3. 集中战略

着眼于从特定领域，即局部谋求成本领先或差异化，已建立竞争优势。此种战略有助于企业具有以下竞争优势：市场上存在某些特殊用户；有实力的竞争者不打算在这里集中；该细分市场有足够的吸引力；企业资源、能力有限。

七、战略环境分析模型

1. PESTEL 分析模型

PESTEL 是分析宏观环境的有效工具，不仅能够分析外部环境，而且能够识别一切对组织有冲击作用的力量。主要有六种因素：

（1）政治因素（Political）。对组织经营活动具有实际与潜在影响的政治力量和有关的政策、法律及法规等因素。

（2）经济因素（Economic）。组织外部的经济结构、产业布局、紧急发展水平以及未来的经济走势等。

（3）社会因素（Social）。组织所在社会中成员的历史发展、文化传统、价值观念、教育水平以及风俗习惯等因素。

（4）科学因素（Technological）。引起革命性变化的发明以及与企业生产有关的新技术、新工艺、新材料的出现和发展趋势以及应用前景。

（5）环境因素（Environmental）。一个组织的活动、产品或服务中能与环境发生相互作用的要素。

（6）法律因素（Legal）。组织外部的法律、法规、司法状况和公民法律意识所组成的综合系统。

2. SWOT 分析模型

SWOT 分析法（也称 TOWS 分析法、道斯矩阵）即态势分析法，20 世纪 80 年代初由美国旧金山大学的管理学教授海因茨·韦里克（Heinz Weihrich）提出，经常被用于企业战略制定和竞争对手分析。

SWOT 分析实际上是用来确定企业自身的竞争优势、竞争劣势、机会和威胁，对企业内外部条件各方面内容进行综合和概括，将公司的战略与公司内部资源、外部环境有机地结合起来，进而分析组织的优劣势、面临的机会和威胁的一种科学的分析方法。SWOT 方法自形成以来，广泛应用于战略研究与竞争分析，成为战略管理和竞争情报的重要分析工具。主要有四种因素：

（1）优势。是组织机构的内部因素，具体包括：有利的竞争态势；充足的财政来源；良好的企业形象；技术力量；规模经济；产品质量；市场份额；成本优势；广告攻势等。

（2）劣势。也是组织机构的内部因素，具体包括：设备老化；管理混乱；缺少关键技术；研究开发落后；资金短缺；经营不善；产品积压；竞争力差等。

（3）机会。是组织机构的外部因素，具体包括：新产品；新市场；新需求；外国市场壁垒解除；竞争对手失误等。

（4）威胁。也是组织机构的外部因素，具体包括：新的竞争对手；替代产品增多；市场紧缩；行业政策变化；经济衰退；客户偏好改变；突发事件等。

优劣势分析主要是着眼于企业自身的实力及其与竞争对手的比较，而机会和威胁分析将注意力放在外部环境的变化及对企业的可能影响上。在分析时，应把所有的内部因素（即优劣势）集中在一起，然后用外部的力量来对这些因素进行评估。

企业是一个整体，并且由于竞争优势来源的广泛性，因此，在做优劣势分析时必须从整个价值链的每个环节上，将企业与竞争对手做详细的对比。例如产品是否新颖，制造工艺是否复杂，销售渠道是否畅通，以及价格是否具有竞争性等。如果一个企业在某一方面或几个方面的优势正是该行业企业应具备的关键成功要素，那么，该企业的综合竞争优势也许就强一些。需要指出的是：衡量一个企业及其产品是否具有竞争优势，只能是站在现有潜在用户角度上，而不是站在企业的角度上。

案例

沃尔玛（Wal-Mart）SWOT分析

一、优势（Strengths）

沃尔玛是著名的零售业品牌，以物美价廉、货物繁多和"一站式"购物而闻名。

沃尔玛的销售额在近年内有明显增长趋势，并且在全球化的范围内进行扩张（例如，收购了英国的零售商ASDA）。

沃尔玛的一个核心竞争力是由先进的信息技术所支持的国际化物流系统。例如，在该系统支持下，每一件商品在全国范围内的每一间卖场的运输、销售、储存等物流信息都可以清晰地看到。信息技术同时也加强了沃尔玛高效的采购过程。

沃尔玛的另一个焦点战略是人力资源的开发和管理。优秀的人才是沃尔玛在商业上成功的关键因素，为此沃尔玛投入时间和金钱对优秀员工进行培训并建立忠诚度。

二、劣势（Weaknesses）

沃尔玛建立了世界上最大的食品零售帝国。尽管在信息技术上拥有优势，但因其巨大的业务拓展，可能导致对某些领域的控制力不够强。

因为沃尔玛的商品涵盖了服装、食品等多个部门，可能在适应性上比起更加专注于某一领域的竞争对手存在劣势。

该公司是全球化的，但是目前只开拓了少数几个国家的市场。

三、机会（Opportunities）

采取收购、合并或者战略联盟的方式与其他国际零售商合作，专注于欧洲或者大中华区等特定市场。

沃尔玛的卖场当前只开设在少数几个国家内。因此，拓展市场（如中国、印度）可以带来大量的机会。

沃尔玛可以通过新的商场地点和商场形式来获得市场开发的机会。改变过去经营大型超市的方式，使之变得多样化，更接近消费者的商场和建立在购物中心内部的商店。

沃尔玛的机会存在于对现有大型超市战略的坚持。

四、威胁（Threats）

沃尔玛在零售业的"领头羊"地位使其成为所有竞争对手的赶超目标。

沃尔玛的全球化战略使其可能在其业务国家遇到政治上的问题。

多种消费品的成本趋向下降，原因是制造成本的降低。造成制造成本降低的主要原因是生产外包转向了世界上的低成本地区。这导致了价格竞争，并在一些领域内造成了通货紧缩。恶性价格竞争是一种威胁，如图2-5所示。

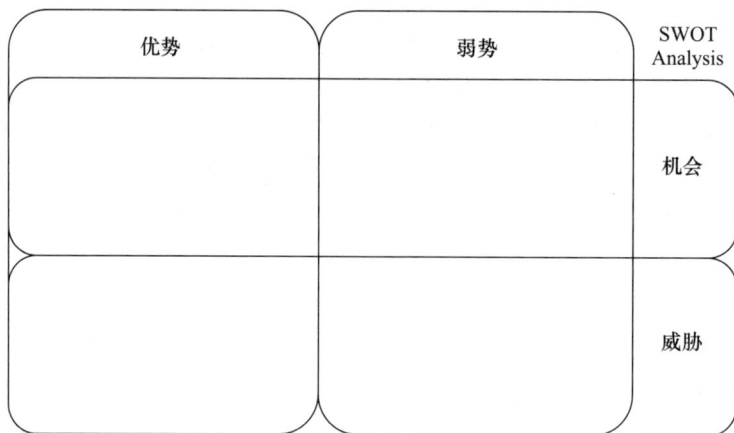

图 2-5　SWOT 分析矩阵

模拟演练

给予学生充分的时间熟悉模拟的商业环境，有利于帮助学生运用所学的经管类知识对商业环境进行内、外部的分析，并可制定出各自的竞争战略。

一、登录模拟平台，查看系统中提供的商业环境的内容

学生登录电子对抗平台，将以上内容输入，电子对抗平台界面将能显示其所在的企业基本信息。

1. 企业背景

将接受投资股东的委托经营一家初创企业，并进入竞争激烈的市场竞争。产品设计、产品售价和销售量必须和市场接轨。

2. 企业所处商业环境

请查看各小组的《商业环境背景》，从各个业务部门的按钮点击进入，查看各商业环境信息，其相关的数据规则如下：

在企业刚成立时，每家企业均拥有相同的起点，如表2-1所示。

表2-1　虚拟企业经营相关数据规则

项目	当前值	说明
公司初始现金	600000.00	正式经营开始之前每家公司获得的注册资金（实收资本）
所得税率	25%	企业经营当季利润表中的利润总额如果为正，按该税率在下季初缴纳所得税
营业税率	5%	根据企业营业外收入总额，按该税率缴纳营业税
增值税率	17%	按该税率计算企业在采购商品时所支付的增值税款，即进项税，以及企业销售商品所收取的增值税款，即销项税额
城建税率	7%	根据企业应缴纳的增值税、营业税，按该税率缴纳城市建设维护税
教育附加税率	3%	根据企业应缴纳的增值税、营业税，按该税率缴纳教育附加税
地方教育附加税率	2%	根据企业应缴纳的增值税、营业税，按该税率缴纳地方教育附加税
公司运营季度数	三个季度	公司总共的运营季度数
基本行政管理费	1000.00 元/人	根据销售人员和促销人员的个数，按人计算
普通借款利率	5%	向银行申请的普通借款季度利率
普通借款还款周期	二个季度	向银行申请的普通借款还款时间
同季最大借款授信额度	100000.00 元	同一个季度内，向银行申请借款的最高额度，累计借款不能超过公司上季度末的净资产
紧急借款利率	20%	公司资金链断裂时，系统会自动给公司申请紧急借款，借款总的利率

项目	当前值	说明
紧急借款还款周期	三个季度	系统自动提供的紧急借款的还款周期
产品设计费用	10000.00 元	产品设计费用
产品研发费用	10000.00 元	产品研发费用
小组人员工资	20000.00 元	公司每季度管理人员工资
产品加工费	15.00 元	公司每个产品加工费用
总部产品配送费用	20.00 元	总部产品配送所需费用
其他市场产品配送费用	25.00 元	其他市场产品配送费用
返利所要求达到的销售数量	10 件	返利所要求达到的销售数量
固定资产折旧率	10%	固定资产折旧率
广告的影响季度	第三季度	广告的影响季度
总部搬迁费用	10000.00	当经营过程中发生总部搬迁，需要花费的搬迁费用。该笔费用在总部搬迁到新区域后自动扣除
总部搬迁周期	1	当经营过程中发生总部搬迁，需要花费的搬迁时间（季度）

二、分析营销环境

1. 宏观经济环境分析

（1）行业动态信息。通过所提供的对行业的描述和定义进行分析。

（2）市场总体需求。通过对商业新闻中提供的未来几个经营周期的宏观经济环境的分析，能够为确定适度的生产规模提供参考依据。

2. 产品需求分析

（1）各产品的需求分析。分析未来几个经营周期各产品的订单情况。

（2）各产品分市场的需求分析。分析在未来几个经营周期各产品构成情况的预测报告。

各产品客户消费偏好分析：分析客户对各产品的需求列表报告，通过产品需求分析，可以为确定各产品的发展提供依据。

3. 各营销因素对订单量的影响分析

对订单量的影响主要包括价格、广告、产品设计、市场的数量等。

4. 客户消费偏好与研发投入对产品设计的影响

通过对客户消费偏好的分析，为产品设计提供依据。
通过对各产品研发费用的情况分析，可以为确定研发策略提供依据。

5. 企业内部资源分析

管理者们应在仔细分析商业背景和相关新闻的基础上为自己的企业制定一个经营战略。所有的公司在一开始都具有相同的历史，拥有相同的资源，并自始至终都追求同一目标。

每个公司在模拟竞赛之初就应该根据自己的长期目标和短期目标制定相应的经营战略，以便合理配置有限的资源，为自己创造竞争优势。

三、填写表格，完善公司相关信息

1. 公司筹备

讨论明确并完善公司的组织架构：
公司名称：＿＿＿＿＿＿＿＿＿＿＿＿＿＿＿＿＿＿＿＿
公司宗旨：＿＿＿＿＿＿＿＿＿＿＿＿＿＿＿＿＿＿＿＿
战略目标：＿＿＿＿＿＿＿＿＿＿＿＿＿＿＿＿＿＿＿＿
总经理（兼财务）：＿＿＿＿＿＿＿＿＿＿＿＿＿＿＿＿
市场总监：＿＿＿＿＿＿＿＿＿＿＿＿＿＿＿＿＿＿＿＿
直销总监：＿＿＿＿＿＿＿＿＿＿＿＿＿＿＿＿＿＿＿＿
渠道总监（兼国际）：＿＿＿＿＿＿＿＿＿＿＿＿＿＿＿
生产总监（兼技术）：＿＿＿＿＿＿＿＿＿＿＿＿＿＿＿
其他角色：＿＿＿＿＿＿＿＿＿＿＿＿＿＿＿＿＿＿＿＿
总经理述职：＿＿＿＿＿＿＿＿＿＿＿＿＿＿＿＿＿＿＿

2. 总经理战略制定及财务预算

（1）SWOT分析。企业通过研究外部环境中的机会和威胁来确定：我们可能选择做什么？

企业通过研究内部的优势和弱点来确定：我们能做什么？如图2-5所示。

（2）竞争战略。企业必须选择一种能给他的组织带来竞争优势的战略。可以从三种基本战略中进行选择：成本领先战略、差异化战略和专一化战略。究竟选择哪一种战略，取决于组织的长处和竞争对手的短处，应当将企业置于竞争对手所不具备的强有力地位。

确定合理的目标，SMART原则：目标必须是具体的（Specific）、可以衡量的（Measurable）、可以达到的（Attainable）、和其他目标具有相关性的（Relevant）、具有明确截止期限的（Time-based）。

学生在课堂上要完成相应的任务：根据SMAPRT原则，重新审视模拟经营之初制定的目标，并进行修订，将结果填入下表。

S（Specific）——明确的：＿＿＿＿＿＿＿＿＿＿＿＿

M（Measurable）——可衡量的：＿＿＿＿＿＿＿＿＿＿

A（Achievable）——可达到的：＿＿＿＿＿＿＿＿＿＿

R（Resource）——所需资源：＿＿＿＿＿＿＿＿＿＿＿

T（Time frame）——时间表：＿＿＿＿＿＿＿＿＿＿＿

（3）制订可执行的战略计划。根据商业环境及背景的分析结果，制定模拟公司的长短期战略。

公司的短期战略（1~3期）：＿＿＿＿＿＿＿＿＿＿＿＿
＿＿＿＿＿＿＿＿＿＿＿＿＿＿＿＿＿＿＿＿＿＿＿＿＿＿

公司的中期战略（4~6期）：＿＿＿＿＿＿＿＿＿＿＿＿
＿＿＿＿＿＿＿＿＿＿＿＿＿＿＿＿＿＿＿＿＿＿＿＿＿＿

公司的长期战略（7~8期）：＿＿＿＿＿＿＿＿＿＿＿＿
＿＿＿＿＿＿＿＿＿＿＿＿＿＿＿＿＿＿＿＿＿＿＿＿＿＿

公司短期、中期、长期战略间的关系：＿＿＿＿＿＿＿＿
＿＿＿＿＿＿＿＿＿＿＿＿＿＿＿＿＿＿＿＿＿＿＿＿＿＿

市场部总部确定：＿＿＿＿＿＿＿＿＿＿＿＿＿＿＿＿＿＿
＿＿＿＿＿＿＿＿＿＿＿＿＿＿＿＿＿＿＿＿＿＿＿＿＿＿

设立总部理由：＿＿＿＿＿＿＿＿＿＿＿＿＿＿＿＿＿＿＿
＿＿＿＿＿＿＿＿＿＿＿＿＿＿＿＿＿＿＿＿＿＿＿＿＿＿

对于决策结果的分析主要体现在各模拟企业正在战略既定的基础上，完成创业投资活动，财务表现上主要体现为资产的变化、现金流的净流出等。

各个虚拟企业要善于利用生产线生产几种不同的产品，以销往不同的区域市场，并在这些市场上与其他相同的公司展开竞争，最终以企业价值衡量公司管理的业绩。在模拟经营中，不同的环境或者不同的管理风格都可以采用不同的竞争战略。

📖 案例分析

车内空气质量强制标准将出台　车企将如何应对

2015年10月，中国汽车工业协会车内环境质量控制论坛在北京召开，同时中国汽车工业协会车内空气质量工作委员会也宣告成立。

截至2015年6月底，我国汽车保有量已达1.63亿辆。由于汽车快速步入百姓生活，因此人们对车内环境的要求也越来越高。而随着我国汽车工业的发展和国家车内空气质量标准的实施，车内空气质量问题受到了政府有关部门的重视。2015年底国家出台强制性的车内空气质量控制标准。为此，中国汽车工业协会决定成立我国汽车行业车内空气质量的专业组织——中国汽车工业协会车内空气质量工作委员会。

委员会首批会员由汽车整车厂、客车厂、汽车内饰件和内饰材料企业、车内空气净化器企业和国家室内车内环境及环保产品质量监督检验中心组成，同时由国内室内车内空气质量相关专家组成专家委员会，在中国汽车工业协会领导下，主要研究车内环境质量控制方面的问题，从而促进企业乃至中国汽车行业的健康发展。

中国汽车工业协会对我国车内污染状况作了详细说明，《乘用车内空气质量评价的强制标准》出台在即，治理车内空气污染刻不容缓，从源头上控制车内空气污染，探索使用散发较低的环保材料，将是未来前景以及相关主机厂和零部件企业的应对之道。

除了相关领域的专家学者建言献策之外，论坛还吸引了奔驰、宝马、沃尔沃、大众等整车厂，以及锦湖日丽、汉高股份等汽车产业链企业方代表等共同探讨解决车内空气质量问题。有分析人士指出，中国汽车工业协会车内空气质量工作委员会的成立，标志着车内空气质量控制将成为新常态下中国汽车行业管理的重要工作之一。随着消费者对自身健康的越发重视，购车将不仅仅关注动力、外观，车内空气是否安全，是否采用环保内饰材料也将成为重要的选择因素。

资料来源：《中国青年报》2015年10月8日第10版。

🕴 **案例思考题**

1. 请分析市场营销环境与企业营销之间的关系。

2. 汽车制造企业面临的宏观营销环境包括哪些，影响表现在哪些方面？

3. 面对车内空气质量强制标准的实施，汽车制造企业应采取哪些应对措施？

📖 实践任务

考察一个身边的企业，分析各环境要素对整个营销活动的影响，指出企业营销机会与威胁所在，应采取何种对策？完成一份环境分析报告。

[链接] 市场营销环境如图2-6所示

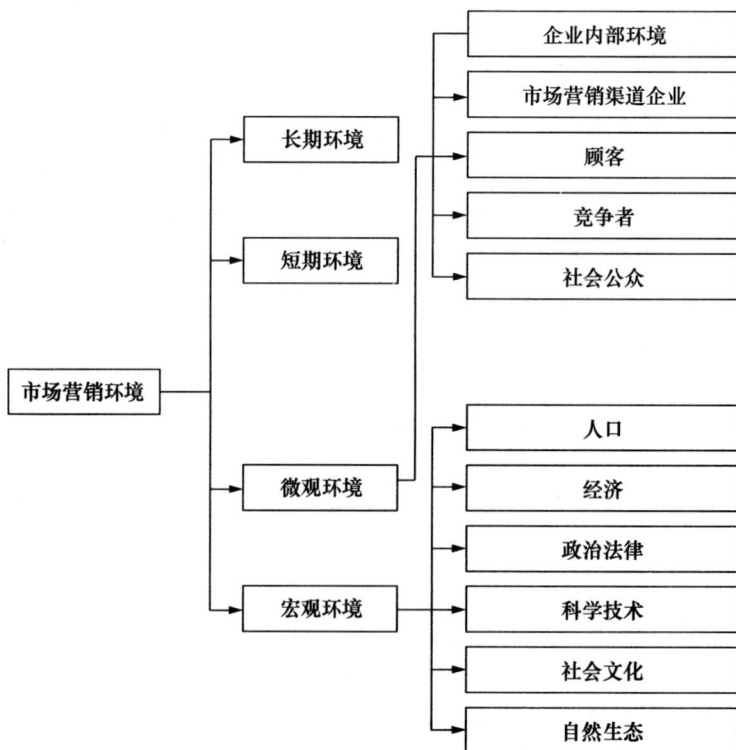

图2-6 市场营销环境流程

实务作品展示

内蒙古鹏顺汽车销售服务有限责任公司市场竞争环境分析①

一、汽车销售市场

汽车销售作为鹏顺汽车销售服务有限责任公司最主要的业务类型，在其业务经营范围中所占的比重也最高。内蒙古目前在售的汽车品牌包括28家国际汽车集团公司以及国产汽车品牌下的几乎所有高端、中端、低端汽车产品，产品品牌数量众多，因此各品牌、各车型之间的竞争非常激烈，如图2-7所示。

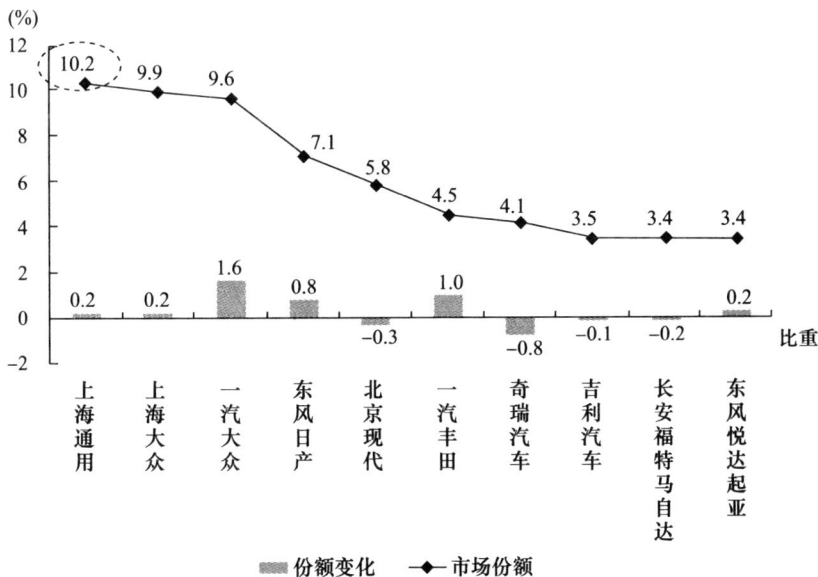

图 2-7 2012 年上半年国产乘用车前十企业市场份额排名

---

① 学生为内蒙古鹏顺汽车销售服务有限责任公司所做的营销策划方案（节选部分内容）。

根据盖世汽车网公布的数据显示：2012 年上半年国产乘用车市场份额排名里上海通用的市场份额达到了 10.2%，排名第一，摘夺榜首，比其他品牌都要高，紧随其后的有上海大众、一汽大众、东风日产、北京现代等。北京现代的市场份额只达到了 5.8%，排名第五，在对于提高市场份额方面要采取多种措施，以提高市场份额为目标，积极努力奋斗。一汽丰田的市场份额为 4.5%，奇瑞汽车的市场份额是 4.1%，吉利汽车的市场份额是 3.5%，然而长安福特马自达和东风悦达起亚的市场份额是一样的，都是 3.4%。

一汽大众的份额变化最大，紧随着一汽丰田、东风日产、东风悦达起亚等。份额增长的企业有一汽大众、一汽丰田、东风日产、东风悦达起亚、上海通用、上海大众。负增长的有北京现代、奇瑞汽车、吉利汽车、长安福特马自达等。

总体来说，国产乘用车的市场份额呈下降趋势，份额变化不太稳定。所以应由技术外源型发展转变为创新引领型发展，全行业应该提高技术开发投入比例，走品质之路，改变之前单纯以价格优势抢占市场的经验，如表 2 - 2 所示。

表 2 - 2 2013 年汽车品牌销量排行

品牌	全年销量（辆）	同比增长（%）	市场份额（%）
上海大众	2471839	16	14.7
北京现代	1047763	18	6.3
一汽丰田	908177	14	5.4
东风日产	843324	12	5.0
美国别克	810359	16	4.8

从表 2 - 2 中可以看出北京现代汽车在 2013 年迎来了爆发，全年销量首次突破 100 万辆，达到 104 万辆，同比增长 18%。全年销量及市场份额是相对不错的，在同比增长中占有比例最大为 18%；而上海大众品牌以 14.7% 的市场份额和全年销量 247 万辆夺冠，上海大众是唯一市场份额超过 10% 的品牌，然而同比增长只比北京现代低 2%；所以上海大众的品牌实力是不可忽视的；受中日关系的影响，一汽丰田汽车 2013 年在中国市场的汽车销量只有 91.75 万辆，同比增长了 9.2%；东风日产依然排在第四位，2013 年在中国市场的汽车销量达到 84 万辆，同比增长 5%，如图 2 - 8 所示。

韩系汽车品牌强势崛起，形成了中国汽车市场的一大风景。在各大车系中，韩系车进入中国市场的时间最晚，但增速一直领先于市场平均速度，以北京现代为代表的韩系车已经成为中国汽车市场不可或缺的领导力量之一。

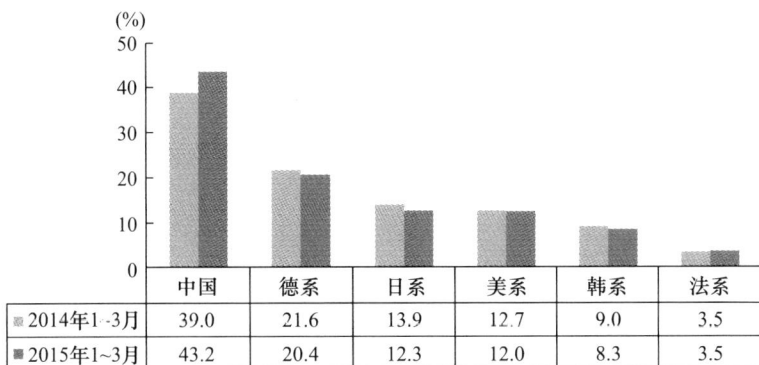

(%)	中国	德系	日系	美系	韩系	法系
2014年1~3月	39.0	21.6	13.9	12.7	9.0	3.5
2015年1~3月	43.2	20.4	12.3	12.0	8.3	3.5

图 2-8 2015 年 1~3 月乘用车各系别市场份额比较

在北京现代的带动下，韩系品牌在中国取得了长足进步。2013 年，韩系品牌乘用车在中国市场的份额是 8.8%，相比三年前，这一份额增长了 1.27 个百分点。2015 年第一季度，韩系品牌的市场份额更是提高了空前的 9.04%。作为中国汽车产品的后起之秀，韩系品牌的成长速度令人称赞。

二、北京现代与其他经销商之间的竞争

在内蒙古地区存在着鹏顺汽车销售服务有限责任公司与其他北京现代经销商的竞争，如内蒙古利丰企业集团有限公司，与它之间的竞争最为直接且剧烈，我们要重点关注。

内蒙古利丰企业集团有限公司创建于 1989 年，从汽车维修业开始，历经 15 年的发展，利丰集团发展成为内蒙古地区最大的集"整车销售、维修服务、配件供应、汽车装饰、汽车信贷"等多业务于一体的大型汽车综合贸易服务企业，成为内蒙古汽车流通行业的龙头企业。目前利丰集团拥有员工近 2500 人，资产近 3 亿元，2004 年营业额达 14 亿元，销售汽车 25000 辆，同比增长 40%，远高于行业增长率 15.5%，占有内蒙古汽车市场 40% 以上份额。维修车辆 50 万辆次，服务满意度达 9.0，长期维系的客户资源在 8 万人左右，拥有包头、鄂尔多斯、巴彦淖尔、巴彦浩特、乌海、通辽、集宁、锡林浩特、二连浩特、乌兰浩特、呼伦贝尔等 35 家分公司，50 多家销售服务网点。

为了更好地服务消费者，为消费者提供全程服务，利丰集团力求做到综合性服务、专业化服务、"一站式"服务的有效结合。在此基础上，利丰还在积极筹备开展利丰教育、利丰驾驶、利丰二手车、利丰汽车信息咨询等服务项目。

三、汽车装饰、维修、保养市场

汽车对于车主来说就像是一个孩子，在成长的各个阶段都要进行相应的保养和维护，每台车售后服务金额约为车价的 2 倍。平均每辆汽车每年至少要进行三次维修。每辆汽车都至少需要坐垫、脚垫、车膜等基本的车内饰件。每驾驶 7500 公里的行程就需要为爱车进行一次保养。与整车销售相比，汽车售后市场的收入更坚挺，市场利润配比也在逐步增加。目前售后市场竞争已经成为汽车企业厮杀的主战场。

配件、用品、维保是目前汽车后市场最为主导的三项业务。配件主要是渠道供应商在供应，原厂件和附厂件占市场份额最多。汽车用品由于需求太大，目前市场上品牌多如牛毛，难以计数。维保方面主要集中在品牌 4S 店和综合修配厂两个地点进行。目前的汽车后市场份额大且竞争激烈正值发展转折点。仅以汽车维护行业为例，据权威数据统计，每辆轿车每年的剐伤次数平均达到三次以上，汽车表面微创伤修复的市场营业额高达 550 亿元，并且以每年 20% 的速度快速增长，已经形成巨大的细分市场。

由于大量新材料、新工艺、新科技的运用，一般汽车在购买之后的 3~5 年内，除了进行必要的保养外，关键零部件几乎没有大的故障。而微小凹陷、剐伤的快速修复已经成为汽车维修行业的发展重点。在发达国家出现专门处理车辆微小故障或剐伤的专业技术、专业公司和专业化品牌，形成一个细分行业——汽车维修行业。在发达国家，汽车维修业中的汽车维修网络早已延伸到居民密集区域，随时为汽车用户提供方便快捷的优质服务。

仅从这一项就可以看出，车主在选择售后服务时，除了在 4S 店可以完成的服务之外，其他服务形式的选择正在发生多样化的转变。

在汽车售后服务行业分工日趋细化的同时，也出现了一些新的汽车售后市场服务方式，如以移动通信、互联网为依托的汽车远程服务等。整合汽车售后市场服务已经涵盖了汽车安全保障、汽车保养与维修、汽车救援、道路气象、卫星导航、多媒体娱乐、车载电话、移动电视、车辆保险等方面。汽车售后市场服务出现细分行业和新的服务方式，说明多样化的服务模式将逐渐成为汽车售后服务市场的发展方向。而越来越个性化的消费则是汽车售后市场分工细化的前提。

四、汽车租赁市场

汽车租赁业被称为交通运输服务行业，因为无须办理保险、无须年检维修、车型可随意更换等优点，以租车代替买车来控制企业成本，这种在外企中十分流行的管理方式，正慢慢受到国内企事业单位和个人用户的青睐。1997 年颁布实施的《汽车租赁试点工作暂行管理办法》中按照租赁期的长短将汽车租赁分为长期租赁和短期租赁。在实际经营中，一般认为 15 天以下为短期租赁；15～90 天为中期租赁；90 天以上为长期租赁。国内汽车租赁市场到 2010 年已拥有 2000 多家租赁企业，汽车租赁市场供租赁车接近 15 万辆，营业额超过 100 亿元。

国际汽车租赁业的经营规模在全球千亿美元的汽车租赁业务中，以欧美国家的租赁市场发展最为成熟。在美国，以租赁形式销售的新汽车占该国汽车总销售量的 1/3 左右，2006 年已经超过 36%，其中含融资租赁部分，并且大部分车为长期租赁，而旧车的租赁业务约为 40 万辆。以美国通用汽车公司旗下的安飞士汽车租赁公司为例，全球范围内员工超过 2 万人，租赁站点 2000 个，年车辆预订量超过 3000 万次电话，平均每年完成 2000 万次租车交易，每月 10 万辆，每年 120 万辆的租赁车辆接受维护保养，有 15 万个客户因为每年至少在安飞士租 15 次车成为可以享受优惠服务的特别会员，年营业额超过 40 亿欧元。

汽车租赁按照发起主体划分，分为三大阵营：①整车企业主导的汽车租赁公司；②经销商主导的汽车租赁公司；③传统汽车租赁公司。2015 年，中国汽车租赁市场的整体租车规模达到 30 万辆，整体市场规模超过 350 亿元。面对汽车租赁市场的巨大商机，国内汽车销售企业也纷纷涉足汽车租赁市场。

目前，内蒙古绝大多数的汽车销售公司、品牌 4S 店都开展汽车租赁服务，但由于市场尚不成熟，民众需求有限，租车服务主要集中于短途旅游、家庭游、会议、商务活动等，普通民众需求量不大，内蒙古汽车租赁市场仍有巨大的发展空间。对于鹏顺汽车销售服务有限责任公司来说，抓住汽车租赁市场发展机会，赢得竞争先机非常重要。

五、新产品替代性

替代品是指可以等同于或者基本上等同于另一商品使用价值的产品，以另一商品的相关商品形式出现，影响另一商品的需求变动，如果两种商品之间是替代品，一种商品价格上升将导致另一种商品需求量增加。

在能源匮乏的今天，节能减排是热门话题，汽车作为能源消耗大户已成为焦点，汽车的替代品也成为一个研究方向，多年以来，国家以及各级地方政府积极采取各种措施解决城市交通问题，大力推动公共交通事业的发展，鼓励消费者选择更加有利于环境保护的交通工具，如选择电动车、自行车、巴士、出租车、地铁等方式。然而，公共交通及其他交通工具对汽车行业构成的威胁还不是很大，仍无法阻止汽车市场的快速发展。此外，新能源汽车将会逐渐成为汽车发展的新方向，随着相关政策法规的相继发布，科学技术的进一步成熟和完善，从长远来看，新能源汽车将会对传统燃料汽车形成一定的替代威胁；然而，考虑到目前中国的技术和市场环境状况，新能源汽车在短时期内仍将处于摸索发展的阶段。在未来的发展有三个方面，分别是：①西欧大力推广的柴油汽车；②日本推崇的混合动力；③美国着力研究的氢动能汽车。现在柴油车在西欧已经相当普及，由于柴油发动机环保技术已经突破，欧洲到 2012 年柴油车的市场销售比例达到 53%；日本丰田制造的混合动力车已经在市场上累计销售超过 200 万辆；美国推出的氢动能汽车，由于动力燃料的储存和生产存在一定的问题，在短期内难以投产，美国最近还有要终止该项目研究的可能。

在内蒙古北京现代面临的替代者的威胁很大，车种类更新变化的速度很快，部分企业也和一些有雄厚力量的企业进行合作，对北京现代汽车有着直接的威胁，所以，鹏顺汽车销售服务有限责任公司可以和创新速度快、创造水平高的企业进行合作，以解除威胁。

第三章
市场调查与预测

📖 知识概要

一、市场调查方案设计

市场调查方案设计就是根据调查研究的目的和调查对象的性质，在进行实际调查之前，对整个调查工作的各个方面和全部过程进行通盘考虑和总体安排，以便做出相应的调查实施方案，制定合理的工作程序。具体包括以下内容。

1. 确定调查目的

确定调查目的就是明确在调查中要解决哪些问题，为何要调查，通过调查要取得什么样的资料，取得这些资料有什么用途等问题。

2. 确定调查对象和调查单位

调查对象就是调查总体，即根据调查目的、任务，确定的客观存在的同一性质基础上结合起来的许多个别事物的整体。

调查单位（或称调查单元）就是所要调查的社会经济现象总体中的个体，即调查对象一个一个的具体单位，是调查实施中需要具体回答各个调查项目的承担者。

3. 确定调查内容和项目

调查项目是指对调查单位所要调查的主要内容，确定调查项目就是要明确向被调查者了解些什么问题，也是问卷设计的前期工作。所确定的调查内容应与主题密切相关，反映调查目的，调查项目通常是调查内容的进一步分解。

4. 确定调查方式和方法

市场调查方式是指市场调查的组织形式，通常有普查、重点调查、典型调查、抽样调查、非概率抽样调查等。

市场调查方法是指在调查方式既定的情况下搜集资料的具体方法，具体调查方法有文案法、访问法、观察法和实验法等。

5. 确定调查资料整理和分析方法

采用实地调查方法搜集的原始资料大多是零散的、不系统的，只能反映事物的表象，无法深入研究事物的本质和规律性，这就要求对大量原始资料进行加工汇总，使之系统化、条理化。为此，应对资料的审核、订正、编码、分类、汇总、陈示等作出具体的安排。

6. 确定调查时间和调查工作期限

调查时间是指调查资料所属的时间。调查时期现象（收入、支出、产量、产值、销售额、利润额等流量指标）时，应确定数据或指标的起止时间；调查时点现象（期末人口、存货、设备、资产、负债等存量指标）时，应明确规定统一的标准时点（期初、期末或其他时点）。

调查期限是调查工作所占用的时间，即一项调查工作从调查策划到调查结束的时间长度。

7. 确定调查经费预算

调查经费有以下内容：总体方案策划费或设计费；抽样方案设计费（或实验方案设计）；调查问卷设计费（包括测试费）；调查问卷印刷费；调查实施费（包括选拔、培训调查员，试调查，交通费，调查员劳务费，管理督导人员劳务费，礼品或谢金费，复查费等）；数据录入费（包括编码、寻入、查错等）；数据统计分析费（包括上机、统计、制表、作图、购买必需品等）；调研报告撰写费；资料费、复印费、通信联络等办公费；专家咨询费；劳务费（公关、协作人员劳务费等）；上缴管理费或税金；鉴定费、新闻发布会及出版印刷费用等。

8. 制订调查的组织计划

调查的组织计划，是指为确保顺利实施调查的具体工作计划，主要包括调查的组织管理、调查项目组的设置、人员的选择和培训、调查的质量控制等。

9. 附录

市场调查方案的最后还应附上与调查主题有关的各种有价值的信息，如调研项目负责人及主要参与者名单、调研团队成员的基本情况，抽样方案的技术要求，问卷及有关参数技术，数据处理和分析所用的统计软件等。

二、市场调查问卷设计

1. 问卷的定义

问卷（Questionnaire）是用来搜集调查数据的一种工具，是调查者根据调查的目的和要求按照一定的理论假设设计出来的，由一系列问题、备选答案、说明以及代码表所组成的书面文件，是向被调查者收集资料的一种工具。在市场调查与预测中，问卷可用来测量消费者或顾客的许多特性：①消费、惠顾或购买行为；②人口统计特征，如年龄、性别、收入和职业等；③认知水平；④意见、态度和行为倾向。

2. 问卷设计应注意的问题

问卷设计应注意以下问题：问卷中拟定的问题要反映调查的目的，不能遗漏；问卷中的问题必须定义清楚，切忌含混不清、模棱两可；询问要避免抽象概括，应尽量具体；询问的语气、用词及方式要符合其社会身份；要避免诱导性的询问；要充分考虑被调查者的答题能力，把握好询问的深度；采用封闭性询问时应注意参考答案的顺序；要注意询问题目的排列次序，应体现问卷设计的原则。

3. 问卷设计的程序

问卷是有详细问题和备选答案的调查测试和记录的清单，系统地记载着体现调查项目的一系列问题。

（1）初始决定。在设计的初始阶段，主要考虑三个方面的问题：①问卷主要要得到什么样的信息？②谁是问卷的应答者？③采用什么方式与应答者接触？

（2）题项内容的决定。题项内容的决定，要考虑以下几个方面：①要考虑题项的必要性，即每一个题项所带来的数据究竟有什么用？因为问卷的容量是有限的，要保证每一道题都要有其存在的价值。②要考虑题项搜集信息的能力，每一个问题搜集信息的能力大小不同，有时一个问题可以搜集多条信息，如态度测量，不仅可以测量其态度，而且可以测量其态度的程度；有时几个问题搜集的是一个方面的信息。③要考虑应答者准确回答问题的能力和意愿。④还要注意诸如季节、调查人员等外生变量的影响。

（3）题项类型的决策。

1）多项选择题。有两个以上的答案，回答者可任选其中一个或几个；在答案设置时要避免遗漏与重复、要注意排序、答案个数最好不要超过 10 个；当所设的答案不能表达出应答者看法时，可在问题最后设"其他"。

这种类型题的优点是既好记录又好回答，所以对询问者和应答者来说操作起来都很方便；由于易于回答，不费时间，在邮寄调查问卷中应答者比较愿意合作；易于整理和分类，可减少由于记录失真、错误理解或文化水平差异所造成的偏差。

缺点是设计需要较高的技巧，如果题项的答案中没有包括那些重要的答案，就会产生较大的误差。另外，答案的顺序也可能会影响测量结果。

2）自由回答法。不设置答案，由回答者自由写出观点和看法。

这种类型题的优点是不需要按照问卷上已经拟好的答案回答，对应答者的影响较小；通过应答者的回答，研究者常常能够搜集到一些被忽略的数据。

缺点是有可能出现较大的询问者偏差。在人员访问调查和电话调查时，出现记录失真和错误理解或遗漏的现象。同时数据的整理比较困难，不宜在邮寄调查中使用。调查结果可能反映知识水平较高者意见的比重偏大。

（4）题项用语的决定。在确定题项用语时要使用简单的、含义清楚的词汇，避免使用引导性题项。

例如：①多数电视观众喜欢看武打片，你也喜欢吗？②你认为现在的电视广告真实吗？③你喜欢喝纯净水吗？（纯净水中缺乏人体所需的微量元素）

还要避免含糊不清的题项。例如：①你最近头痛或生过病吗？②你认为我公司的产品质量和价格如何？避免让应答者凭估计回答，问题设置要简单、清楚地提问基本的问题，注意基本信息的获取。

（5）题项顺序的决定。题项的安排应符合逻辑顺序。在问卷的开头应尽量使用简单且有趣的题项，以提高应答者的答题兴趣。先用一般性的题项，再用特殊性的题项。例如，先问"在购买面包时，你最重视的是什么？"再问"面包的含糖量对你来说重要吗？"把那些无趣且较难回答的问题放在问卷的后面。

（6）问卷外形的设计。调查问卷应美观实用，要便于调查人员填写和携带，也便于回答者回答。

（7）问卷测试的决定。问卷在正式使用之前都要先进行测试；测试所使用的方法与测试的人群应尽量与最终调查的方法和人群相同。

案例

草原红太阳产品消费者行为及满意度调查问卷

尊敬的女士/先生，您好！

万分感谢您在百忙中接受我们的问卷调查，您所提供的信息对我们的研究很有价值。本次调查我们希望了解您对草原红太阳产品的一些看法和认识，调查数据只做学术研究之用。希望您在填写问卷时按照对产品的理解如实填写。

问卷编号：＿＿＿＿＿＿＿＿　　　　　调查人：＿＿＿＿＿＿＿＿＿＿＿

调查日期：＿＿＿＿年＿＿＿＿月＿＿＿＿日　调查地点：＿＿＿＿＿＿＿＿＿＿＿

请您将每个问题后面给出的符合您观点的答案的序号填在括号内，除非注明否则均为单项选择题。

1. 在过去的三个月中，您曾经购买的调味品品牌有（最多可选三项）（　　　）。
①王致和　　　②海底捞　　　③草原红太阳　　④小肥羊　　　⑤李锦记
⑥太太乐　　　⑦海天　　　　⑧味好美　　　　⑨东来顺　　　⑩皇城老妈

2. 您购买以上品牌的原因是（　　　）。
①品质有保证 ②味道有特色 ③口味多选择广 ④价格实惠
⑤是名牌　　　⑥其他（请注明：　　　　　　　　　）

3. 您在什么地方购买调味品比较多？（　　　）
①超市　　　　②小卖部　　　③牛羊肉零售店 ④农贸（批发）市场
⑤网上商店　　⑥便利店　　　⑦其他（请注明：　　　　　　　　）

4. 您购买此类产品的频率为？（　　　）
①2～3 天一次 ②一星期左右 ③半个月　　　　④一个月
⑤两个月以上

5. 您经常购买的草原红太阳产品是（可多选）（　　　）。
①火锅汤料　　②火锅蘸料　　③烧烤调料　　　④烧菜料　　　⑤香辛料
⑥酱油　　　　⑦醋

6. 您为什么购买该品牌的产品？（　　　）
①营养价值　　②质量有保证 ③味道好　　　　④是名牌
⑤购买方便省事　　　　　　⑥价格实惠　　　⑦包装醒目吸引人
⑧促销力度大　　　　　　　⑨其他（请注明：　　　　　　　　）

7. 您是通过什么渠道知道"草原红太阳"产品的？（　　　）
①亲朋好友推荐　　　　　　②店内商品陈列 ③店内促销活动
④售货员介绍　　　　　　　⑤广告　　　　　⑥宣传单

⑦其他（请注明：　　　　　　）

8. 目前您对其公司提供的产品/服务的总体满意程度是什么？（　　　）

①很不满意　　②不满意　　③不太满意　　④一般

⑤较满意　　　⑥满意　　　⑦很满意

9. 通过您对草原红太阳相关产品的使用，请您对下列各项因素给予评价。

序号	考虑因素	很不满意	不满意	不太满意	一般	较满意	满意	很满意
（1）	味道							
（2）	口味选择的多样性							
（3）	营养价值							
（4）	产品质量的稳定性							
（5）	产品质量安全							
（6）	品牌形象							
（7）	售后服务							
（8）	价格的稳定性							
（9）	物有所值方面							
（10）	包装使用的便利性							
（11）	包装设计的独特性							
（12）	购买地点的方便性							
（13）	卖场内的促销							
（14）	电视广告宣传							
（15）	网络广告宣传							

10. 您以后还会继续使用该品牌的产品吗？（　　　）

①肯定会　　②可能会　　③不一定　　④可能不会　　⑤肯定不会

11. 您以后会向别人推荐使用该品牌的产品吗？（　　　）

①肯定会　　②可能会　　③不一定　　④可能不会　　⑤肯定不会

12. 您的性别（　　　）。

①男　　　②女

13. 您的年龄（　　　）。

①20～30岁　②31～40岁　③41～50岁　④51～60岁　⑤61岁及以上

14. 您的婚姻状况（　　　）。

①未婚　　　②已婚

15. 您的教育程度（　　　）。

①初中及以下　②高中或中专　③大专　　　　④本科（学士）

⑤硕士及以上

16. 您的（家庭）月收入（　　　）。

①2000 元以下　　　　　　　②2001～4000 元

③4001～6000 元　　　　　　④6001～8000 元

⑤8000 元以上

17. 您所从事的职业（　　　）。

①公务员　　　　　　　　　②事业单位人员

③企业员工　　　　　　　　④私营业主/个体经营者

⑤离退休人员　　　　　　　⑥其他（请注明：　　　　　　　　）

问卷到此结束，感谢您的配合，祝您身体健康，生活愉快！

三、市场调查报告的基本结构

1. 标题

报告标题应该简明扼要，一般表达调查报告的研究对象和明确概括调查内容，好的标题一定能引起人们的好奇心和阅读的欲望。

标题是文章的画龙点睛之笔，在文章的结构中，标题占有重要的地位。

第一要直接；第二要确切；第三要简洁；第四要新颖。

2. 目录

调查报告的内容、页数较多，为了方便读者阅读，应当使用目录或索引形式列出报告所分的主要章节和附录，并注明页码。整个目录的篇幅不宜过长，以一页为宜。

3. 摘要

（1）调查目的。即为什么要开展调查，公司为什么要在这方面花费时间和金钱，通过调查想要得到些什么。

（2）调查对象和调查内容。例如，调查时间、地点、对象、范围、调查要点及要解答的问题等。

（3）调查研究的方法。例如，问卷设计、数据处理由谁完成，问卷结构、有效问卷有多少，抽样的基本情况，研究方法的选择等。

（4）简要给出调查结果及有关的结论建议。这部分可以摘取正文中对应的有关标题部分文字予以说明。

4. 正文

正文是市场调查分析报告的主要部分。正文部分必须正确阐明全部有关论据，包括从问题的提出到引起的结论及论证的全部过程，分析研究问题的方法等。

（1）开头部分。

1）开门见山，揭示主题。例如："随着改革开放的不断深入和人民生活水平的日益提高，住宅已逐渐成为城镇居民消费的主要对象。为了全面了解××市居民住宅消费的市场需求情况，推动居民住宅储蓄和城镇住房抵押贷款业务的进一步开展，受××单位的委托，××单位于20××年×月×日，对该市居民住宅消费的市场需求进行了抽样调查。"

2）结论先行，逐步论证。例如："20××年×月×日，我们对×市的2400户城镇居民家庭进行了城镇居民生活水平状况的抽样调查，调查结果表明：居民家庭收入有很大提高，对现今家庭生活状况总体来说还是感到满意的，大致从以下几个方面来反映："

3）交代情况，逐步分析。先交代背景情况、调查数据，然后逐步分析，得出结论。例如："本次关于非常可乐的消费情况的调查主要集中在北京、上海、重庆、天津，调查对象集中于中青年……"

4）提出问题，引入正题。例如："从20××年×月开始，随着3G手机iPhone 4的上市，各种合资的、国产的3G手机，例如，××、××、××、××等牌号的3G手机如雨后春笋般地涌现，面对种类繁多的3G手机，作为上帝的顾客该如何选择？厂家该如何在激烈的竞争中立于不败之地？带着这些问题，我们对×市部分消费者和销售单位进行了有关调查。"

（2）论述部分。论述部分是调查报告的主要部分，主要用以分析在调查过程中发现的问题，分析研究的课题在论述部分将得到充分的分析和具体的说明。运用分析材料和分析方法表明事实、阐明观点，主要运用定量方法、逻辑方法和辩证方法进行分析写作。论述部分必须准确阐明全部有关论据，包括问题的提出、论证的过程、分析研究问题的方法和得出的结论。

1）基本情况介绍。对调查数据资料及背景做客观的介绍说明、提出问题。①对调查数据资料及背景资料做客观的介绍说明，再分析部分阐述看法、观点或分析；②提出问题并分析问题，找出解决问题的方法；③先做肯定描述，由肯定的一面引申出分析部分，再由分析部分引申出结论。

2）结果分析部分。调查结果分析是调查报告中的重中之重，在这个阶段要对所搜集的资料进行定性与定量分析，具体包括原因分析、利弊分析，常见的如SWOT分析、预测分析。

5. 结论和建议

结论和建议应当简明扼要。在结语部分要再一次明确主旨、加深认识、启发读者思考和联想。结论一般有以下五个方面。

（1）概括全文。经过分析以后，综合说明调查报告的主要观点，深化主题。用精练的语言概括全文总体情况、基本特征或者基本观点。此种结尾首尾呼应，加深读者的印象和记忆。

（2）形成结论。在对客观资料进行深入细致的科学分析的基础上，做出水到渠成的结论。这种结尾能使读者产生思想上的飞跃，即由材料上升至观点，得出结论，从而留下深刻的印象。

（3）提出看法和建议。通过分析，针对前文的"原因"或者"问题"，提出解决问题的措施和途径，提出建议和可行性方案。应注意提出的建议要切实可行，有较强的针对性和可行性。

（4）展望未来、说明意义。在调查分析事物发展变化的过程、趋势和规律的基础上，对事物未来的发展方向和前景做出预测性的分析结论。此种结论有助于读者了解现状，认识未来，加深对文章的理解。

（5）补充说明。对前文所引用的材料或做出的分析结论，进行必要的补充说明，如指出数据资料更多，预测结果更准；指出在什么条件下做出的分析结论。常用"需要指出的是""需要补充的是""需要说明的是"等作为结尾的引导词。此种结尾可使读者的认识更加完整。

6. 附件

附件是指调查报告中正文包含不了或没有提及，但与正文有关必须附加说明的部分。目的是集中所有论证、说明或深入分析报告正文内容所必要参考的资料。是正文报告的补充或更详尽的说明。

主要包括：调查问卷；技术细节说明，如对一种统计工具的详细阐释；其他必要的附录，如调查所在地的地图等。

四、市场预测方法

1. 定性预测方法

（1）头脑风暴法。所谓头脑风暴法是指邀请有关方面的专家，通过开会的形式讨论，进行信息交流并互相启发，从而诱发专家们发挥其创造性思维，促使他们产生"思维共振"，已达到相互补救的效果，并在专家们分析判断的基础上，综合其意见，作为预测的依据。

头脑风暴法的优点：①充分发挥专家的创造性思维，能够获得创造性的成果；②同时多位专家在会上研讨，可以节省时间并能够获得较多的信息。头脑风暴的缺点：①参加会议的人数受限制；②易受权威人士意见的影响；③易受心理因素的影响；④受表达能力的影响。

（2）德尔菲法。德尔菲预测法是采用匿名的方式，用问卷的方法背靠背地征求专家各自的预测意见，最终得出预测结果的一种经验判断预测法。主要用于技术发展、重大工程项目、重要经济问题、长远规划、产品结构调整等问题的预测研究，还可以用来预测商品供求变化、需求产品价格、商品销售、市场占有率、商品生命周期等方面。

采用德尔菲法进行预测，要遵循五个步骤：

第一步，成立预测小组，确定预测课题。德尔菲法以函询为主，工作量大，须先成立工作小组。工作小组是预测的领导者、组织者，也是预测的主持者，负责确定预测目标、准备背景资料、选定专家、设计征询表、对征询结果进行分析处理等。

第二步，选择专家，准备背景材料。应聘请见多识广、经验丰富、分析能力强、同预测问题有关的业务内行作专家。专家组的人数要根据预测课题的复杂程度而定。一般选择 10~30 人为宜。有的预测内容比较复杂、涉及面广，需要专家人数多的，则要对专家进行分组。

第三步，拟订征询表。征询表应紧紧围绕预测课题，从各个侧面提出有针对性的问题，内容要简明扼要，问题数目不宜过多，含义要明确并对各项问题要有说明以便专家能够了解预测意图。另外，为满足实际需要，还应对征询表不断修正调整。

第四步，寄发调查表，反复征询和反馈。应向专家提供有关的背景材料。同预测课题直接有关的国内外的调查统计资料和经济信息资料，事前应搜集、整理准备好，以便及时发给专家，供他们参考，使专家心里有数。进入征询阶段，反复对专家进行轮番征询，在进行每一轮征询后，汇总整理专家们的综合意见结果，再结合预测组的要求和补充的背景资料，再反馈给各位专家进行下一轮征询意见，直到专家们的意见趋于一致为止。

第五步，确定预测结果，写出预测结果报告。在工作小组对最后一轮专家意见进行整理分析，作出最终判断。

2. 定量预测方法

移动平均法是以预测对象最近一组历史数据的平均值直接或间接地作为预测值的方法。

（1）移动平均法。移动平均法是直接以本期（t 期）移动平均值作为下一期（t+1 期）预测值的方法。特点如下：①预测值是离预测期最近的一组历史数据（实际值）平均的结果；②参加平均的历史数据的个数（即跨越期数）是固定不变的；③参加平均的一组历史数据是随着预测期的向前推进而不断更新的。主要有一次、二次移动平均法。当时间序列有明显的上升或下降趋势变动时，为修正滞后偏差，需要利用移动平均滞后偏差的规律来建立增减趋势的预测模型。

（2）指数平滑法。指数平滑法是一种特殊的加权平均法，加权的特点是对离预测期较近的历史数据给予较大的权数，对离预测期较远的历史数据给予较小的权数，权数由近到远按指数规律递减。

（3）直线趋势延伸市场预测法。直线趋势延伸市场预测法是以直线模型研究市场现象趋势变动的方法，如若市场现象时间序列具有长期趋势变动，而且呈现直线变化规律，即直线上升趋势或直线下降趋势，就配合直线方程，用直线趋势延伸法进行预测，判断时间序列趋势变动是否为直线趋势，可以用时间序列图形判断，也可以用时间序列环比增长量（一次差）判断。如果时间序列环比增长量接近一个常数或差异不大，即可用直线趋势法。

📖 模拟演练

对市场数据分析，提交调查数据，并运用调查数据对市场的各种数据进行计算，制定出合理的数据报告。

一、撰写市场调研报告

学生利用系统提供的多媒体编辑器，填写市场调查报告，如图 3-1 所示。

市场调查

市场调查报告

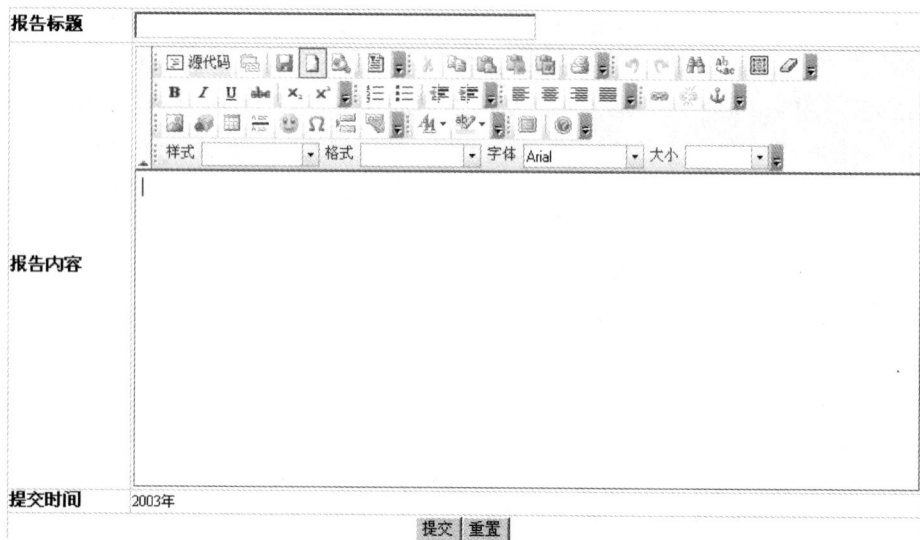

报告标题	
报告内容	
提交时间	2003年

提交　重置

图 3 - 1　市场调查报告编辑器

二、市场渠道需求走势预测

不同的时间、不同的渠道、市场需求以及最高预算支出实际上是不一样的。可以根据当前季度实际市场需求量、实际消费者最高预算支出预测下一个季度的需求量大致增长率及下一季度的消费者最高预算支出大致增长率，如图 3 - 2 所示。

华东区专卖店商务型消费群体需求居多，平均 151 件，时尚型呈增长趋势。第四个季度和第六个季度估计是需求旺季。

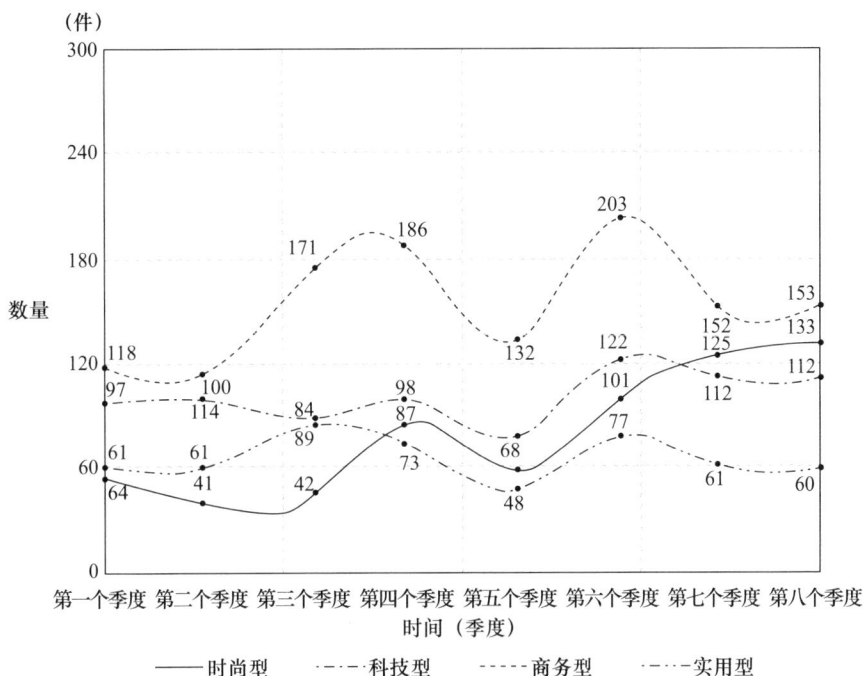

图 3 – 2　华东专卖店最高预算数量细分需求曲线

案例分析

海尔空调市场前景预测

2008 年空调冷年结束后，各项数据显示以往三足鼎立的局面已经被打破。有资料显示，格力、美的在国内市场的销售量分别超过 700 万台和 600 万台，占市场比例分别为 27.47% 和 22.09%，而海尔的国内市场销量不足 300 万台，占市场比例仅为 10.8%，远远被格力、美的抛在后面。从此三足鼎立的局面或已经改写为两强并立的格局。

海尔有意推出"海尔集团彻底从制造型企业转型为营销型企业的战略。"这种战略转型是否可以把海尔及海尔空调从发展的迷途中拯救出来，很多人对此表示出极大的关切。

一、退守第三位

其实，海尔空调在 2000 年前后，一直与格力、美的处于三强领跑的格局。尤其是在 2000 年之前，海尔在空调行业的地位从某种意义上要比其他两个品牌更强，海尔并没有输在起跑线上。海尔被格力、美的拉开距离是在 2005 年以后。这一时期行业已经从高速发展前期进入到高速发展后期，空调市场环境发生了根本性的变化。

1. 品牌集中度大大提升

从过去超过百家品牌同台竞争，变为活跃品牌仅剩不足 30 余家。行业前三家品牌的市场份额超过 50%，专业空调品牌的优势逐渐显现出来。

2. 渠道结构发生了巨大的变化

由于家电大连锁卖场的崛起，并占据了一级市场主流，迫使专业经销商退守二级、三级、四级市场。虽说家电连锁卖场在一级市场占据了绝对地位，但在总体市场上还是仅占不足 30% 的市场份额，因此专业经销商依然是市场的主力。

3. 技术成熟规模成为行业门槛

经过十多年的引进消化吸收，技术已经不是国内空调产业最大障碍，而规模效应成为行业企业比拼的焦点，甚至一定的规模成为企业的生死线。

二、利润走低

早期空调行业是一个暴利行业，随着技术引进的消化、市场竞争的加剧，产品价格逐步走低，企业盈利能力相应下降。曾经风靡空调行业的"价格战"，在行业高速发展的后期有被"价值战"所替代的趋势。

对于这种市场环境的变化，海尔似乎准备不足。因而，在空调的发展战略上明显与市场脱节，表现出患得患失或摇摆不定的市场策略。

1. 只注意到品牌的优势而忽视了空调的专业特性

海尔是一个家电综合性品牌，在市场上品牌的拉力非常大，在不成熟的任何一个家电产品市场上，只要海尔介入肯定会有比其他品牌更强的优势，容易使消费者认可接受。但在市场成熟后，如果不在专业性上有所突破，就会被更专业的品牌所超越。这也是海尔被格力、美的超越的重要原因。

2. 轻易地放弃专业经销商网络

海尔在家电连锁崛起后，特别青睐与这一新兴渠道模式的合作。特别是家电连锁的大单采购让海尔尝到了甜头，不仅可以一次性地获取大的订单，还比较容易实现按订单生产。虽然,家电连锁的优势在以中心城市为主的一级市场,似乎与海尔面向白领阶层消费群体高品质定位相符合,但是海尔在与家电连锁密切合作的同时,却把专业经销商渠道似乎放弃了。其实,就在家电连锁卖场进入鼎盛时期,也就是一级市场渐趋饱和时期。然而真正的潜力市场是在以乡镇为代表的三级、四级市场,虽说家电连锁也在逐渐往三级、四级渗透,但是三级、四级市场的特性决定了专业经销商仍然是这一市场的主力军。

3. 渠道设置

在海尔进入空调行业初期,在品牌号召力的吸引下,众多专业经销商聚集在海尔的旗帜下,形成了海尔辐射一级、二级、三级市场的渠道网络。

当海尔与家电大连锁结盟后,并没有表示要主动抛弃专业经销商,而是在实际操作的策略上却把专业经销商驱赶到竞争对手的阵营。其中有两个方面的问题最为突出,一是使经销商经营海尔空调难以获利。海尔在产品价格策略设计上,留给经销商的盈利空间相对竞争对手少很多。经销商感慨:"海尔的产品虽然好卖,却忙活一年挣不到钱,甚至还要贴上老本。主要是海尔留给我们的利润空间太小。"很多经销商就不得已,转换门庭投到竞争对手的门下。二是渠道管理混乱。串货是空调行业经销商的"兵家大忌",一旦有串货进入某一经销商的区域,不仅会出现同品牌的不同价格攀比,甚至因此出现相互诋毁的恶性竞争。对于当地经销商来说,恶意竞争势必在消费者中倒了牌子,要想恢复品牌就不是一件简单的事情。海尔经销商到三级、四级市场调查发现,以往的"海尔空调专卖店"多数已经换成格力或者美的"专卖店"。这一进一出、此消彼长,就造成了海尔迅速在销售量上与格力、美的拉大差距。

三、即供即需不畅

近年来,海尔一直推行的"即供即需"零库存运营思路,在空调产品上遭遇严峻的考验。据了解,海尔在体制设计上分为负责制造的产品本部与负责销售的工贸公司,是把制造与营销彻底分离的,对于空调产品来说这种分离有可能是致命的。原因有以下两个方面:

一方面,空调销售的是半成品,销售需要在安装服务后才能得以实现。对产品本部来说,产品在市场上的情况很少有直接的了解;而工贸公司在各地的平台只有负责空调的产品经理,对于产品的研发、制造可以说是知之甚少。尤其是对产品的销售策略,产品本部仅仅是制订者,并无实施的责任和权力。实施者在各地工贸仅为产品经理,根本无暇顾及市场的各个层面。这样一来,两者就在市场环节上产生了脱节,这无疑也是对"即供即需"模式的巨大讽刺。另一方面,无法对专业经销商进行有针对性的服务。由于制造与营销分属两大不同的系统，对市场的感应就隔了一个层次，不贴近市场就不可能有针对性的应对策略。因而，在市场发生变化时往往就会比竞争对手慢半拍。如果两张皮的体制仅仅是应对家电连锁还可以，但是要应对千差万别的专业经销商就力不从心。相比较，竞争对手格力、美的实行的是事业部制，制造与销售是由事业部总体负责，不仅可以掌控产品从研发、制造到进入市场的全过程，而且可以及时了解市场需求变化有针对性地进行产品开发与宣传。贴近市场是竞争对手甩开海尔的关键点。

四、产品定位

在空调产业发展初期，海尔是以"真诚到永远"的售后服务来赢得客户的。这样的理念是基于当时空调产业的技术还不是很成熟的基础之上，海尔正是依靠超越其他品牌的售后服务，成为其在空调市场快速发展的一个法宝。

然而，空调是一个技术含量不高的产品，随着技术引进消化的渐趋完成，产品竞争的焦点有所转移，而竞争对手格力空调却实施"精品战略，开展零缺陷工程"，从"强化质量意识"到"超越售后服务"，是为消费者提供零缺陷的产品。格力提出的提供零缺陷的产品策略，超越了单纯强调服务的局限，得到消费者和专业经销商的广泛认可。有专家就指出，在产品以及市场宣传上，海尔的策略明显没有格力更贴近消费者，产品及市场战略没跟上行业变化。

频繁变换掌门人也伤了海尔空调在市场上的元气。成功的企业都有一个相对稳定的营销团队和掌门人，这对稳定经销商信心非常重要。格力的董明珠、美的的方洪波，都起到了一面旗帜的作用。格力、美的能够稳健地发展，与这一点也是分不开的。例如，经销商在区域市场遇到问题，而且有些问题不是区域负责人能够解决的，这就需要与董明珠、方洪波这样的掌门人沟通解决。

反观海尔空调的"掌门人"经常变动。每一任"掌门人"都是经销商刚刚与之熟悉就被换走了，怎么能够让经销商适应呢？彼此之间不熟悉，不能成为朋友，有问题就不便于协商解决，这样市场的反应速度怎么能够快呢？结果可想而知。

海尔提出彻底从制造型企业转型为营销型企业的战略，这一战略是不是切中了海尔的时弊呢？是否能够解决海尔在空调领域重获三强地位的问题呢？现在这种转型还仅仅是提出来，方案还需要细化并得到严格的执行，目前还很难看出端倪。不过任何一次转型，都应从根本上解决企业存在的问题。

资料来源：中国营销传播网 2009 年 6 月 17 日。

案例思考题

组成三人或四人的小组，设计一种定性预测方法（可包含几种定性预测方法），对海尔的销售前景做定性预测。

实践任务

各学习小组学生自拟主题，设计一份市场调查方案，并依据方案规划完成一次实地调查活动，设计调查问卷，收集所需的数据资料，最终完成一份市场调查报告。

[链接]　市场调研方案

某产品市场需求调研方案

方案名称	某产品市场需求调研方案	执行部门	
		监督部门	

一、调研目的

为了准确把握校园师生对校园××产品的需求，为公司市场开拓提供参考，特组织市场调研。

调研目的包括以下三点：

1. 通过市场调研，了解师生对××服务的需求及动向。
2. 通过市场调研，了解竞争对手的市场策略及运作方法。
3. 通过市场调研，了解消费者对服务的认知和看法。

二、调研时间和范围

2015 年 3 月 25 日至 4 月 10 日，在××范围进行××校园产品的需求调研活动。

三、调研对象

调研对象的构成见下表。

对象	选择标准	标准的具体内容
学校	各地区每类院校选1~2所	①部委直属高校； ②省（直辖市）属高校； ③民办高等职业学院； ④中等职业技术学院
学生	每类各选3~5人	①大学一年级~四年级学生； ②硕士研究生（脱产、在职）； ③博士研究生（脱产、在职）； ④成人教育学院学生（脱产、在职）

四、调研内容

调研内容见下表。

××产品校园市场调研内容明细表

项目	具体内容
消费者研究	校园学生对目前校园××产品的评价
	消费者对校园××产品的偏好趋势
	消费者对××服务内容的偏好趋势
	消费者对校园××产品组合的要求
	消费者对校园××产品发展趋势的建议
	消费者对校园××产品的潜在需求
消费者行为调查	消费者购买什么品牌的校园××产品
	消费者购买××品牌产品原因
	消费者购买××产品的时间
	消费者通过什么途径购买××产品
影响因素调查	校园××产品设计对消费者购买的影响程度
	品牌对消费者购买的影响程度
	影响消费者购买的主要因素
	价格对消费者购买的影响程度
	校园××产品内容对消费者购买的影响程度
广告信息调查	消费者获取信息的主要渠道
	消费者获取增值服务产品的主要渠道
	目前增值服务产品信息的主要传播点
竞争对手调查	目前消费者市场是否有类似的校园××产品
	消费者对竞争对手的产品价格的接受程度
	消费者对校园××产品的了解程度
	消费者对竞争对手的利益点的接受程度

五、调研问卷设计要求

1. 问卷构成

问卷由问卷说明、问卷填写人信息、正文等内容组成。

2. 问卷问题

问卷问题有开放式问题和封闭式问题两种类型。

3. 问题结构

问题结构包括分制评价量表，自由选择、强制性选择、偏差选择、自由问答等几种方式。

4. 问题的排序

根据答题人的逻辑思考顺序来确定。

六、调研开展方式

本次调研活动以财务随机抽样和配额抽样的方式进行，随机抽样包括在校园内食堂、教学楼、学生宿舍的现场进行拦路调研，配额抽样主要是指根据调研对象的要求，从满足条件的调查对象中进行抽样调查。

七、调研活动支持

本次调研活动的开展，由公司招聘历史调研人员完成，公司市场部负责对临时调研人员的培训与监督。

调研准备。调研前需准备以下内容：聘用调研员；复印调研问卷；确定调研学校；调拨礼品；访问员培训。

调研员培训。培训的内容包括职业道德、问卷讲解、监督办法等。

八、分析方法

问卷回收后，通过市场调研软件，对问卷进行数据分析，分析要求见下表。

分析方法	分析的具体内容
聚类分析	可以对被调查者的人口背景、消费习惯、生活方式、个性等方面进行分类，并将这些特征与消费者习惯结合起来，作为营销管理中市场区隔划分的主要手段

续表

分析方法	分析的具体内容
因子分析	影响消费者购买的原因很多，但有些原因是相关的，有内在的必然性，只要深入了解这些内在的必然性，就可以将复杂的问题简单化，在执行上，变得轻而易举，就是从大量的数据中寻找内在，降低决策的困难
相关分析	相关分析，影响消费者消费，平价产品，产品特性之间的内战，通过相关分析，可以看到自己和竞争产品市场，驱动力，阻碍力，从而明确自身努力的方向
SWOT分析	产生新产品/品牌的内在环境和外在环境，从而明确优势和劣势，认清市场机会和威胁，对于策略决定有很大的指导作用

九、调研质量控制

1. 成立质量控制小组

公司针对该项目成立质量小组，项目小组人员：调研经理、研究人员、督导员、复核员、访问员及其他相关人员，主要责任为组织协调整个调研流程，并实行质量监控。

2. 实地调研的质量控制

调研的督导人员和访问人员在进行实际操作前，必须经过专门的培训，经考核合格后方可操作。问卷调研时，多访问 1~2 人，作为备用问卷，保证总体样本量与设计数量相符。

问卷调研时，公司督导人员采用电话复核和实地复核两种方式对问卷的真实性进行复核，复核时间为问卷回收的 24 小时内，复核人员不能为访问人员。

3. 资料整理及分析的质量控制

问卷回收后到公司总部，由公司专业的调研人员对其进行第二次审核。数据采取双向录入，分析软件采用 SPSS 统计方式。

编制人员		审核人员		批准人员	
编制日期		审核日期		批准日期	

实务作品展示

蒙羊牧业消费者购买行为分析

为了进行更准确的消费者分析，项目小组采用问卷调查的方法，调查对象为呼和浩特市的肉类产品消费者。调查共发放问卷120份，收回120份，问卷有效率97%，共设计了20个问题。通过问卷分析消费者的喜好并挖掘消费者的需求，帮企业进行更好的产品定位和市场定位，制定出相应的营销策略。

一、消费者的基本特征

1. 选择蒙羊的原因

蒙羊牧业产品的优势在于可靠的品质。当消费者在选择羊肉产品时，考虑的因素较多，在涉及选择蒙羊牧业的原因中，从图3-3可以看出，因为"质量有保证"而选择蒙羊牧业的消费者比例占到50%，通过这一问题可以看出，首先，在肉类市场质量参差不齐的今天，蒙羊牧业依靠其可信赖的品质迎合了很多消费者；其次，25%的消费者选择蒙羊牧业的"肉质鲜美"，因此，蒙羊牧业产品本身的优势非常明显。从口味到羊肉所具有的一般功效，蒙羊牧业满足了消费者的物质需求。

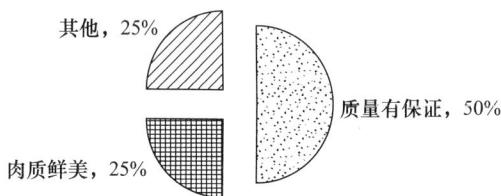

图3-3 选择蒙羊的原因

2. 购买羊肉考虑的因素

消费者购买羊肉时考虑的因素依次是质量、价格、品牌。从以上数据来看，质量是消费者考虑选择羊肉因素的首选，在120位受访者中有76位选择了质量，占 63%，而选择价格的人数为 39 人，占 32%，选择品牌的有 5 人，占 5%。其余选项为零。由此得出结论，首先，消费者在购买羊肉时最看重羊肉的品质，因为我国如今的食品安全质量相当严格，各种食品安全事件层出不穷，人们非常希望自己购买的是可以放心的食品。其次，消费者看重的是价格，因为在人们的日常生活中，食品消费占的比重较大，消费者在购买肉类产品时是会货比三家的，最终选择物美价廉的产品。最后，消费者看重的是品牌，相比之下消费者更愿意购买他们心目中认可的品牌（如图 3－4 所示）。

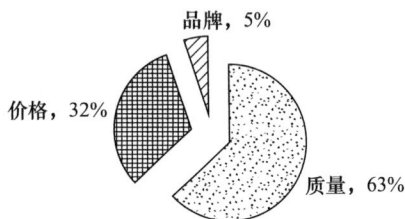

图 3－4　购买羊肉考虑的因素

3. 教育程度

在消费者的受教育程度方面，根据图 3－5 数据中可以看出：蒙羊产品消费者的学历以大学本科、大学专科、高中学历居多，而其中又以大学专科的消费者比例最高，达到 41%，为大学本科学历的消费者有 25%，高中学历消费者有 19%，高中以下消费者为 13%，硕士及以上消费者为 2%。从图 3－5 可以看出：

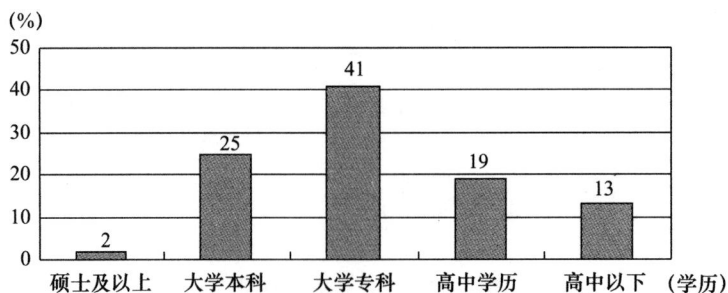

图 3－5　消费者的受教育程度

蒙羊消费者的平均学历处于中等偏上的水准。由于这部分消费者受教育程度较高，比较容易接受新事物，对于品牌产品认可度较高，同时在这部分中、高学历的消费者中收入较高，消费水平也高，所以他们可以接受较高的蒙羊产品价格。

4. 消费者月收入

消费者月收入问题是本次调查的重点，通过调查可以知道购买蒙羊产品的消费者到底是哪个阶层的。根据调查结果可以看出，消费者月收入 1500 元以下的人群所占比例为 11%；月收入在 1500 ~ 3000 元的人群为 20%；月收入 3001 ~ 5000 元的人群最多，占 45%；月收入 5001 ~ 10000 元的占 22%；月收入 10000 元以上的有三人，占 2%。而在这些消费者中，选择购买蒙羊牧业产品的消费者月收入大多在 5000 元以上，说明消费者收入水平较好。说明蒙羊产品的消费者很受家庭的喜爱，同时也说明了蒙羊牧业产品的价格比市场平均价格较高（如图 3 - 6 所示）。

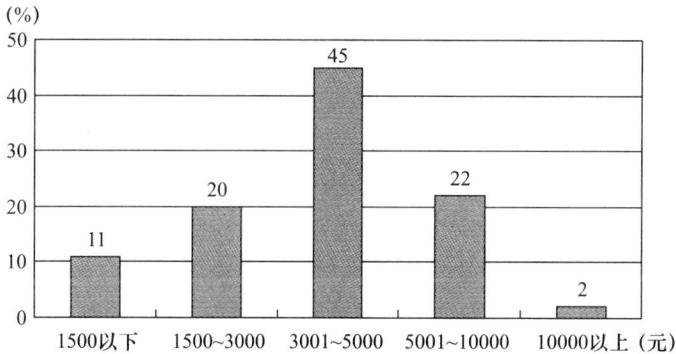

图 3 - 6　消费者月收入

5. 职业

在这次调查问卷中，针对消费者职业的分类，我们给出了非常详细的选项，共制定了 11 项不同的选项，分别为公务员、教师或科研人员、医生或其他事业单位人员、企业员工、个体经营者/私营业主、服务行业从业人员、工人、家庭主妇、待业人员、学生、其他。所占比例分别为 15%、10%、10%、20%、10%、20%、1%、9%、2%、1%、2%。这些职业中占比例最高的首先是企业员工和服务行业从业人员，其次是教师/科研人员、医生/事业单位员工、个体经营者/私营业主。调查结果可以看出，蒙羊牧业产品消费者的主体是一些有稳定收入的人和收入较高的消费者。而对于工人、家庭主妇等消费者来说，蒙羊牧业并不是他们的第一选择（如图 3 - 7 所示）。

其他，2%
学生，1%
待业人员，2%
家庭主妇，9%
工人，1%
公务员，15%
教师或科研人员，10%
服务行业从业人员，20%
医生或其他事业单位人员，10%
个体经营者/私营业主，10%
企业员工，20%

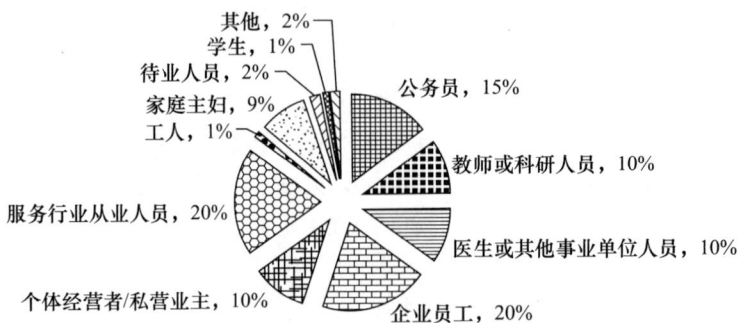

图 3-7　消费者职业

6. 品牌选择倾向

从我们的调查可以看出，本地的消费者大部分时候还是购买一些没有品牌的散装羊肉，由于草原兴发、科尔沁、苏尼特等品牌成立时间较久，因此所拥有的消费者不在少数，蒙羊牧业作为一个新兴企业，还没有在消费者心中建立一个稳定的形象（如图 3-8 所示）。

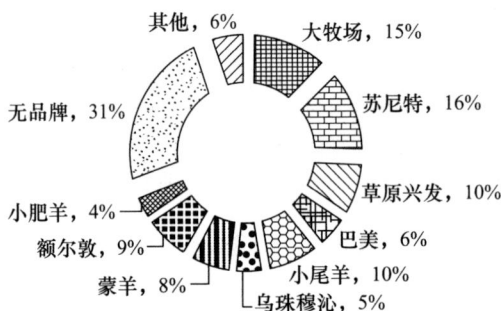

其他，6%
大牧场，15%
苏尼特，16%
无品牌，31%
草原兴发，10%
巴美，6%
小肥羊，4%
额尔敦，9%
小尾羊，10%
蒙羊，8%
乌珠穆沁，5%

图 3-8　消费者选择品牌倾向

二、消费者行为分析

1. 购买途径

在调查的消费者中，首先，在离家较近的菜市场购买羊肉的人数占到了46%；其次，在大型综合超市购买羊肉的人数，如北京华联、家乐福等，占33%；再次，在肉类批发市场购买羊肉的人占17%；最后在羊肉专卖店和网上直营店购买的消费者仅占4%。通过分析可以看出大型超市和离家较近的便民市场是羊肉销售的主力战场，肉类批发市场由于其货品齐全，价格低廉，因而也有不少人在此购买；选择羊肉专卖店的消费者并不多，大部分还是出于好奇心的心态进店消费，而由于我们的受访者都是呼和浩特市本地市民，所以网上直营店这一数据并不客观（如图3－9所示）。

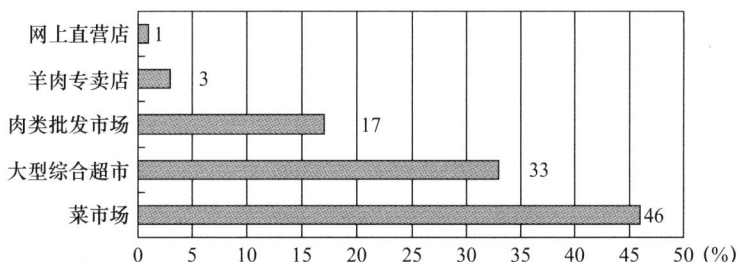

图3－9　购买途径

2. 广告

广告对消费者的购买行为起了非常大的作用，好的广告可以引起消费者的购买欲望，刺激消费者的感情，从而推动购买行为的发生。通过对消费者的分析，我们应该做出一则信息量巨大的广告，有针对性地作用于消费者的购买过程。促使消费者购买产品。通过问卷分析发现，蒙羊牧业的广告做得还不够完善，消费者获取广告的途径集中在朋友推荐和店面宣传两个方面。在对消费者影响较大的平面广告和电视广告上蒙羊牧业投资得较少。但是可以看出在公交广告、微信公众平台等新型广告平台上蒙羊做的还是不错的，消费者表示对这几种广告很感兴趣。

3. 促销手段

现场打折是消费者最喜爱的促销手段之一。由数据可以看出，消费者希望现场打折的人占55%，希望礼品赠送的人和积分折扣的人占22%和15%，希望抽奖的人占8%。从结果可以看到，相比积分、抽奖这种虚拟的优惠，消费者还是更喜欢打折和赠送礼品这种看得见摸得着的促销优惠（如图3－10所示）。

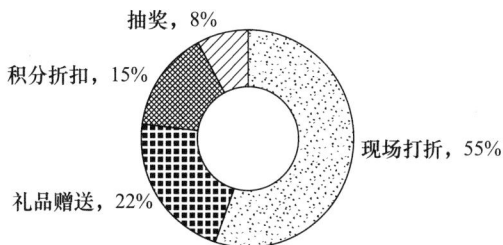

图3－10　促销手段

三、结果分析

1. 购买蒙羊牧业的五种类型

随着人们生活水平的提高，收入的增加，越来越多的人开始接受售价更高、品质更有保障的品牌羊肉，而目前市场上的羊肉品牌种类繁多，并没有一个真正的龙头企业，这也说明蒙羊牧业未来会有很大的发展潜力。

（1）在消费者群体的构成上，公务员、事业单位员工、私营业主等职业的消费者愿意选择品牌羊肉，同时这几种职业的消费者收入也较高；

（2）在消费者的购买动机上，人们购买品牌羊肉是为了追求更高的质量、更好的口感以及更健康的体验；

（3）在购买的时间上，冬季是人们购买羊肉的旺季，这与中国人的饮食习惯有关，人们认为在冬季食用羊肉会起到更好的滋补作用；

（4）在购买的地点上，相对于品牌门店消费者更倾向于在超市和便民市场购买羊肉，这说明蒙羊牧业等羊肉品牌在品牌建设上做得还不够好，没有足够好的理由将顾客吸引到门店里消费；

（5）在品牌忠诚度上，消费者对蒙羊牧业的忠诚度较高，表示愿意再次购买蒙羊的产品，对竞争者产品的忠诚度同样也很高，这说明蒙羊牧业产品的定位不够准确，特色不够鲜明，在消费者眼中与竞争者产品没有太大区别，同时也说明了消费者对于排酸羊肉、有机羊肉等新型产品的了解还是不多。

2. 针对问卷的分析结果，给出几点建议

（1）通过调查发现，就羊肉本身消费者更关心的是产品质量和价格，人们普遍希望在保证质量的同时又能有合理的价格。也有消费者表示，愿意花更多的钱去购买健康放心的羊肉。可见消费者最关注的还是羊肉产品的质量，同时，由于消费者在产品鉴别与安全认证方面普及程度不够，导致了消费者在羊肉选购过程中顾虑较多。这就需要蒙羊企业在未来的开发中发展产品特色，将蒙羊产品的特色和鉴别方法多向消费者宣传，加强食品安全和食品标识知识的宣传和普及。质量是企业发展的保障，将目光放长远才能收获更高的利润。

（2）消费者购买羊肉的能力与消费者的收入和社会地位直接挂钩，收入较高的消费者愿意在名牌产品和高端产品上投入更多，而收入较低的消费者在购买羊肉时就不会考虑那么多，物美价廉的产品是这类人群的首选目标。因此，蒙羊在市场细分这个环节要格外重视。应从以下四方面采取措施：

1）要花大量的人力、物力进行全面专业的市场调研，研究各地的人群组合、人文习俗、消费水平、饮食习惯等，再做出详细的细分报告，制定出相应的市场

策略。

2）推出不同档次的多种产品，让消费者可以有更多的选择余地。

3）加大高端羊肉产品的投资，积极发展并做大做强高端消费市场，将蒙羊牧业打造成高端消费品牌，提升品牌知名度。

4）产品的核心竞争力在于附加值，附加值从何而来？来自于消费者对品牌的认可，为什么 iPhone 卖得那么贵，还能卖得那么好？就因为 iPhone 的附加值高，消费者认可这个品牌。所以说光有好产品是不够的，还要用品牌营销的方法把好产品的价值体现出来。通过调查和消费者的反馈得知，消费者对蒙羊牧业的了解或者认知程度不够，由此蒙羊牧业需要加大品牌宣传力度，在企业的官网、微博、微信公众号以及在电商平台上的 b2c 店铺等渠道大力展开品牌营销，让更多消费者了解蒙羊牧业。了解是消费的前提，只有将产品的形象深入人心，才会促进消费者的购买力。

综上所述，一方面，蒙羊牧业需要严格把控质量关，保证消费者能够买到有所值并且健康的产品；另一方面，需要加大宣传力度，发展更多的潜在顾客，同时将更多的潜在顾客发展为现实顾客，现实顾客稳固为忠诚顾客。企业除为消费者提供更好的产品之外，同时还要提供更好的服务，只有消费者从购买到食用都有好的用户体验，才能让蒙羊的口碑从消费者的口中传出去，为企业建立良好的美誉度，让消费者更加认可蒙羊牧业品牌。

注：2013 级市场营销一班课程训练项目成果节选。

第四章
目标市场营销战略

📖 知识概要

现代营销战略的核心可称为 STP 营销，即细分市场（Segmenting）、选择目标市场（Targeting）和市场定位（Positioning）。

一、市场细分

1. 市场细分的标准

消费者市场细分的标准主要有地理变量、人口变量、心理变量和行为变量四大类。

（1）地理变量。地理因素即按照消费者所处的地理位置、自然环境细分市场，具体变量包括国家、地区、城市规模、不同地区的气候及人口密度等。处于不同地理位置和环境下的消费者，对同一类产品往往会呈现出差别较大的需求特征，对企业营销组合的反应也存在较大的差别。

（2）人口变量。人口因素即人口统计变量。包括年龄、婚姻、职业、性别、收入、教育程度、家庭生命周期、国籍、民族、宗教、社会阶层等。需要注意的是：在用人口因素进行市场细分时，用单一标准细分市场容易得出偏颇的结论，往往需要和其他细分标准结合对市场做出进一步的细化研究，从而发现显著的顾客需求特征差异，以分别制定针对性的营销战略及策略。

（3）心理变量。心理因素即按照消费者的心理特征细分市场。按照上述几种标准划分的处于同一群体中的消费者对同类产品的需求仍会显示出差异性，可能原因之一是心理因素发挥作用。心理因素包括个性、购买动机、价值观念、生活方式、追求的利益等变量。

（4）行为变量。行为因素即按照消费者的购买行为细分市场，包括消费者进入市场的程度、使用频率、偏好程度等变量，如表4-1所示。

表4-1　细分市场举例

细分标准		细分市场举例
地理变量	区域	东北、华北、西南、东部、中原地区
	城乡规模（人）	100000 及以下、100001～250000、250001～500000、500001～1000000、1000001～4000000、4000000 及以上
	人口密度	城市、郊区、乡村
	气候	南方、北方
人口变量	年龄（岁）	6 及以下、6～11、12～19、20～34、35～49、50～65、65 及以上
	性别	男性、女性
	家庭人口	1～2、3～4
	家庭生命周期	未婚、新婚、满巢Ⅰ、满巢Ⅱ、空巢、孤独期
	收入（元）	20000 及以下、20001～100000、100001～500000、500000 及以上
心理变量	生活方式	传统型、新潮型、节俭型、奢靡型、严肃型、活泼型等
	个性	外向、内向、被动、爱交际、喜欢命令人、有野心
行为变量	购买时机	平常、周末、节日
	追求利益	质量、服务、经济、速度
	使用者状况	从未用过、以前用过、有可能使用、第一次使用、经常使用
	使用频率	轻度使用者、中度使用者、高度使用者
	品牌忠诚情况	无、一般、强烈、绝对
	对产品的态度	热情、正面态度、不关心、负面态度

许多消费者市场的细分标准同样适用于产业市场，如地理因素和追求利益、使用率、使用状况、品牌忠诚度等行为因素。此外，产业市场常用的细分标准还有以下四类：①最终用户。生产者市场的用户购买产品通常是为了生产用于出售的产品或服务，用户所处行业不同，其生产者需求会有很大差异。②用户规模。用户规模也是细分产业市场的一个重要变量。用户规模不同，其购买数量存在很

大差异。大用户虽少，其购买量大；小用户虽多，其购买量小。③地理细分。企业可用地理变量确定重点的服务地区。由于自然资源、气候条件、生产的要求等存在差异，每个国家都会形成一些产业群，这就决定了生产者市场比消费者市场在地理上更为集中。④组织行为细分。指购买状况是直接购买、修正购买还是新购买。

2. 市场细分的方法和程序

（1）市场细分的方法：

1）单一因素法。单一因素法是指根据市场营销调研结果，把选择影响消费者或用户需求最主要的一个因素作为细分变量，从而达到市场细分的目的。

2）综合因素法。综合因素法即用影响消费需求的两种或两种以上的因素进行综合细分，如用生活方式、收入水平、年龄三个因素可将妇女服装市场划分为不同的细分市场。

3）系列因素法。当细分市场所涉及的因素是多项的，并且各因素按一定的顺序逐步进行，可由粗到细、由浅入深，逐步进行细分，这种方法称为系列因素法。

（2）市场细分的程序：

1）选定产品的市场范围。公司应明确自己在某行业中的产品市场范围，并以此作为制定市场开拓战略的依据。

2）列举所有潜在消费者的基本需求。可从地理、人口、心理等方面列出影响产品市场需求和顾客购买行为的各项变数。

3）识别不同潜在消费者的不同需求。公司应对不同的潜在顾客进行抽样调查，并对所列出的需求变数进行评价，了解顾客的共同需求。

4）移去潜在消费者的共同需求。

5）划分相应的市场群，并初步命名。

6）测量不同细分市场的规模。

二、目标市场选择

1. 目标市场选择模式

企业在对不同细分市场进行评估以后，下一步就要决定进入哪几个细分市场。通常情况下，有单一市场集中、产品专业化、市场专业化、选择性专业化、整体市场覆盖五种基本的市场覆盖模式可供选择，如图 4-1 所示。

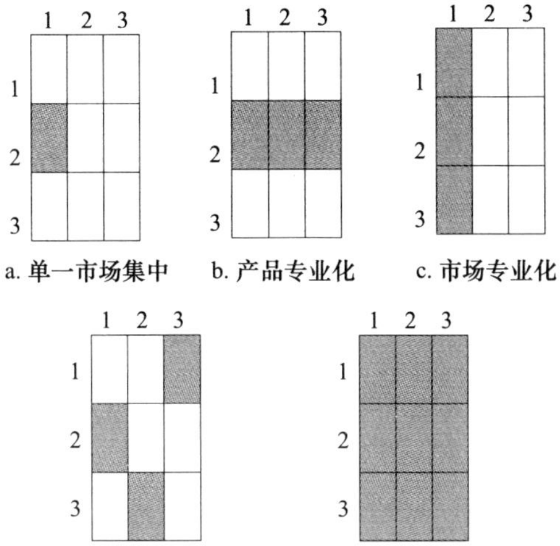

a. 单一市场集中　b. 产品专业化　c. 市场专业化

d. 选择性专业化　e. 整体市场覆盖

图 4－1　目标市场覆盖模式

注：横坐标为产品，纵坐标为市场。

（1）单一市场集中。企业为单一市场提供单一产品，是一种完全专业化模式。企业可以更清楚地了解细分市场的需求，从而树立良好的信誉，在细分市场上建立巩固的地位。通过生产、销售的专业化分工，可以实现规模经济效益，但单一市场的风险比较大。

（2）产品专业化。企业同时向几个细分市场销售一种产品。企业可在特定的产品领域树立良好的形象。但一旦新技术、新产品出现，企业会面临很大的风险。

（3）市场专业化。企业选择某一类消费者群为目标市场，并为这一市场生产消费者所需要的各种产品，这种目标市场覆盖模式就是市场专业化模式。多产品经营在一定程度上分散了市场风险，但也对企业的生产能力、经营能力和资金实力提出了更高的要求。

（4）选择性专业化。企业选择若干个符合市场细分原则的市场为目标市场，并为各个市场分别提供所需的产品。其最大优点在于能够分散市场风险，但所选的细分市场间可能缺乏内在的逻辑联系，属于非相关的多元化发展，很难获得规模经济效益，而且对单个市场的规模要求比较高，企业需要具备很强的驾驭市场能力。

（5）整体市场覆盖。企业选择所有细分市场为目标市场，分别为这些市场提供不同的产品，一般只有实力雄厚的大企业才采取这种市场覆盖模式。

2. 目标市场的选择

选择目标市场的关键在于对细分市场进行正确的评估。企业在对不同的细分市场进行评估时，应主要考虑以下三个因素：细分市场的规模和发展前景、细分市场的结构吸引力、企业的目标和资源。

（1）细分市场的规模和发展前景。企业进入某一市场是期望能够有利可图，如果市场规模狭小或者趋于萎缩状态，企业进入后难以获得发展，此时，应谨慎考虑，不宜轻易进入。当然，企业也不宜以市场吸引力作为唯一取舍，特别是应力求避免"多数谬误"，即与竞争企业遵循同一思维逻辑，将规模最大、吸引力最大的市场作为目标市场。

（2）细分市场的结构吸引力。细分市场的结构吸引力主要是考察其盈利能力，企业通常要评估以下五种力量对长期盈利的影响：①同行业竞争者的威胁；②潜在加入者的威胁；③替代品的威胁；④购买者议价能力提高形成的威胁；⑤供应商议价能力提高形成的威胁。

（3）企业的目标和资源。一方面，某些细分市场虽然有较大吸引力，但不能推动企业实现发展目标，甚至分散企业的精力，使之无法完成其主要目标，这样的市场应考虑放弃。另一方面，还应考虑企业的资源条件是否适合在某一细分市场经营。只有选择那些企业有条件进入、能充分发挥其资源优势的市场作为目标市场，企业才会立于不败之地。

3. 目标市场营销战略

企业的目标市场营销战略主要有无差异性市场营销、差异性市场营销、集中性市场营销三种战略。

（1）无差异性市场营销。实行无差异营销战略的企业把整体市场看作一个大的目标市场，不进行细分，用一种产品、一种市场营销组合覆盖整体市场。无差异市场战略对市场上绝大多数产品都是不适宜的，因为，消费者需求偏好的基本方面是千差万别的。

（2）差异性市场营销。实行差异市场营销战略的企业，首先是面对已经细分的市场，然后根据企业的资源状况选择不同数目的细分市场，并为每一个细分市场制定不同的市场营销组合策略。采用差异性市场战略的优点是可以有针对性地满足不同消费者的需求，提高产品的竞争能力。

（3）集中性市场营销。集中性市场营销战略强调企业不能把资源平分于广大市场上，而是要把企业的资源及人、财、物力集中在一个或几个小型市场。采取这一战略的企业不求在一个较大的市场上得到一个较小的市场份额，而力求在一个较小的市场上得到较大的市场份额，甚至是支配性比率。采用集中性市场战略的优点是适合实力薄弱的小企业在市场竞争中站稳脚跟。

图 4-2 概括了三种目标市场营销战略之间的差别。

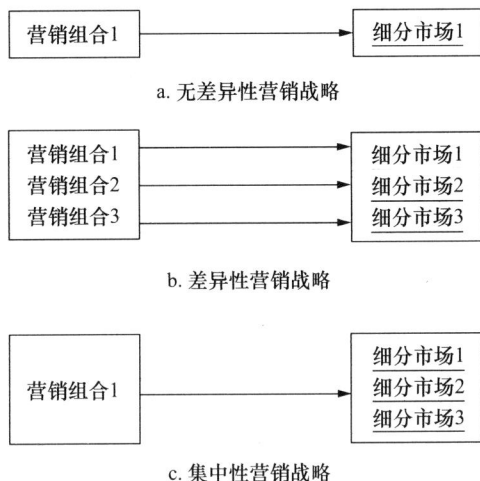

a. 无差异性营销战略

b. 差异性营销战略

c. 集中性营销战略

图 4-2　三种目标市场营销战略

三、市场定位

市场定位（Positioning）是指企业对其产品或服务以及企业形象进行设计，以便在目标顾客的心目中占有独特的地位。市场定位的目的是为本企业产品创造独特的卖点，或为企业塑造一种独特的形象，从而在目标市场建立竞争优势。市场定位的手段是差异化。

1. 市场定位方法

市场定位方法包括对峙性定位、回避性定位、重新定位。

（1）对峙性定位。这是一种与在市场上占据支配地位即最强竞争对手"对着干"的定位方式。这种定位方式有风险，一旦成功就会取得巨大的市场优势。

（2）回避性定位。这是一种避开强有力竞争对手的市场定位。优点是能够迅速在市场上站稳脚跟，并能在消费者心目中迅速树立形象；风险小，成功率较高，常为多数企业所采用。

（3）重新定位。这是对销路少、市场反应差的产品进行二次定位。这种重新定位旨在摆脱困境，重新获得增长与活力。

2. 市场定位步骤

市场定位步骤包括确认本企业的竞争优势、企业核心竞争优势定位、制定发挥核心优势的战略。

（1）确认本企业的竞争优势。识别潜在竞争优势是市场定位的基础。通常企业的竞争优势表现在以下两个方面：成本优势和产品差别化优势。成本优势使企业能够以比竞争者低廉的价格销售相同质量的产品，或以相同的价格水平销售更高质量水平的产品。产品差别化优势是指产品独具特色的功能和利益与顾客需求相适应的优势，即企业能向市场提供在质量、功能、品种、规格、外观等方面比竞争者能够更好地满足顾客需求的能力。

为实现此目标，企业首先必须进行规范的市场研究，切实了解目标市场需求特点以及这些需求被满足的程度。一个企业能否比竞争者更深入、更全面地了解顾客，是能否取得竞争优势、实现产品差别化的关键。另外，企业还要研究主要竞争者的优势和劣势，知己知彼，方能百战百胜。可以从以下三个方面评估竞争者：①掌握竞争者的业务经营情况，包括其近三年的销售额、利润率、市场份额、投资收益率等；②评价竞争者的核心营销能力，主要包括产品质量和服务质量的水平等；③评估竞争者的财务能力，包括获利能力、资金周转能力、偿还债务能力等。

（2）企业核心竞争优势定位。所谓核心优势是与主要竞争对手相比（如在产品开发、服务质量、销售渠道、品牌知名度等方面），在市场上可获取明显的差别利益的优势。显然，这些优势的获取与企业营销管理过程密切相关。因此识别企业核心优势时，应把企业的全部营销活动加以分类，并对各主要环节在成本和经营方面与竞争者进行比较分析，最终定位和形成企业的核心优势。

（3）制定发挥核心优势的战略。企业在市场营销方面的核心优势不会自动在市场上得到充分表现。对此，企业必须制定明确的市场战略来充分表现其优势和竞争力。例如，通过广告传导核心优势战略定位，使企业核心优势逐渐形成一种鲜明的市场概念，并使这种概念与顾客的需求和追求的利益相吻合。

3. 市场定位战略

市场定位战略包括产品差异化战略、服务差别化战略、人员差别化战略、形象差别化战略。

（1）产品差异化战略。产品差异化战略是从产品质量、款式等方面实现差别，寻求产品与众不同的特征。对同一行业的竞争对手来说，产品的核心价值是基本相同的，所不同的是在性能和质量上。

（2）服务差别化战略。服务差别化战略是向目标市场提供与竞争者不同的优质服务。服务差别化变量包括订货的方便性、送货、安装、培训、咨询、修理等。

（3）人员差别化战略。人员差别化战略是通过聘用和培训比竞争者更为优秀的人员以获取差别优势。人员差别化变量包括业务水平、可靠性、服务态度、责任心、应变能力、沟通能力等。

（4）形象差别化战略。形象差别化战略是在产品的核心部分与竞争者类同的情况下塑造不同的产品形象以获取差别优势。形象差别化的实现手段包括标志、媒体、气氛、事件等。

📖 模拟演练

一、研究整体市场，进行市场细分

学生团队研究整体市场，以当前所用软件为例，提供时尚型、科技型、商务型、实用型四种需求各异的消费群体基础数据，各自需求特点具体如图 4 - 3 所示。

消费群体	时尚型
时尚型 关注与 侧重点	（饼图）产品报价、产品品牌、产品渠道、产品配置、产品口碑、产品促销、产品服务
产品功能诉求	这类用户喜欢商品具有时尚的外观，所以在选择手机屏幕时，更喜欢高端屏幕尺寸类型的。注重产品的环保性能，并且要求电池充放电循环次数500次以上。他们追求有品质的生活，喜欢用手机照相，像素越高越喜欢。对音频要求要失真少，重放音质细腻、层次感好。他们喜欢触摸屏功能，手写输入对他们也比较有吸引力。

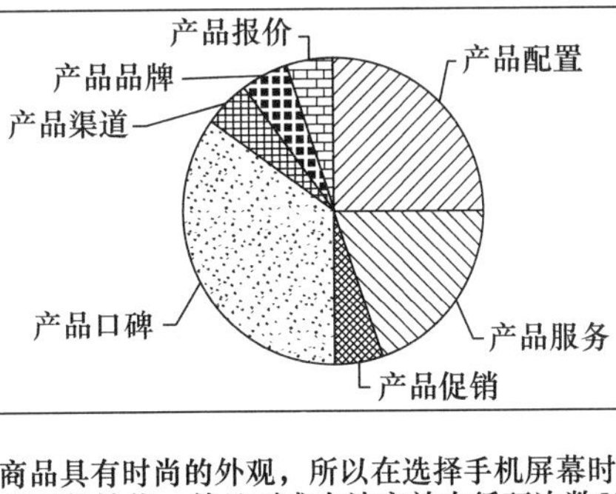

图 4 - 3　四种需求各异的消费群体基础数据

	消费群体	科技型
科技型	关注与侧重点	
	产品功能诉求	这类用户追求经济、使用的外观，青睐于中高端屏幕尺寸。希望电池能够放电量大并且长时间使用。320万氙气镜头或者更高像素的镜头都比较满足他们的需求，对音频要求：希望扬声器的振膜材料以纸浆材料为主。对手机的扩展和兼容功能非常看重。尤其以JAVA扩展功能为首。非常看重蓝牙耳机提供的便利性。
商务型	消费群体	商务型
	关注与侧重点	
	产品功能诉求	这类用户对外观没有很多要求，他们青睐于当前主流屏幕尺寸。对电池类型非常看重，且要求电池能长时间使用，无须回收。CMOS认证镜头，是他们的首选。商务人士对音频功能要求高，确保响应速度快，失真小。对手机的阅读功能要求高。对触摸屏功能非常看重。他们喜欢手写功能，以便提高使用效率，节省时间。商务人士希望有录音功能，随时方便使用。
实用型	消费群体	实用型
	关注与侧重点	
	产品功能诉求	他们精打细算，希望花最少的钱，买到自己心爱的商品。要求电池价格低廉，使用起来安全可靠。对像素大小没有太多关注，对音频功能要求不高，只要便宜实惠就好。手机的扩展功能会增加他们一点点的好感，但是也没有很大的影响。

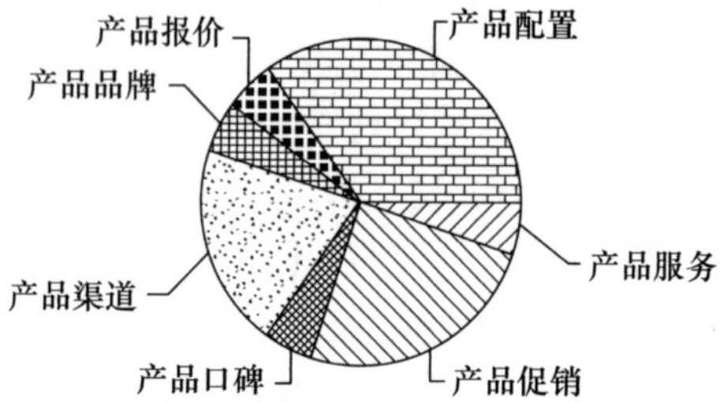

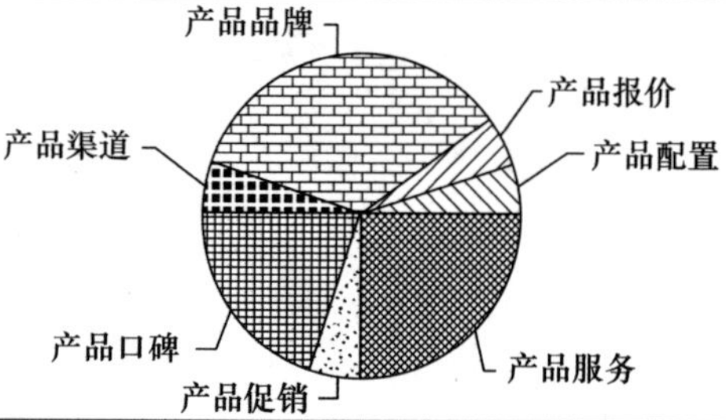

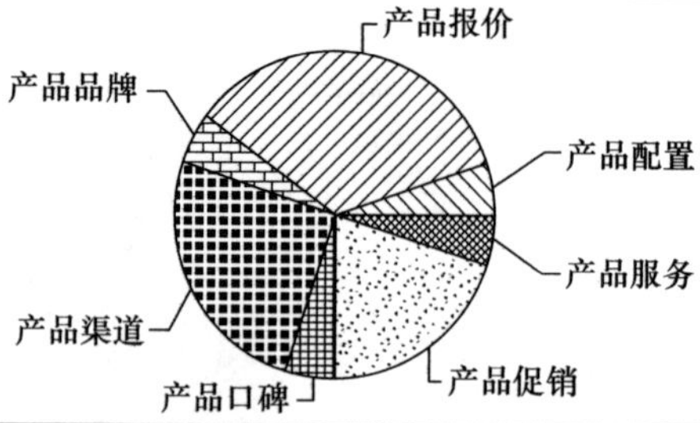

图4-3　四种需求各异的消费群体基础数据（续）

不同消费群体对产品的关注与侧重点有差异，消费者从几个不同角度挑选评价产品，学生初步拟定目标市场。

二、书写细分笔记

利用所依托的软件系统提供的多媒体编辑器，点击【填写笔记】，学生在此书写市场细分笔记，并提交给教师。市场细分笔记中应明确如下问题，具体如图4-4所示。

图 4-4　撰写 STP 报告

以上几个方面对于不同类型的消费群体，其关注的侧重度是不同的，一般侧重度越大的说明消费者越关注，对消费者是否购买该产品的影响也越大。

产品销售价格	是指公司销售产品时所报价格。与竞争对手相比：报价越高，销量越少，反之，报价越低，销量越高。但产品报价高于消费者最高消费价格时或报价为 0（不报价），则没有销量
产品功能配置	产品配置是指公司产品功能的选择，不同的消费群体，关注的产品配置不同。与竞争对手相比：产品配置越符合消费者的消费倾向（即消费者对产品原料的评分越高），消费者越容易接受

产品用户口碑	是指该公司在市场的历史销售情况。与竞争对手相比：公司历史总交货量越多、交货率越高以及市场占有率越高，则销量越高，反之，销量越低。是一个累积的过程
产品促销政策	指公司对产品采取的一些对消费者有益的销售活动。与竞争对手相比：促销总额越多以及促销人员越多，则销量越大，反之越少
产品服务政策	指公司对产品的售后服务活动。与竞争对手相比，如果售后服务越好越多，则销量越高，反之越少
产品销售品牌	产品品牌由公司市场部门在产品上所投入的累计宣传广告多少决定。与竞争对手相比，累计投入广告越多，产品品牌知名度就越高，越能获得消费者认可
产品销售渠道	产品销售渠道是指将产品销售出去的途径，不同的销售渠道，销售情况也各不相同。专卖店销售产品渠道比较特殊。单个专卖店投入的总费用（开店费用、每期维护费用、装修费用、地段类型费用、销售人员费用等）越高，通过专卖店销售的产品数量就越多；另外开设专卖店的个数越多，通过专卖店销售的产品数量也越多
产品返利政策	产品返利越高，则经销商越多，销量越高

结合以上问题，提交细分笔记文案，填写如下纸质表格：

时尚型主要关注侧重点：_____

对应营销策略：_____

科技型主要关注侧重点：_____

对应营销策略：_____

商务型主要关注侧重点：_____

对应营销策略：_____

实用型主要关注侧重点：_____

对应营销策略：_____

三、选择目标市场

评估各细分市场，选择目标市场，填写如下表格。

消费群体	哪些市场渠道需求量较多且呈增长趋势	哪些市场渠道预算较高	选择主要目标市场渠道
时尚型			
科技型			
商务型			
实用型			

四、拟定产品定位

规划设计产品及定位填写表格。

品牌名称	面向消费群体	预计进入市场时间	预计毛利率	预计税前利润	盈亏平衡点数量

五、撰写 STP 报告

利用系统提供的多媒体编辑器，学生在此书写 STP 报告，并提交，如图4-4所示。

六、确定目标市场，进行市场开拓投入

学生根据老师在后台添加的市场开拓内容，选择相应的区域，进行自己的开拓投入，为之后对本区域市场占有率的提升做好准备工作，如图4-5、图4-6所示。

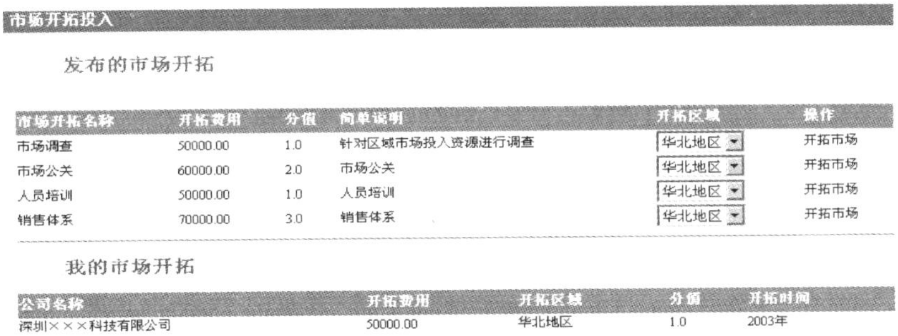

图4-5　发布的市场开拓

随时查看已开拓的市场，掌握自己目标市场的开拓情况，为下一项模拟实训任务做准备。

点击某一区域，进入开拓页面，如图 4－6 所示。

华北地区市场开拓

市场开拓名称	开拓费用	货币类型	分值	简单说明	操作
初步市场调查	29800.00	RMB	1.0	对是否开拓该市场进行调查	开拓市场
全面市场调查	60000.00	RMB	3.0	对开拓该市场的可行性进行全面调	开拓市场
市场公关准备	30000.00	RMB	1.0	准备进入市场前的公共关系准备	开拓市场
市场公关	70000.00	RMB	4.0	全面本地市场公关	开拓市场
销售体系--总经销商	30000.00	RMB	1.0	设立一个总经销	开拓市场
销售体系--办事处	50000.00	RMB	2.0	在当地设立办事处	开拓市场
销售体系--分公司模式	100000.00	RMB	4.0	在当地设立分公司	开拓市场
人员培训	49800.00	RMB	2.0	销售人员培训投入	开拓市场

我的华北地区市场开拓

公司市场开拓名称	开拓费用(RMB)	开拓区域	分值	开拓时间
丝宝集团	29800.00	华北地区	1.0	2001年

图 4－6　华北地区市场开拓

案例分析

九阳的产品定位

山东九阳小家电有限公司成立于 1994 年 10 月，工程师王旭宁和他年轻的北方交通大学的师兄弟们下海创业，发明了集磨浆、滤浆、煮浆等诸功能于一体的九阳全自动豆浆机。结束了中国人过去一直用石磨做豆浆的时代。九阳牌系列家用豆浆机拥有 23 项国家专利，年销量突破百万台，年产值几亿元，成为全球最大的豆浆机制造商。

九阳豆浆机风行全国，诱发了投资者跟进效仿热潮。全国各地如雨后春笋般新生了 100 多家豆浆机生产企业，规模较大的如福建的迪康，广东的科顺、雄风，河南的田山等。2001 年 6 月 18 日，荣事达在沈阳宣布要在两年内成为豆浆机的主导品牌。10 天之后，美的公司也宣布斥资 3000 万元进入豆浆机领域，并计划年内生产能力达到 150 万台，进入行业前两名。其他曾进入豆浆机行业的大家电企业还有海尔、澳柯玛等。

作为豆浆机行业的主导品牌，九阳面对纷至沓来的激烈竞争，并未显得手忙脚乱。山东九阳小家电有限公司及时采取了如下应对措施。

一、技术创新

在 2001 年度投入大量科研经费，研发了全新的专利"浓香技"，推出九阳"小海豚"浓香豆浆机，迅速畅销全国。在品质管理方面，除进行常规的各项生产检验之外，还单独成立了多个实验室，如电机实验室、成品实验室等，对关键配件和整机进行全面实验检测。由于在技术方面不断推陈出新，因此，在 2001 年，九阳豆浆机销量达到 160 万台，远远甩开了竞争对手，市场占有率始终维持在 80% 以上，年销量位居行业第一。

二、战略调整

为了在新技术、新材料、新工艺等方面赶上潮流，同时降低制造成本，在北方驻守了近十年后的九阳决定将公司的研发和制造重心南移，利用当地丰富的 OEM（Original Equipment Manufacturing）资源，将研发、制造和销售三个重点减为两个重点，其中的制造环节将慢慢淡出。

三、产品多元化

九阳 2001 年进入电磁炉行业，九阳人想通过电磁炉再现成功的一跃。九阳电磁炉自上市以来，也取得了不凡业绩。2003 年 3 月，九阳电磁炉荣列"全国市场同类产品六大畅销品牌"。2003 年度九阳位居全国电磁炉行业前两名，成为电磁炉行业主导品牌。

资料来源：中国商品网 2015 年 9 月 15 日

案例思考题

1. 请结合本章的学习回答九阳豆浆机长时间占据市场领导地位的原因是什么。
2. 请你评价九阳公司的产品定位？

📖 实践任务

结合本部分模拟实训体验和经验，选择熟悉的线下产品进行实际训练，内化本部分理论知识。

📖 实务作品展示

呼和浩特"七彩城"商务房产项目 STP 战略规划
（节选部分内容）

本项目作为城市综合体建筑工程，其带来的多重性选择及多形式生活方式都能够给各种购房需求人群带来不同程度的吸引力。具体目标客户分析如下：

一、客户年龄（见图 4-7）

从图 4-7 中可以看出，成交客户以中青年置业群体为主。成交客户年龄在 26～30 岁占比达到了 44% 居首位，而 20～25 岁和 31～40 岁的群体虽然占比不小，但两者成交占比相差不大，约为 22%。

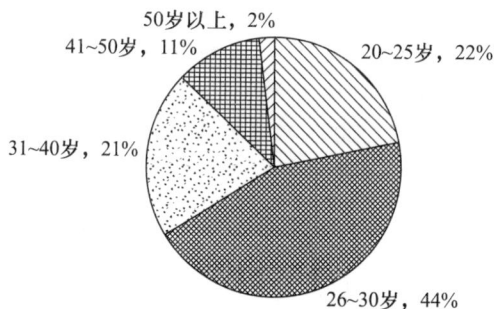

图 4-7　成交客户年龄结构

二、客户收入（见图 4-8）

对于公寓住宅的销售来说，青年群体占比最高，但是不难看出由于收入限制，该类客户群体的购买力是有限的，在成交客户月薪数据统计中不难看出，目前成交人群收入主要集中在 4000 元及以下，占比 41.50%；第二位的是 4001～

6000 元，占比 37.50%。而薪酬较高，购买能力较强的人群在小型公寓住宅项目购房群体中只占有极少量的比例。

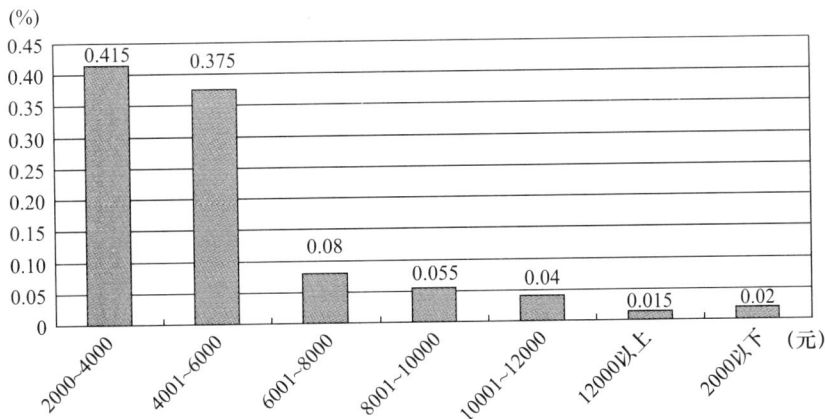

图 4-8 成交客户月薪统计

三、客户置业次数（见图 4-9）

从图 4-9 中可以看出，成交客户大部分为首次置业，在这类群体中，首次置业占比最大为 45%，其次是二次置业占比 41%，其包括为子女置业或家庭居住改善而选择的置业群体。由此不难看出，许多置业群体都以刚性需求为主。首次置业及二次置业中虽然购买人群有所不同，但总体来讲，住宅居住群体仍然以青年群体为主。所以，对于本项目来说，最大的销售目标群体依然是青年置业群体。

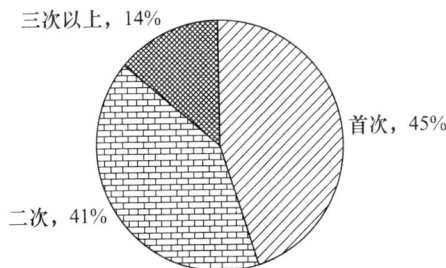

图 4-9 成交客户置业次数

结论：根据分析，将目标客户初步定为中青年购买群体。他们的共同特点是积极面对生活，对前途充满信心，与此同时生活节奏快并且工作繁忙。经济状况一般，以最优惠的价格买到质量最好的商品是他们的需求，性价比高往往会吸引大多数人的目光。因此，精心设计并充分发挥销售现场的作用，以现场环境、绿色包装、广告宣传等方面来激发客户的购买是非常重要的。对目标客户知识水平预期较高的购买过程中，会有更多的房地产专业人士参与，所以销量会更高。所以销售现场的风格和品位的选择与搭建也很重要，特别是对物业管理服务意识的早期表现尤为重要，因为这些元素会令消费者产生强烈的购买欲望。

注：2012级市场营销一班课程训练项目成果节选。

第五章
产品策略的制定

📖 知识概要

一、产品整体概念

现代营销学对产品的定义：产品是指能提供给市场，供使用和消费的，可满足某种欲望和需要的任何东西，包括实物、劳务、场所、组织和构思等。

产品整体概念可分为五个基本层次。

1. 核心产品

这是产品最基本的层次，是满足顾客需要的核心内容，即顾客所要购买的实质性的东西。如电视机的核心是满足人们娱乐的需要；化妆品的核心是满足护肤和美容的需要等。营销人员的任务就是要发现隐藏在产品背后的真正需要，把顾客所需要的核心利益和服务提供给顾客。

2. 有形产品

有形产品是指核心产品借以实现的形式或目标市场对某一需求的特定满足形式。一般来说，有形产品应具有以下五个方面的特征：质量、功能、款式、品牌、包装。这是消费者选购产品的重要依据之一。

3. 期望产品

期望产品是指购买者在购买该产品时期望得到的与产品密切相关的一整套属

性和条件。如消费者购买电视机时期望得到清晰的画面及美妙的音响。

4. 附加产品

附加产品是指顾客在购买产品时所得到的附加服务或利益，如提供信贷、免费送货、安装、保修、保换、售后服务等。国内外许多企业的成功，在一定程度上应归功于他们更好地认识到了服务在产品整体概念中所占的重要地位。许多情况表明，新的竞争并非各个公司在其工厂中所生产的产品，而是附加在产品上的包装、服务、广告、顾客咨询、资金融通、运送、仓储及其他具有价值的形式。能够正确发展附加产品的公司必将在竞争中赢得主动。

5. 潜在产品

潜在产品是指现有产品包括所有附加产品在内的，可能发展成为未来最终产品的潜在状态的产品。潜在产品指出了现有产品可能的演变趋势和前景，产品整体概念的五个层次如图 5 -1 所示。

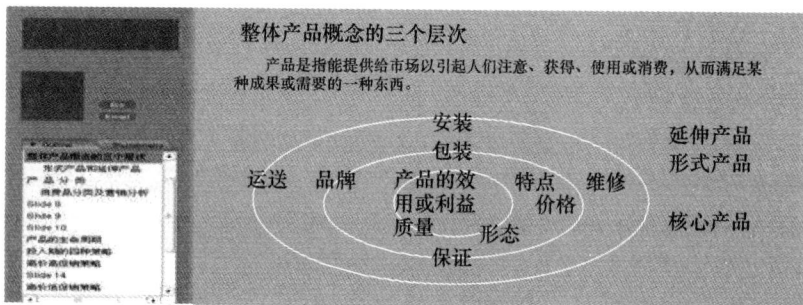

图 5 -1　产品整体概念

二、产品组合及相关概念

一个企业提供给目标市场的不是单一的产品，而是产品组合，即由多条产品线组成，每条产品线包括若干产品项目，而每一项产品又有若干品牌、包装和规格。因此每个企业要在产品组合、产品线和产品项目上作出决策。

1. 产品项目

按产品目录中列出的每一个明确的产品单位，各种不同型号、品种、尺寸、价格、外观的特定产品就是一个产品项目。

2．产品线

产品线指一组密切相关的产品项目。可从多方面加以理解：①满足同类需求的产品项目，如不同型号的电视机等；②互补的产品项目，如电脑的硬件、软件等；③卖给相同顾客群体的产品项目，如小学生的文具等。企业可视经营管理、市场竞争、服务顾客等具体要求来划分产品线。

3．产品组合

产品组合指企业经营的全部产品线、产品项目的结构或结合方式。

三、产品组合决策

产品组合决策包括产品线长度决策、产品线延伸决策、产品线现代化决策、产品线特色决策。

1．产品线长度决策

如果增加产品项目可增加利润，那就表示产品线太短；如果减少产品项目可增加利润，那就表示产品线太长。产品线的长短，取决于企业目标。如果企业目标是要在某个行业中占据主导地位，并要求较高的市场占有率和市场增长率，产品线就应长些，即使有些项目缺乏获利能力也在所不计。如果企业的目标是取得较高的利润率，产品线就应短些，只挑选那些利润高的产品项目即可。

2．产品线延伸决策

产品线的延伸是指突破原经营档次的范围，全部或部分改变原有的市场定位。可供选择的延伸策略有三种：

（1）向下延伸。有些生产经营高档产品的企业渐次增加一些较低档的产品，称为向下延伸。向下延伸通常适合下列几种情况：①高档产品在市场上受到竞争者的威胁；②高档产品的销售增长速度下降；③原来发展高档产品只是为了给人以质优的印象，树立高级企业的形象；④以较低档的产品填补产品线的短缺，以防止新的竞争者涉足，或以较低档和低价的产品来吸引顾客。但是，向下延伸会使企业面临一些风险：①推出较低档的产品可能会使原来高档产品的市场更加缩小；②推出较低档的产品可能迫使竞争者转向高档产品的开发；③经销商可能不愿经营低档产品。

（2）向上延伸。有些企业原本生产经营低档产品，渐次增加高档产品，称为向上延伸。它适合下述几种情况：①由于高档产品有较高的销售增长率和毛利率；②为了追求高中低档齐备的完整产品线；③以较高档的产品来提高整条产品线的档次。向上延伸也同样使企业面临风险：①发展高档产品可能促使原来生产高档产品的企业向下延伸，从而增加了自己的竞争压力；②顾客可能对企业生产高档产品的能力缺乏信任；③原有的销售人员和经销商可能没有足够的销售高档产品的技能和经验。

（3）双向延伸。有些生产经营中档产品的企业，在一定条件下，逐渐向高档和低档两个方向延伸，称为双向延伸。这种策略在一定条件下有助于加强企业的市场地位。

3. 产品线现代化决策

有时产品线的长度虽然适当，但是产品还是停留在多年前的水平上，这就需要更新产品，实现产品线的现代化，跟上市场前进的步伐。产品线的现代化可采取两种方式实现：①逐项更新；②全面更新。

4. 产品线特色决策

产品线特色决策就是在每条产品线中推出一个或几个有特色的产品项目，以吸引顾客，适应不同细分市场的需要。一般是推出低档与最高档的产品来形成自己的特色。

四、产品生命周期

产品生命周期指某产品从进入市场到被淘汰退出市场的全部运动过程。

1. 产品生命周期的其他形态

产品生命周期的其他形态包括再循环形态、多循环形态、非连续循环形态。

（1）再循环形态。再循环形态指产品销售进入衰退期后，由于种种因素的作用而重新兴起，进入第二个成长阶段。这种再循环生命周期是市场需求变化或厂商投入更多促销费用的结果，最具代表性的就是医药产品的生命周期。

（2）多循环形态。多循环形态也称"扇贝"运动曲线，或波浪形循环形态，是在产品进入成熟期以后，厂商通过制定和实施正确的营销策略，使产品销售量不断达到新的高峰。

（3）非连续循环形态。大多数时髦商品属于非连续循环，这些产品一经上市即热销，而后很快在市场上销售告急。厂商既无必要也不愿意做任何延长其成熟期的努力，而是等待下一周期的来临。

　　2. 产品生命周期各阶段特点及营销对策

　　（1）介绍期。新产品投入市场，便进入介绍期。此时，顾客对产品还不了解，只有少数追求新奇的顾客可能购买，销售量很低。为了扩展销路，需要大量的促销费用，对产品进行宣传。在这一阶段，由于技术方面的原因，产品不能大批量生产，因而成本高，销售额增长缓慢，企业不但得不到利润，反而可能亏损。产品也有待进一步完善。

　　介绍期特征如下：介绍期的特征是产品销量少，促销费用高，制造成本高，销售利润很低甚至为负值。根据这一阶段的特点，企业应努力做到：①投入市场的产品要有针对性；②进入市场的时机要合适；③设法把销售力量直接投向最有可能的购买者，使市场尽快接受该产品，以缩短介绍期，更快地进入成长期。

　　在产品的介绍期，一般可以由产品、分销、价格、促销四个基本要素组合成各种不同的市场营销策略。仅将价格高低与促销费用高低结合起来考虑，就有以下四种策略：

　　其一，快速撇脂策略。即以高价格、高促销费用推出新产品。实行高价策略可在每单位销售额中获取最大利润，尽快收回投资；高促销费用能够快速建立知名度，占领市场。实施这一策略须具备以下条件：①产品有较大的需求潜力；②目标顾客求新心理强，急于购买新产品；③企业面临潜在竞争者的威胁，需要及早树立品牌形象。一般而言，在产品引入阶段，只要新产品比替代产品有明显的优势，市场对其价格就不会那么计较。

　　其二，缓慢撇脂策略。以高价格、低促销费用推出新产品，目的是以尽可能低的费用开支求得更多的利润。实施这一策略的条件：①市场规模较小；②产品已有一定的知名度；③目标顾客愿意支付高价；④潜在竞争的威胁不大。

　　其三，快速渗透策略。以低价格、高促销费用推出新产品。目的在于先发制人，以最快的速度打入市场，取得尽可能大的市场占有率。然后再随着销量和产量的扩大，使单位成本降低，取得规模效益。实施这一策略的条件：①该产品市场容量相当大；②潜在消费者对产品不了解，且对价格十分敏感；③潜在竞争较为激烈；④产品的单位制造成本可随生产规模和销售量的扩大迅速降低。

　　其四，缓慢渗透策略。以低价格、低促销费用推出新产品。低价可扩大销售，低促销费用可降低营销成本，增加利润。这种策略的适用条件是：①市场容量很大；②市场上该产品的知名度较高；③市场对价格十分敏感；④存在某些潜在的竞争者，但威胁不大。

（2）成长期。这时顾客对产品已经熟悉，大量的新顾客开始购买，市场逐步扩大。产品大批量生产，生产成本相对降低，企业的销售额迅速上升，利润也迅速增长。竞争者看到有利可图，将纷纷进入市场参与竞争，使同类产品供给量增加，价格随之下降，企业利润增长速度逐步减慢，达到生命周期利润的最高点。

新产品经过市场介绍期以后，消费者对该产品已经熟悉，消费习惯也已形成，销售量迅速增长，这种新产品就进入了成长期。进入成长期以后，老顾客重复购买，并且带来了新顾客，销售量激增，企业利润迅速增长，在这一阶段利润达到高峰。随着销售量的增大，企业生产规模也逐步扩大，产品成本逐步降低，新的竞争者会投入竞争。随着竞争的加剧，新的产品特性开始出现，产品市场开始细分，分销渠道增加。企业为维持市场的继续成长，需要保持或稍微增加促销费用，但由于销量增加，平均促销费用有所下降。针对成长期的特点，企业为维持其市场增长率，延长获取最大利润的时间，可以采取以下四种策略：

其一，改善产品品质。例如，增加新的功能，改变产品款式，发展新的型号，开发新的用途等。对产品进行改进，可以提高产品的竞争能力，满足顾客更广泛的需求，吸引更多的顾客。

其二，寻找新的细分市场。通过市场细分，找到新的尚未满足的细分市场，根据其需要组织生产，迅速进入这一新的市场。

其三，改变广告宣传的重点。把广告宣传的重点从介绍产品转到建立产品形象上来，树立产品名牌，维系老顾客，吸引新顾客。

其四，适时降价。在适当的时机，可以采取降价策略，以激发那些对价格比较敏感的消费者产生购买动机和采取购买行动。

（3）成熟期。市场需求趋向饱和，潜在的顾客已经很少，销售额增长缓慢直至下降，标志着产品进入了成熟期。在这一阶段，竞争逐渐加剧，产品售价降低，促销费用增加，企业利润下降。

进入成熟期以后，产品的销售量增长缓慢，逐步达到最高峰，然后缓慢下降；产品的销售利润也从成长期的最高点开始下降；市场竞争非常激烈，各种品牌、各种款式的同类产品不断出现。

对成熟期的产品，宜采取主动出击的策略，使成熟期延长，或使产品生命周期出现再循环。为此，可以采取以下三种策略：

其一，市场调整。这种策略不是要调整产品本身，而是发现产品的新用途、寻求新用户或改变推销方式等，以使产品销售量得以扩大。

其二，产品调整。这种策略是通过产品自身的调整来满足顾客的不同需要，吸引有不同需求的顾客。整体产品概念的任何一层次的调整都可视为产品再推出。

其三，市场营销组合调整。即通过对产品、定价、渠道、促销四个市场营销组合因素加以综合调整，刺激销售量的回升。常用的方法包括降价、提高促销水平、扩展分销渠道和提高服务质量等。

（4）衰退期。随着科学技术的发展，新产品或新的代用品出现，将使顾客的消费习惯发生改变，转向其他产品，从而使原来产品的销售额和利润额迅速下降。于是，产品又进入了衰退期。

衰退期的主要特点如下：①产品销售量急剧下降；②企业从这种产品中获得的利润很低甚至为零；③大量的竞争者退出市场；④消费者的消费习惯已发生改变等。面对处于衰退期的产品，企业需要进行认真的研究分析，决定采取什么策略，在什么时间退出市场。通常有以下几种策略可供选择：

其一，继续策略。继续沿用过去的策略，仍按照原来的细分市场，使用相同的分销渠道、定价及促销方式，直到这种产品完全退出市场为止。

其二，集中策略。把企业能力和资源集中在最有利的细分市场和分销渠道上，从中获取利润。这样有利于缩短产品退出市场的时间，同时又能为企业创造更多的利润。

其三，收缩策略。抛弃无希望的顾客群体，大幅度降低促销水平，尽量减少促销费用，以增加利润。这样可能导致产品在市场上的衰退加速，但也能从忠实于这种产品的顾客中得到利润。

其四，放弃策略。对于衰退比较迅速的产品，应该当机立断，放弃经营。可以采取完全放弃的形式，如把产品完全转移出去或立即停止生产；也可采取逐步放弃的方式，使其所占用的资源逐步转向其他产品。

产品生命周期阶段与利润贡献情况在生命周期各阶段不同，具体如图 5-2 所示。

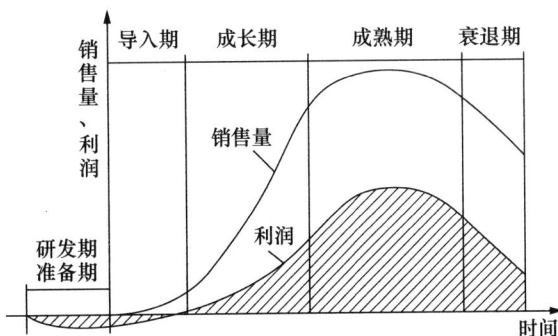

图 5-2　产品生命周期

五、新产品开发

营销中的新产品是在结构、材质、工艺等某一个方面或几个方面对老产品有明显改变，或采用新技术原理、新设计构思，从而显著提高产品的性能，或扩大了使用功能的产品称为新产品。

1. 新产品开发程序

新产品开发程序包括寻求创意、甄别创意、形成产品概念、初拟营销计划、商业分析、新产品研制、市场试销、商业性投放。

（1）寻求创意。新产品开发是一种创新活动，产品创意是开发新产品的关键。在这一阶段，要根据社会调查掌握的市场需求情况以及企业本身条件，充分考虑用户的使用要求和竞争对手的动向，有针对性地提出开发新产品的设想和构思。

（2）甄别创意。并非所有的产品构思都能发展成为新产品。有的产品构思可能很好，但与企业的发展目标不符，也缺乏相应的资源条件；有的产品构思可能本身就不切实际，缺乏开发的可能性。因此，必须对产品构思进行筛选。

（3）形成产品概念。经过筛选后的构思仅仅是设计人员或管理者头脑中的概念，离产品还有相当的距离。还需要形成能够被消费者接受的、具体的产品概念。产品概念的形成过程实际上就是构思创意与消费者需求相结合的过程。

（4）初拟营销计划。包括目标市场策略：规模、结构、行为、产品定位、销售量、市场份额以及最初几年的利润目标；以及市场营销组合策略：产品、价格、分销、促销策略。

（5）商业分析。即经济效益分析，目的是从财务上判断产品概念是否符合企业目标。包括预测销售额和估算成本、利润两个步骤。

（6）新产品研制。将通过商业分析的新产品概念研制成为产品模型或样品，实现产品概念实体化，同时进行包装的研制和品牌的设计。在这个阶段，企业需要进行功能测试和消费者测试。功能测试主要在实验室进行，测试新产品是否安全可靠、性能质量是否达到标准，制造工艺是否先进合理等。消费者测试是请消费者使用，征集他们对产品的意见。

（7）市场试销。将测试合格的新产品投放到具有代表性的小范围市场上进行试销，以检验新产品的市场效率，作为是否大批量生产的依据。试用率与再购率是市场试销成功与否的判断值，也是新产品正式上市的依据。

（8）商业性投放。①何时（时机）：老产品？销售季节？②何地（地理战略）：某地区？全国？全球？③向谁（目标市场的潜在顾客）：最早采用、大量购买、影响力。④用什么方法（营销组合策略）：有计划地推出新产品。

2. 新产品市场扩散

新产品市场扩散包括认知、兴趣、评价、试用、采用。

（1）认知。这是个人获得新产品信息的初始阶段。

（2）兴趣。消费者已对新产品产生兴趣，并开始积极寻找有关资料进行对比分析。

（3）评价。消费者根据有关信息对产品进行评价，并考虑是否试用这种产品。

（4）试用。消费者少量试用，并改进了他们对产品价值的估计。

（5）采用。消费者经过试用决定正常使用这一产品。

3. 新产品采用者类型

新产品采用者包括创新采用者、早期采用者、早期大众、晚期大众、落后采用者五种类型。

（1）创新采用者。他们是勇敢的先行者，自觉推动创新。创新者在创新交流过程中，发挥着非常重要的作用。

（2）早期采用者。他们是受人尊敬的社会人士，是公众意见领袖，他们乐意引领时尚、尝试新鲜事物，但行为谨慎。

（3）早期大众。他们是有思想的一群人，也比较谨慎，但他们较之普通人群更愿意更早地接受新产品。

（4）晚期大众。他们是持怀疑态度的一群人，只有当社会大众普遍接受了新鲜事物的时候，他们才会采用。

（5）落后采用者。他们是保守传统的一群人，习惯于因循守旧，对新鲜事物吹毛求疵，只有当新的发展成为主流、成为传统时，他们才会被动接受。

六、品牌策略

1. 品牌的含义

品牌是名称、术语、标记、符号、图案或这些因素的组合，是区别一个（或一群）卖主同其他卖主之间产品或劳务的标志。品牌包括品牌名称和品牌标志两部分。品牌名称是品牌中可以用语言表达的部分。品牌标志是品牌中可以被识别，但不能用简单语言表达的部分。例如符号、记号、颜色、设计、图案等。

品牌在本质上代表着卖者对交付给买者的产品特征、利益和服务一贯性的承诺。

2. 品牌决策

企业要决定其产品是使用不同的品牌，还是统一使用一个或几个品牌。在这方面企业有统一品牌、个别品牌、分类品牌、企业名称加个别品牌四种可供选择的策略：

（1）统一品牌。以统一品牌推出其所有产品。如伊利集团生产的所有产品都使用"伊利"商标。它的好处是，可使推广新产品的成本降低，不必为创造品牌的接受性和偏爱性而支付大量的广告费，如果该品牌已有良好的声誉，新产品的推广速度势必会加快。但是，如果一种产品失败会影响整个产品组合蒙受损失。因此，采用此策略的企业必须对所有产品的质量严格控制。

（2）个别品牌。不同的产品用不同的品牌。如呼和浩特卷烟厂生产的香烟分别采用了"青城""钢花""昭君""大青山""苏蓉"等商标。其最大好处是：可把个别品牌的成败同企业的声誉分开，不至于因某个品牌的失败而破坏整个企业的形象、减少风险。但是，因要为每个品牌进行广告宣传，所以费用开支较大。

（3）分类品牌。企业所经营的各类产品分别命名，即一类产品一个品牌，使不同的品牌分别代表不同的品质或形象，目的是为了区分不同类型或不同质量的产品。

（4）企业名称加个别品牌。在品牌前冠以企业名称，以企业名称说明产品出处，以品牌表明产品特点。其好处是既可利用企业名称推出产品，节省广告费用，又可使各个品牌保持其相对独立性。

七、包装决策

1. 概念和种类

包装是产品实体的重要组成部分，是指设计并制作容器或包扎物的一系列活动。

包装的种类按照包装层次划分包括三个层次：①首要包装，即产品的直接容器，如牙膏软管；②次要包装，即用来保护产品，促进销售的包装物，如牙膏外的纸盒；③装运包装，即为了便于储运、识别商品的外包装，如装运牙膏的纸箱。

2. 包装的作用

包装的功能一是实体功能，能包扎产品、保护产品，不至于在装运过程中受损；二是心理功能，精美的包装可促进销售。具体为保护产品，增进销售，增加利润，便于储存、携带和运输。

（1）保护产品。即保证产品在从生产领域转移到消费者领域，直至产品被消费掉以前，产品的使用价值不受外来影响，产品的实体不致损坏、散落和腐烂变质。

（2）增加销售。包装是产品的延伸，具有识别和推销的功能。消费者对商品的第一印象不是来自商品的内在质量，而是其外部包装。一个设计精美、得体的包装，不仅能吸引顾客，还能激发消费者的购买欲望。因此可以说包装是无声的推销员。

（3）增加利润。包装可美化商品，提高价值。优秀的包装由于装潢精美、设计独特，可以迎合消费者的心理，使其愿意以较高的价格购买，使产品增值。同时，包装产品的存货管理也比较简单和容易，可使产品的损耗率降到最低，使运输、储存、销售各环节的劳动效率提高，从而增加企业盈利。

（4）便于储存、携带和运输。产品包装可以使产品形体规范，重量、体积合理，不仅便于搬运和携带，而且能充分利用运输设备和库房。

3. 包装策略

包装策略包括类似包装策略、等级包装策略、配套包装、双重用途包装、附赠品包装、变更包装策略。

（1）类似包装策略。类似包装策略也称产品系列包装或统一包装策略。是指企业将其生产的各种不同产品，在包装外形上使用相同的图案、近似的色彩及其他共同的特征，使消费者极易联想到这些产品出自一家。其优点是可以节省费用；壮大企业声誉；可利用包装的信誉推出新产品。但仅适用于品质相近的商品，若品质过分悬殊，就会徒增中低档产品的包装费用，降低高档产品的声誉。

（2）等级包装策略。等级包装策略是指企业将产品分成不同的等级，不同等级的产品使用不同的包装，使包装与产品的价值相符，产品表里如一，以方便购买力不同的消费者选购。

（3）配套包装。配套包装也称集聚包装。把数种有关联的产品放在同一包装容器内同时出售，其好处是方便顾客购买，有利于推出新产品，如将新产品与老产品配装，可使顾客在购买老产品的同时接受新产品，习惯于新产品的使用。例如，化妆品盒内同时装入几种化妆品。

（4）双重用途包装。双重用途包装也称再使用包装。即原包装的产品用完后，其包装物还可以移作他用。这种包装实际上已经成为一种商品，虽然可以增加包装成本，使售价提高，但是一方面可使消费者产生好感，另一方面可使具有商标的容器发挥广告效用，引起重复购买。

（5）附赠品包装。这是目前国内外市场上比较流行的一种包装策略。即在包装容器内除了主商品外，还附有一定的礼品。例如，儿童市场上玩具、小食品中附赠连环画、小玩具。这种包装容易引起重复购买。

（6）变更包装策略。商品包装的改变如同产品本身的改善一样，对于拓展商品销路同样具有重要意义。当包装不能适应市场需求的变化、销路不畅时，或计划开拓新市场时，或消费者对原包装影响下降时，就需要改进包装。变更包装不仅要研究消费者的需求，而且要尽量采用现代化的包装技术和材料，增强应变能力。

📖 模拟演练

依托课程使用软件，学生按规划组织产品研发与生产过程如下。

一、产品的设计

学生在模拟系统中输入新设计的产品名称后，选择产品的功能组成，不同的功能组成所产生的产品成本和研发时间均不相同。所运营公司可设计多个产品，但是需要保证产品与产品之间的名称和配置不同，如图 5-3 所示。

二、产品档次升级

产品档次是由指数定义，每次研发的投入，系统都会以指数的形式表现出来。产品档次升级的途径主要有两种：①通过自主研发；②通过购买技术。

教师发布相应的研发技术选项，学生结合软件系统提供的相关指标完成产品档次的升级，如图 5-4 所示。

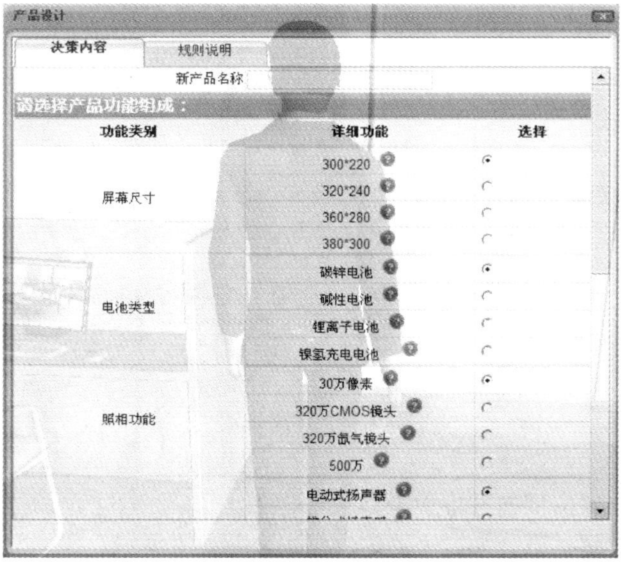

图 5 - 3 产品设计

三、品牌建设

教师在模拟系统中设定相关参数，发布任务，参数如图 5 - 5 所示。

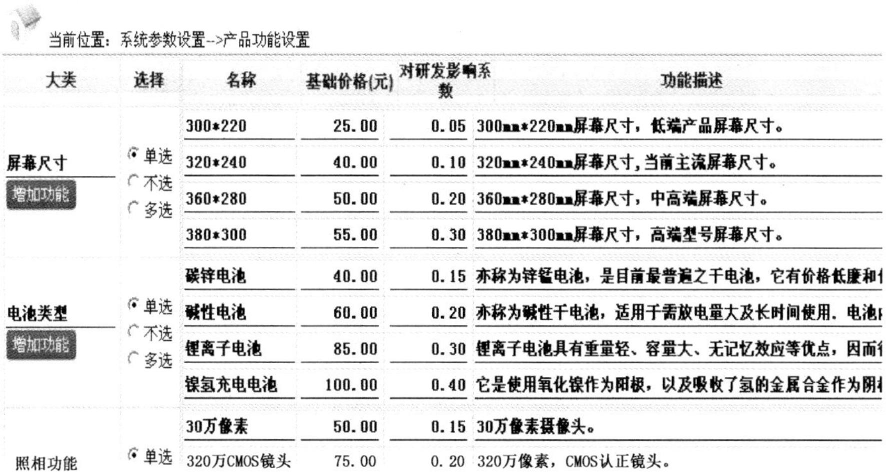

当前位置：系统参数设置-->产品功能设置

大类	选择	名称	基础价格(元)	对研发影响系数	功能描述
屏幕尺寸 增加功能	⊙单选 ○不选 ○多选	300*220	25.00	0.05	300mm*220mm屏幕尺寸，低端产品屏幕尺寸。
		320*240	40.00	0.10	320mm*240mm屏幕尺寸，当前主流屏幕尺寸。
		360*280	50.00	0.20	360mm*280mm屏幕尺寸，中高端屏幕尺寸。
		380*300	55.00	0.30	380mm*300mm屏幕尺寸，高端型号屏幕尺寸。
电池类型 增加功能	⊙单选 ○不选 ○多选	碳锌电池	40.00	0.15	亦称为锌锰电池，是目前最普遍之干电池，它有价格低廉和作
		碱性电池	60.00	0.20	亦称为碱性干电池，适用于需放电量大及长时间使用。电池(
		锂离子电池	85.00	0.30	锂离子电池具有重量轻、容量大、无记忆效应等优点，因而
		镍氢充电电池	100.00	0.40	它是使用氧化镍作为阳极，以及吸收了氢的金属合金作为阴
照相功能	⊙单选	30万像素	50.00	0.15	30万像素摄像头。
		320万CMOS镜头	75.00	0.20	320万像素，CMOS认证镜头。

图 5 - 4 产品档次升级

当前位置：系统参数设置->广告参数设置

名称	广告成本(元)	对华东影响	对华北影响	对华南影响	对华中影响	对西北影响	对西南影响	对东北影响	对国际影响	对互联网影响
中国工商报	1000.00	20.00%	10.00%	10.00%	20.00%	10.00%	10.00%	10.00%	0.00%	10.00%
华中科技报	2000.00	10.00%	10.00%	10.00%	30.00%	10.00%	10.00%	10.00%	0.00%	10.00%
新华报	3000.00	20.00%	10.00%	10.00%	10.00%	10.00%	10.00%	10.00%	10.00%	10.00%
中央一套	10000.00	15.00%	15.00%	15.00%	15.00%	10.00%	10.00%	10.00%	0.00%	10.00%
中央二套	8000.00	10.00%	10.00%	10.00%	15.00%	15.00%	15.00%	10.00%	0.00%	15.00%
东方早报	2000.00	50.00%	15.00%	15.00%	5.00%	0.00%	0.00%	0.00%	0.00%	15.00%
中央四套	9000.00	10.00%	10.00%	10.00%	5.00%	5.00%	5.00%	10.00%	40.00%	5.00%

图 5 - 5　参数设置

品牌建设主要由广告宣传和服务策略两部分完成。每个市场每期均可以投入一笔广告宣传费用，某一期投入的广告对未来若干季度是有累积效应的，投入当季效应最大，随着时间的推移，距离目前季度越久，效应逐渐降低。学生通过广告投放提高品牌知名度，如图 5 - 6 所示。

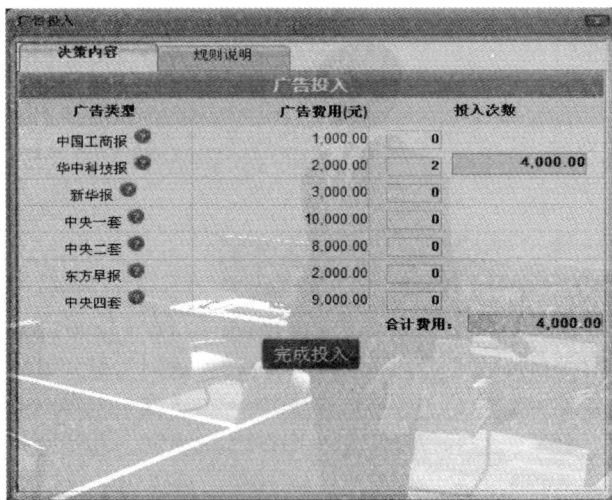

图 5 - 6　广告投入

学生根据公司发展战略和广告类型权重，选择广告投入的次数，直到达到市场要求，对应费用如表 5 - 1 所示。

表5-1　各类型广告费用及影响

广告类型	广告费用	广告影响	
		市场	影响率（%）
		华东	20.00
		华北	10.00
		华南	10.00
中国工商报	7000.00 元	华中	20.00
		西北	10.00
		西南	10.00
		东北	10.00
		国际	0.00
		互联网	10.00
		市场	影响率（%）
		华东	10.00
		华北	10.00
		华南	10.00
华中科技报	4000.00 元	华中	30.00
		西北	10.00
		西南	10.00
		东北	10.00
		国际	0.00
		互联网	10.00
		市场	影响率（%）
		华东	20.00
		华北	10.00
		华南	10.00
新华报	5000.00 元	华中	10.00
		西北	10.00
		西南	10.00
		东北	10.00
		国际	10.00
		互联网	10.00

续表

广告类型	广告费用	广告影响	
		市场	影响率（%）
中央一套	11000.00 元	华东	15.00
		华北	15.00
		华南	15.00
		华中	15.00
		西北	10.00
		西南	10.00
		东北	10.00
		国际	0.00
		互联网	10.00
		市场	影响率（%）
中央二套	10000.00 元	华东	10.00
		华北	10.00
		华南	10.00
		华中	15.00
		西北	15.00
		西南	15.00
		东北	10.00
		国际	0.00
		互联网	15.00
		市场	影响率（%）
东方早报	6000.00 元	华东	50.00
		华北	15.00
		华南	15.00
		华中	5.00
		西北	0.00
		西南	0.00
		东北	0.00
		国际	0.00
		互联网	15.00

续表

广告类型	广告费用	广告影响	
		市场	影响率（%）
		华东	10.00
		华北	10.00
		华南	10.00
中央四套	9000.00 元	华中	5.00
		西北	5.00
		西南	5.00
		东北	10.00
		国际	40.00
		互联网	5.00

学生通过增添服务策略进一步提高品牌的市场影响，如图 5-7 所示。

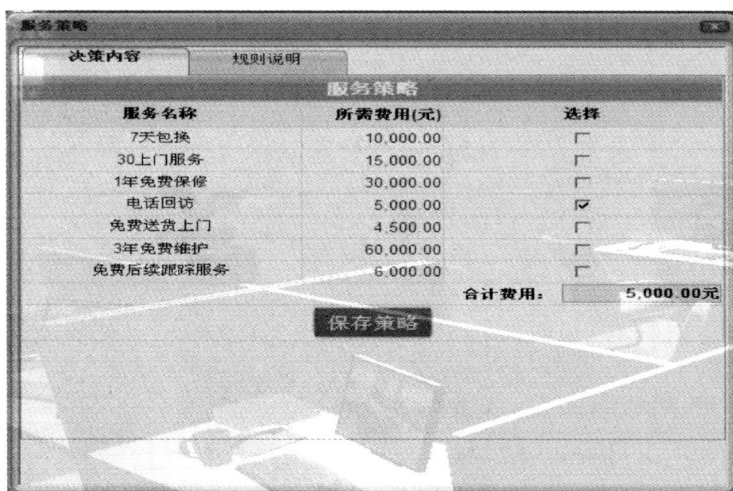

图 5-7 服务策略

公司服务策略，即公司的售后服务保障策略，在服务策略上的投入越高，消费者越青睐公司产品，市场影响越大。制定公司服务策略后，此策略会一直延续，直到公司根据发展需求，调整改变。

四、产品生产

购入需要生产的产品和设备投入产品生产。学生根据自己选择的目标群体需求量完成产品的生产，并选择相应的包装，如图 5-8 所示。

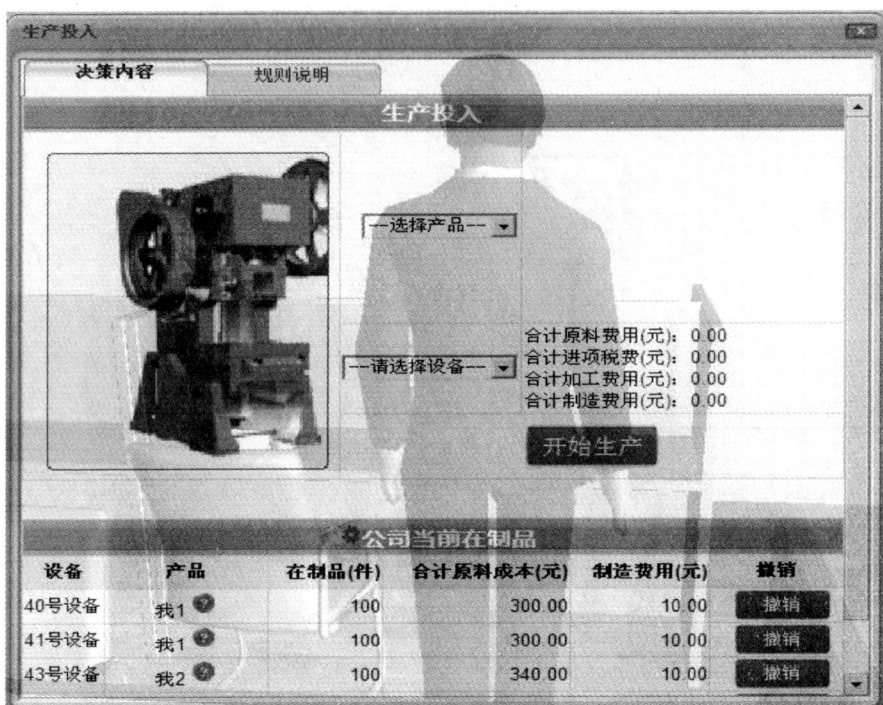

图 5-8 生产投入

填写如下生产计划，如表 5-2 所示。

表 5-2 生产计划

区域	品牌一	品牌二	品牌三	品牌四	品牌五	合计
销售预计						
减：库存						
本期生产数量						

五、产品配送

把公司已有的库存成品，配送到各个分销渠道，以配合渠道的销售，如图 5-9 所示。

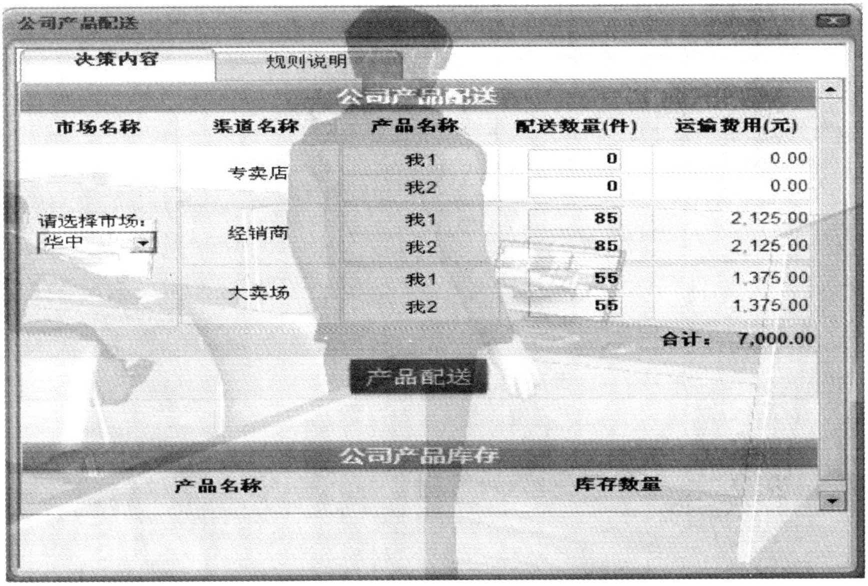

图 5-9 产品配送

配送之前需先预测各渠道销售量，填写产品调配，如表 5-3 所示。

表 5-3 产品调配

区域	品牌一	品牌二	品牌三	品牌四	品牌五	合计
互联网						
华东						
华南						
生产仓库						
合计						

六、公司产品组合评估

在产品销售三个季度后，运用产品组合矩阵评估公司要求填写，如图 5-10 所示。

哪些产品需要加大市场投入：_____

哪些产品维持市场份额：_____

哪些产品选择退出市场：_____

市场份额

	高	低
高	公司的明星	公司的问号
低	公司的现金牛	公司的瘦狗

预计增长率

公司产品组合矩阵

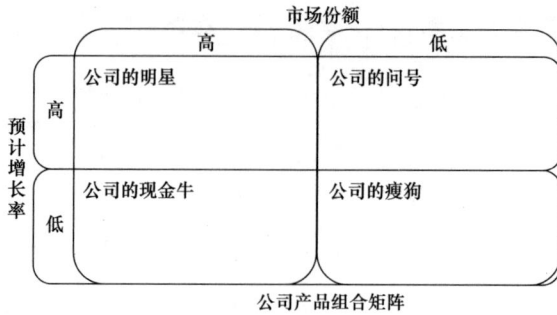

图 5 – 10　市场份额

［链接］品牌管理工作流程

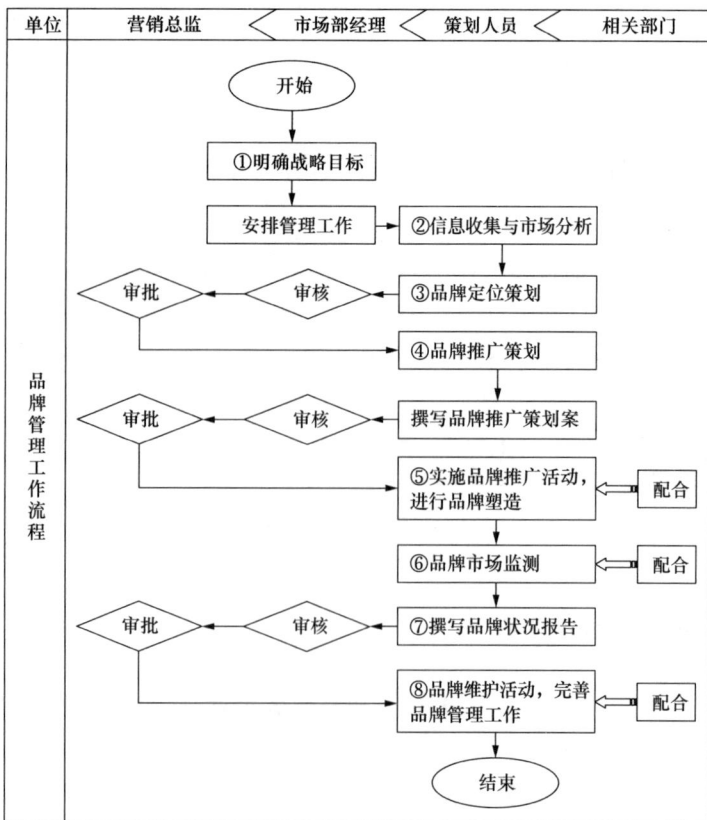

图 5 – 11　品牌管理工作流程

📖 案例分析

国产影片成大赢家

2015 年，国庆档电影市场局面火热。据国家新闻出版广电总局电影资金办统计，国庆档票房逾 18.5 亿元，超越历史同期，成为"史上最强国庆档"。在票房成绩单背后，中国电影出现多样化、多类型发展和互联网深度渗透等新特点、新趋势，再次得到印证和彰显。

继 2015 年暑期档之后，国庆档尽管有《碟中谍 5》《头脑特工队》《小黄人大眼萌》等优秀引进片分一杯羹，国产影片仍然以绝对优势成为国庆黄金周电影市场的最大赢家。从类型来看，不同类型、不同题材影片同场竞技，满足了观众多样化的观影需求。从票房来看，徐峥执导的"囧系列"第二部《港囧》累计票房超过 14.86 亿元，刷新了多个国产片票房纪录；沈腾、马丽主演的《夏洛特烦恼》和陆川执导的《九层妖塔》，累计票房超过 5 亿元。其中，《夏洛特烦恼》以累计 5.93 亿元的票房成绩夺得国庆档冠军。

在互联网对电影行业深度渗透、中国电影观众越来越趋于成熟理性的今天，由分享观后评价带来的"口碑效应"，已经成为衡量影片质量的硬指标，甚至直接决定了一部电影的生命周期。

纵观国庆档热映电影，几乎全部被打上了互联网的深刻烙印。从互联网 IP 中挖掘电影改编资源，基于用户数据进行精准营销，占领票务分发渠道……无论是制作、投资、出品发行，还是互联网等都已经从各个环节深刻改变了传统的电影行业。

"互联网＋电影"带来的变化，不仅通过资源整合重新构建了包括 IP 开发、出品、发行、营销、票务到衍生品制售的完整电影产业链，而且还将深层次地影响中国电影市场的未来格局，从而为中国电影的发展提供新的强大机遇。

资料来源：新浪财经 2015 年 10 月 11 日。

🧍 案例思考题

1. 请从产品策略的角度，分析电影产品的产品层次。
2. 结合"90 后""00 后"的消费特点，分析如何增强国产电影的市场竞争力。

📖 **实践任务**

结合本部分模拟实训体验和经验，选择熟悉的线下产品进行实际训练，内化本部分理论知识。

📖 **实务作品展示**

呼和浩特"千厦房地产公司信达中心"产品策划方案
（节选部分内容）

信达中心复式公寓主要户型，公寓面积40~68平方米，5.6米的复式空间结构，2.9米+2.7米的空间设计，精装的平均价格为12000元/平方米。精装、毛坯平均价格为10500元/平方米。具体户型设计及价格如表5-4所示。

表5-4　信达中心复式公寓不同户型面积及参考价格

户型	面积（平方米）	参考总价（万元）
A	67	80
B	51	61
C	36	43
D	40	48
E	42	50
F	57	68

结合年轻消费群体的消费特点，特设计如图5-12所示。

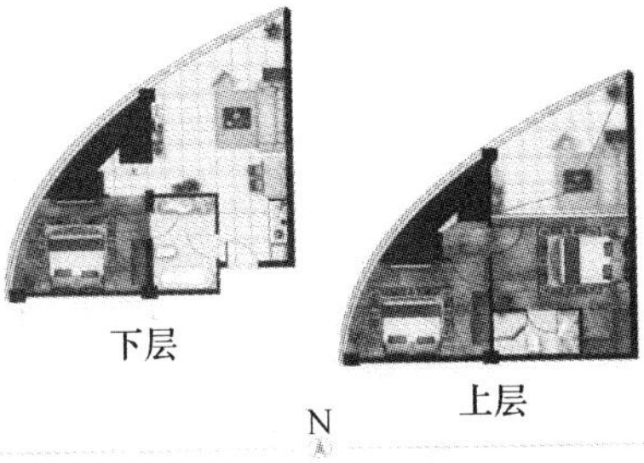

下层　　上层
N

户型A
（67平方米，参考总价：80万元）

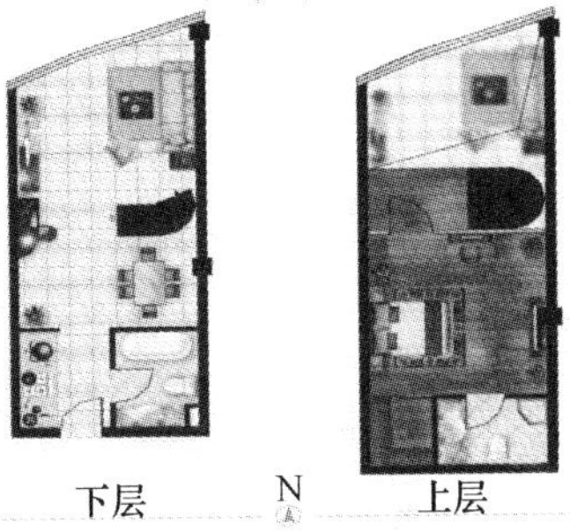

下层　N　上层

户型B
（51平方米，参考总价：61万元）

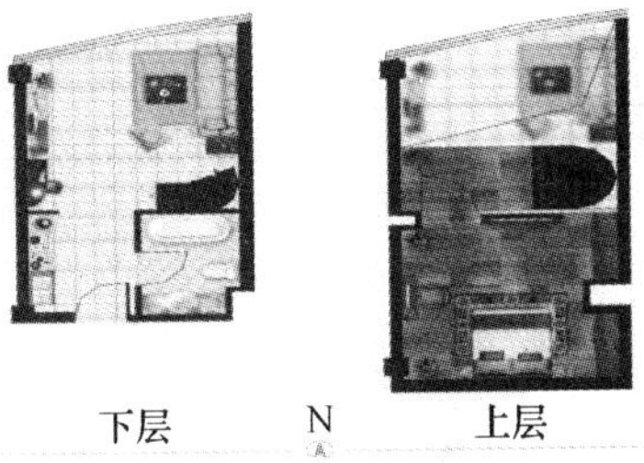

下层　N　上层

户型C
（36平方米，参考总价：43万元）

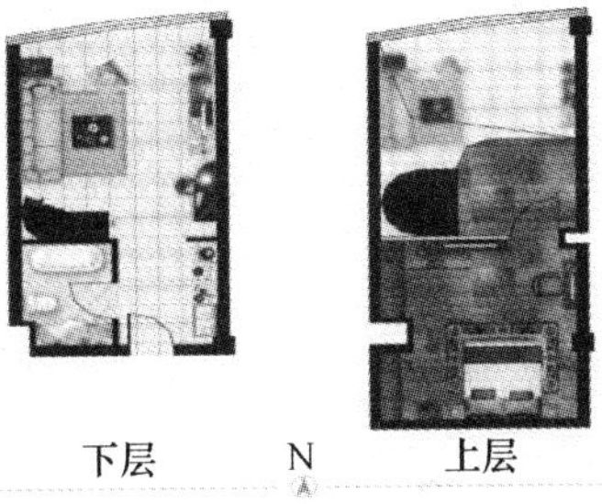

下层　N　上层

户型D
（40平方米，参考总价：48万元）

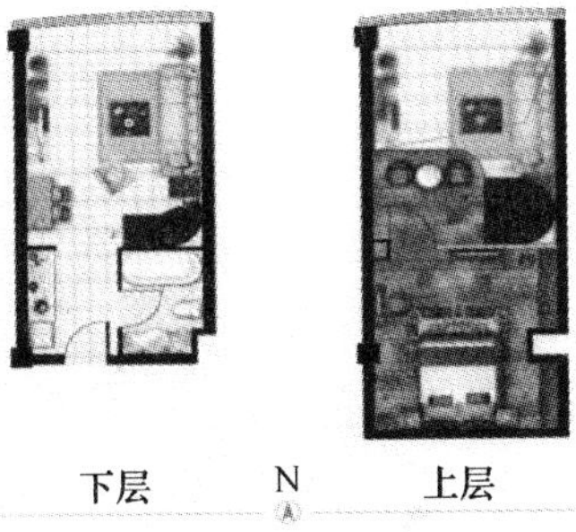

下层　N　上层

户型E
（42平方米，参考总价：50万元）

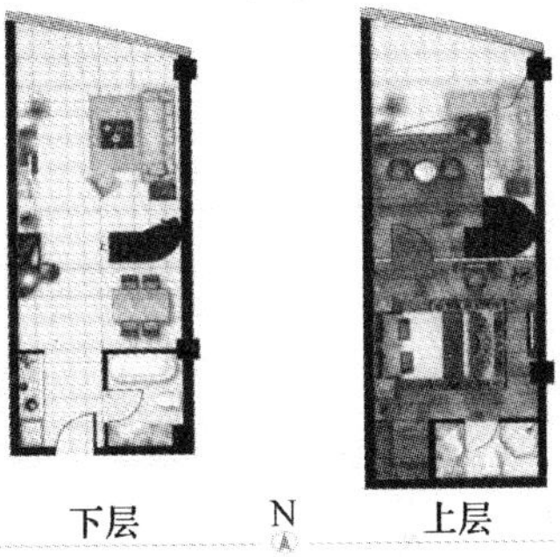

下层　N　上层

户型F
（57平方米，参考总价：68万元）

图 5－12　设计流程

注：2011 级市场营销一班课程训练项目成果节选。

第六章
价格策略的制定

知识概要

一、影响产品价格的因素

企业对产品的定价要坚持以市场为导向。产品定价除了考虑成本因素之外，更要考虑市场类型、需求状况、消费者对产品的认知、消费者心理、企业营销策略和战略等方面因素。

1. 市场类型

市场类型会影响产品的价格。完全竞争市场，无须进行市场调查、产品开发、定价决策、广告和促销活动，产品价格就是市场公认的价格，即采用随行就市定价法。垄断竞争市场，由于众多竞争者之间提供的产品存在差异，企业定价时应根据产品差异来确定价格水平。寡头垄断市场是产品仅由几个对彼此的价格和市场营销战略极敏感的企业提供，外来竞争者很难进入该市场。市场上的企业既不敢轻易降价也不敢轻易提价。完全垄断市场只有一家企业提供，并无竞争对手，价格制定通常是垄断主体根据自身目标设定价格。

2. 需求状况

市场需求也是影响企业制定价格的要素之一。不同的需求水平会导致企业制定不同的价格。通常情况下，价格与需求之间呈正相关关系，即需求越大，价格越高；需求减少，价格下降。

3. 消费者对产品的认知

消费者和厂家对产品信息的掌握是不对称的，厂家非常清楚自己的产品，而消费者对于该产品的制造原理、工艺、成本及功效的了解是有限的，这就为厂家制定的产品价格偏离价值提供了可能性，尤其是对于新产品和高科技产品来说更是如此。

4. 消费者心理

在所有影响产品价格的因素中，消费者心理是最难琢磨的一个。显然，商家如果能巧妙地利用消费者心理，往往会取得意想不到的效果。如声望定价、尾数定价、招徕定价等策略的运用就是利用了消费者追逐声望、追求价格低廉的消费心理。

5. 企业营销策略和战略

企业营销策略和战略也会影响到产品的定价。价格策略是"4P"营销组合工具中的一种，要和产品策略、渠道策略、促销策略以及公司战略相互配合才能发挥更好的作用。在某些情况下，厂家的定价纯粹是一种宣传促销手段。例如，商家可以通过制定一个较高或较低的价格来制造一个新闻"热点"，从而带动其他产品的销售。还有一些情况，厂家的定价主要是为了达到扩大市场占有率或击败竞争对手等战略目的。

在竞争日益激烈的今天，企业可以通过定位或差异化等多种手段制定与众不同的产品价格，避免恶性竞争。

二、产品定价策略

企业可以选择的产品定价策略有：薄利多销策略、厚利限销策略、阶段定价策略、逆向定价策略、转移定价策略、差价定价策略和心理定价策略。

1. 薄利多销策略

薄利多销策略是指企业有意识地把商品的销售价格制定在相对低廉的水平上以刺激需求，从而实现总利润的最大化或提高市场占有率。根据经济学的"弹性理论"，这种策略主要适用于需求弹性比较大的商品定价。

2. 厚利限销策略

厚利限销策略是指有计划地将产品价格定得较高，并将产品的供给量控制在一定的范围内。该策略主要适用于高档商品和奢侈品的定价，通过销售这种高档、名贵的商品来满足消费者自尊和较高声望的需要。

3. 阶段定价策略

阶段定价策略是根据产品在生命周期的不同阶段及各种产品本身特点采用的阶梯式递增或阶梯式递减的定价策略，以此最大限度地获得利润。阶段定价策略主要包括渗透定价策略和撇脂定价策略，后者主要适用于对新产品的定价。

4. 逆向定价策略

逆向定价策略是指根据消费者接受能力制定产品价格的方法，这种策略通常针对可选商品。一些企业在推出主要产品的同时，提供可选产品或附件与之搭配。首先企业决定哪些产品应包含在主干产品价格内，哪些应作为可选品。其次把每种可选品制定一个价格，提供给顾客的是一揽子可选品价格表。

5. 转移定价策略

转移定价策略又称附属品定价策略，是指企业将主体产品定一个低价，将附属品定一个高价。这是因为，一般来说附属品是易耗品，附属品的较高价格和较大销量不仅完全可以弥补主体产品低价的损失，而且可以赢得很大利润。该策略适用于互补品定价。

6. 差别定价策略

差别定价策略是指企业针对顾客、产品、消费地点和消费时间的不同而制定不同的价格，其实质是市场细分后的定价。

（1）针对不同顾客制定不同价格。针对同一种商品或服务的不同消费对象，制定两种或两种以上的价格。

（2）针对不同产品制定不同价格。也称为产品线定价策略，是指企业为本企业多种档次、多种包装的商品制定多种价格。

（3）针对不同地点制定不同价格。企业对处在不同位置的产品或服务，分别制定不同的价格，即使这些产品或服务的成本费用没有任何差别。

（4）针对不同时间制定不同价格。企业对不同季节、不同时期甚至不同时刻的产品或服务分别制定不同价格。

7. 心理定价策略

企业在制定产品价格时运用心理学原理，针对不同类型消费者的购买心理来制定价格。主要包括运用尾数定价、整数定价、吉利定价、声望定价和招徕定价（特价品定价）等方法。

三、产品价格调整

企业的产品价格调整策略主要有调低价格（降价）和调高价格（涨价）两种。

1. 降价策略

企业对产品价格进行下调，原因主要有：企业生产能力过剩，产品大量积压；企业产品市场占有率大幅度降低，为夺回失去的市场；企业自身生产技术或管理水平提高，产品生产成本降低等。企业在实施降价策略时一定要慎重考虑，为此，应该注意：①保证产品和服务质量，避免步入低价低质的误区；②价格调低幅度要明显，保证让消费者得到实惠；③大力降低生产成本是企业降价策略能够顺利执行的根本保证；④降价策略与其他促销形式及宣传密切配合。

2. 涨价策略

企业对产品价格进行上调，如企业产品成本提高、产品需求过剩、面临通货膨胀、产品涨价势在必行。"高价格意味着高质量"是永远的价格准则，企业在实施涨价策略时，应该注意：①提供优质产品是使消费者愿意在较高价格下购买的基础；②注重产品改进，有理由的涨价更容易被消费者所接受；③注意与消费者沟通，避免有价无市的局面。

模拟演练

一、考虑价格的影响因素

各企业在实施价格策略时要参考预测报告进行价格预期，合理定价。价格定得过高，超出消费者的心理预期，消费者便不会购买此产品；考虑价格对订单量的影响；分析市场平均价格。

二、依据企业营销战略制定产品价格

单位产品价格的制定，必须是在较为准确地计算或估算出单位产品的成本价格的基础上，以此依据来制定一个合理的竞争价格。否则，价格定得过高，无法抢占市场，造成产品积压；价格过低，公司不赚反赔，严重的甚至会产生大量未交订货，承担违约责任，使公司形象下降、利润下降。

在企业为产品定价时，要考虑两个因素：①市场的需求状况，不仅要考虑单个产品市场容量，还要考虑市场总容量；②还要考虑企业实施的是怎样的竞争战略。一般而言，如果企业实施的是总成本领先战略，主要通过取得规模经济效益和市场占有率，使企业全部成本低于竞争对手的总成本。在模拟演练中，由于研究开发费用、总体管理费用和其他固定成本基本上不变，较大的生产规模可以在产品质量保持不变甚至有所提高的情况下，使得单位产品的成本下降，从而随着销售额的提高，单位产品分摊诸如广告费和研究开发费等无形成本及固定成本的能力增强，单位产品成本便会下降，最终能够使公司以较低的价格迅速占领市场，获得较大的市场占有率。如果企业实施的是产品差异化战略，就要立足于产品的研究开发，尽可能地比竞争对手早做出或多做出改进，同时通过设计更贴合客户消费偏好的产品来提高产品质量，这样此产品的市场优势就会较为明显，既能够以较高的价格出售，也能够获得较高的市场份额。实行产品差异化战略并不意味着企业可以忽视成本，只不过成本在这时不是首要的战略目标，但企业必须在差别化和成本领先战略之间进行权衡，以免得不偿失。

三、完善营销管理系统，填写相关表格

根据本企业制定的市场营销策略，填写相关数据表格。

1. 区域市场各产品定价及促销费用表

区域	品牌一		品牌二		品牌三	
	定价	促销	定价	促销	定价	促销
华东						
东北						

2. 区域市场促销活动报价及返利情况表

市场	促销人数	品牌一			品牌二			品牌三		
		定价	促销	返利	定价	促销	返利	定价	促销	返利
华北										
西南										

3. 专卖店报价策略情况表

区域	品牌一	品牌二	品牌三	品牌四	品牌五
华东					
华南					
华北					
华中					

四、总结定价方法

定价方法一览表

定价方法			计算公式	适用范围
成本导向定价	加成定价法	完全成本加成定价	产品售价 = 单位完全成本 × （1 + 成本加成率） 成本加成率 = $\frac{售价 - 进价}{进货成本} \times 100\%$	适用于蔬菜店、水果店
		进价加成定价	产品售价 = $\frac{进货价格}{1 - 加成率}$ 加成率 = $\frac{售价 - 进价}{售价} \times 100\%$	适用于百货商店、杂货店等零售行业
	损益平衡定价法			适用于定价方案的比较选择给出每个价格对应的预计销售量，将其与价格相比较，低于保本销售量的应被淘汰
	目标贡献定价法			易于在各种产品之间合理分摊固定成本费用，利于企业选择和接受市场价格

续表

	定价方法	计算公式	适用范围
竞争导向定价	通行价格定价法	企业主要竞争对手的价格为定价基础，使本企业价格与竞争产品的平均价格保持一致	当成本难以估算或需求不确定时，中小企业常采取此方法
	主动竞争定价法	投标价格的出发点不是按企业成本或市场需求来制定的，而是根据对竞争者的报价估算确定的，最佳报价为目标利润与中标率的最佳组合	运用此方法的最大困难是估算中标率，企业可以通过市场调查，对过去投标资料的分析进行估算
	密封投标定价法	根据本企业产品的实际情况及竞争对手的产品差异状况进行估算，而非追随竞争者的价格	适用于实力雄厚或产品独具特色的企业
需求导向定价	理解价值定价法	根据消费者对产品价值的认知程度来制定价格	此种方法应做好产品的市场定位，突出产品与市场上其他同类产品的差异，加深购买者对产品的印象
	需求差异定价法	根据购买者对产品的需求，购买时间和地点，购买能力以及产品的型号、样式，对同一产品制定不同的价格	适用于市场可以进行细分，并且细分市场在一定时期内，相互独立的企业

📖 案例分析

北京官方专车上路　价格策略有新招

2015 年 9 月，"首汽约车" APP 正式上线。与专车多使用租赁车或私家车不同，该平台提供的预约车辆均为政府许可的出租营运车辆，且全部挂有京 B 出租车牌照，驾驶员持有从业许可证，也被称为"官方专车"。车辆均为中高端轿车，车辆起步价和每公里收费均高于出租车。未来，北京出租车将分为"花色"巡游出租车和中高端网络预约出租车。

一、运营管理——提供出租车发票

"首汽约车" APP 由国企首汽集团和祥龙公司共同推出。与传统"花式"巡游出租车不同，"首汽约车"平台只提供预约出租车服务，日常中不能用于巡游。另外，与市面上的专车相比，其车辆全部为政府许可的出租营运车辆，司机也是正规军，被称为"官方专车"。

网约车牌照均为京 B 牌，由正规出租车转化而来。首批上路约租车 500 辆。目前，北京共计有 6.7 万辆京 B 牌照出租车，由于北京出租车实行总量管控，随着网约车的增加，"花式"巡游出租车将减少。普通出租车每月享受政府 905 元的油费补贴，转为约租车后将不再享受政府补贴。

"首汽约车"主打舒适型轿车，主要为黑色中高端 B 级轿车，如天籁、凯美瑞等，同时还有商务型的别克 GL8，未来还会考虑引入豪华车。

除了车辆来自正规军之外，司机也要获得北京市考试中心颁发的从业许可证，舒适车型司机与出租车司机的证书相同，商务车型司机应取得客运证。同时，"官方专车"将随车统一提供北京出租汽车专用发票，方便乘客报销使用，目前，商业专车则不能提供。

二、收费略高于出租车

网络约租车的定位与"花式"巡游车不同，网约车提供中高端服务，满足个人、企业以及机关即时、预约用车需求，同时可以代人叫车、接送机，提供日租、半日租服务。车内提供 Wi-Fi、充电器、纸巾、雨伞。

由于约租车档次较高，收取价格比巡游车也要高，费用包括三部分，起步价、公里费以及服务时长费。据首汽集团相关负责人介绍，起步价为 16 元，它不同于巡游出租车 13 元 3 公里的起步价，约租车起步价 16 元是上车起步价，不包含公里数。单公里 2.8 元，公里费为全程里程乘以 2.8 元。服务时长费每分钟 0.5 元，从上车的时间到下车的乘坐时间计算。

乘客在"首汽约车"平台注册后会赠送乘客 50 元优惠券，同时，乘客充值满 100 元可返 100 元，最高可充 5000 元。在充值返现的情况下，网络约租车价格比巡游出租车价格还便宜。

另外，约车平台使用手机支付，且为预存钱消费方式，乘客约车前可通过银行卡、支付宝以及微信账户向 APP 账户内预存钱。乘客遇特殊情况，也可付现金。

三、司机待遇

无须再交"份儿钱"。"首汽约车"平台将打破传统的承包经营制，约租车司机无须交份儿钱，加油费以及车辆维护费也无须司机掏钱，这意味着传统出租车司机的"三座大山"将消失。

司机的工资构成为2000多元的基本工资加单笔提成。"首汽约车"必须通过手机软件付费，车费先期全部进入公司后台，车费的20%返给司机作为收入提成，剩余80%将作为公司收入，约租车司机总收入将不低于传统出租车。

另外，约租车司机与传统巡游出租车司机工作方式不同，"首汽约车"平台将全市划分为诸多热点区域，要求司机每天上下班，"上班时"在固定区域接单。另外，订单为绑单制，由平台将订单指派到司机手中，与目前商业专车运营平台不同，"首汽约车"的司机无须抢单，也不允许挑活和拒单。

乘客通过"首汽约车"APP发出约车需求后，平台将指派上车地方为3公里范围内的约租车接单。随着车辆的增多，订单指派半径将缩短到1公里甚至500米范围内。

2014年，滴滴快的、神州专车等网络约车平台相继上演了融资、"烧钱"、火拼优惠政策、兼并等一幕幕精彩"大戏"，专车的出现也在潜移默化中影响着公众出行方式。"首汽约车"以一种合法的网络预约出租车的形态出现，"官方专车"能否在激烈的市场竞争中闯出一片天地，这一切都将有待市场的检验。

资料来源：网易财经2015年9月17日。

案例思考题

1. 请分析专车产品与普通出租车服务的区别。
2. 请分析专车产品价格制定的策略。

📖 实践任务

在校园内找到一个熟悉的商品，组建小组，结合本章所学内容为其制定合理的价格，并在校园内进行售卖实践。

📖 实务作品展示

"朗琨"休闲食品的价格策略

一、定价目标

由于我们的主要目标群体是年轻一代"90后"的消费群体，产品定位为休闲型，主要围绕中档消费群体，所以我们的产品定价不能太低，一定要保证产品质量最优化。目前市场上也有不少同类企业，因此我们必须坚持质量领先的目标，并在生产和销售过程中始终贯彻产品质量最优化的指导思想。这就要求我们用适当的较高价来弥补高质量和制作的高成本，同时在企业保持产品优质优价的基础上，还应辅以优质的宣传，提升产品形象。对于那些中低档的消费群体，我们可以生产定价一批物美价廉的产品，希望企业能够通过低价来实现中低端市场的高度占有率。

二、确定需求

目前中国的休闲零食市场拥有非常大的潜力，2015年中国休闲食品的成交量占总食品成交量的百分之三十，并且数量还在不断增长。23～35岁人群是休闲食品的主要消费群体，占比超过70%，其中19～22岁的增长速度最快。由此可以确定休闲食品的市场前景是非常可观的。

三、产品定价策略

1. 整数定价策略。整数定价策略与奇零定价策略正好相反，它是企业有意识地把食品的价格定为整数，其用意是增加价格的明朗程度，给消费者一种"好货不便宜"的感觉。这种定价策略一般适用于一些高质量的休闲零食或消费者不太了解的零食新品种。

散装的牛肉干定价。着重使用整数定价策略。现在市场上大部分的散装牛肉干的价格在每斤58～100元不等。由于散装的牛肉干必须采用更为新鲜的原料和良好的保鲜方式，导致成本偏高，只有产品在定价时，价格必须订得稍高才能保证利润。根据整数定价策略的原理，散装牛肉干的售价定在每斤 90 元最为合理。

2. 奇零定价策略。根据消费心理研究表明，人们在发生购买行为活动时，往往会产生一种心理错觉，误认为单数比双数小，或带有小数点的数比整数小，而且认为带有小数点的价格是经过精心测算后制定的。奇零定价法正是利用人们的这一心理作用，成功地打掉了消费者的顾虑。

3. 拆零定价策略。所谓拆零定价策略，就是将大份食品改为小份销售，价格也拆零计算。这种定价会使消费者产生便宜的感觉，其实单位价格还是一样的。如一袋牛肉干为 100 元的大包装，若分作散装销售，则每份 25 元。消费者买一袋要花 100 元，在购买时会觉得比较贵且犹豫不决；而付出 25 元就不显得贵了，也不会再犹豫。事实上，一袋牛肉干 100 元和一份散装 25 元的价格是一样的。同理，大包装改成小包装出售，就是为了迎合当前大众餐饮消费者的需求，使普通消费者都能吃得起。如饼干以散装称重，鸡腿等速食肉类按个出售，都是成功的拆零定价策略。

4. 整包的牛肉干定价。应着重使用奇数定价策略和拆零定价策略。目前市场上的散装包成整包的牛肉干，大多数都是一斤或者两斤装，由于整包牛肉干相对于散装牛肉干更加具有直接展示产品特点和方便保鲜的优势，所以在采用奇数定价策略时价格也不能差散装的价格太多。鉴于以上情况，散装包装成的牛肉干售价应定为每 100 克 17 ~ 19 元。而那些由小包包装成大包的牛肉干，除了在整包定价的同时，还应该采用拆零定价策略对每一小包进行相应的定价。而每小包的具体价格应该定为（整包总价/整包所含数量）×120%，这样既可以保证小包获得足够的利润，也可以通过这种手段使那些原本不想买整包的消费者通过对比觉得整包更加便宜来购买整包的牛肉干，同样可以达到提高销量的目的。

5. 声望定价策略。某些食品企业由于在行业中多年的成功经营，在消费者心中已经有了一定的声望和信誉，成为休闲食品市场上的品牌食品，因而其食品的价格可以定得高一些，以维护其声望，这种定价策略就叫声望定价策略。对于这类休闲食品，即使食品成本下降也不必轻易降价，价格也不必随食品需求的短期变动而频繁调整，因为降价会损害食品企业的形象。然而更多的消费者认为，品牌食品货真价实，质量可靠，况且购买品牌食品还会提高自己的身份地位。

6. 奶制品使用奇数定价和声望定价相结合的定价策略。奶制品作为内蒙古特产的代表，一直深受广大消费者喜爱，而"郎琨"公司的奶制品更是奶制品行业里的佼佼者。由于目前人们对奶制品的需求不是很普及，因此奶制品的行业竞争也不是很激烈。所以奶制品的定价就相对来说更加便利。奶制品大致分为两种：奶干制品和鲜奶制品。两者大多都是以成品包装在销售，所以在定价方面更应该遵循奇数定价策略和声望定价策略。目前市场上奶制品的价格大致为每100克 3~4 元，但是由于"朗琨"在奶制品中具有相对好的口碑，所以结合运用奇数定价策略和声望定价策略，"朗琨"奶制品的价格应定为每100克4~6元。

　　注：2012级市场营销三班课程训练项目成果节选。

第七章
分销渠道策略的制定

📖 知识概要

一、分销渠道概述

1. 分销渠道的概念

分销渠道亦称配销通路或分销途径，是指产品（服务）从生产者向消费者（用户）转移所经过的路线，以及在这条路线上所设置的组织或个人。分销渠道主要包括商业中间商（他们取得所有权）和代理商（他们帮助所有权转移）以及处于分销渠道起点和终点的生产者和消费者。

2. 分销渠道的类型

（1）分销渠道的层次（长度）。分销渠道按其有无中间环节和中间环节的多少，也就是按渠道长度的不同，可分为四种基本类型，如图 7 – 1 所示。

直接渠道，制造商直接将产品卖给消费者（或用户），主要有派推销员上门推销、邮寄销售、开设自销店铺三种形式。

一层渠道，制造商和消费者（或用户）之间，经过一层中间环节，这在消费者市场是零售商，在产业市场通常是代理商或经纪人。

二层渠道，制造商和消费者（或用户）之间，经过二层中间环节，这在消费者市场是批发商和零售商，在产业市场则可能是销售代理商与批发商。

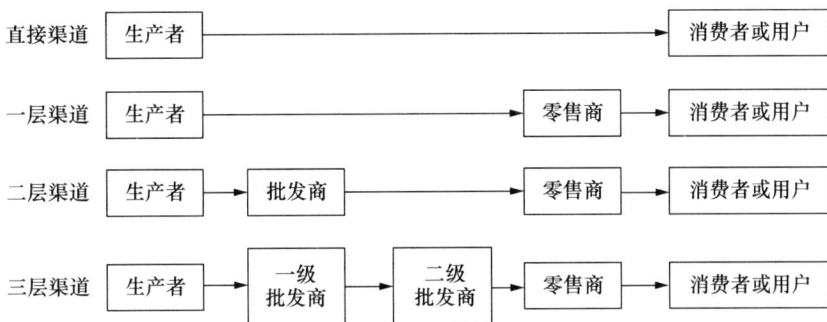

图 7 - 1　消费者市场渠道的主要类型

三层渠道，在批发商和零售商之间，再加上一道批发，因为小零售商一般不可能直接向大批发商进货，如图 7 - 2 所示。

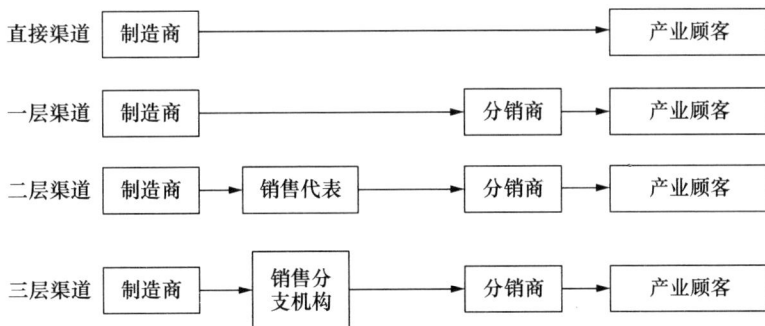

图 7 - 2　产业市场渠道的主要类型

（2）分销渠道的宽度。按分销渠道的宽度不同，可分为三种基本类型：

1）密集性分销。即运用尽可能多的分销点，使渠道尽可能加宽。消费品中的便利品（卷烟、火柴、肥皂等）和工业品中的标准件、通用小工具等，适于采取这种分销形式，以提供购买上的最大便利。

2）独家分销。在一定地区只选一家中间商经销或代销，实行独家经营。独家分销是最极端的形式，是最窄的分销渠道，通常只对某些技术性强的耐用消费品或名牌产品适用。独家分销对生产者的好处是有利于控制中间商，提高他们的经营水平，也有利于加强产品形象，增加利润。但这种形式有一定风险，如果这一家中间商经营不善或发生意外情况，生产者就要蒙受损失。采用这种形式时，通常产销双方议定，销方不得同时经营其他竞争性商品，产方也不得在同一地区另找其他中间商。这种独家经营妨碍竞争，因而在某些国家被法律所禁止。

3）选择性分销。这是介于上述两种形式之间的分销形式，即有条件地精选几家中间商进行经营。这种形式对大多数产品都适用：①比独家分销面宽，有利于扩大销路，开拓市场，展开竞争；②比密集性分销又节省费用，并较易于控制，不必分散太多的精力。有条件地选择中间商，还有助于加强彼此之间的了解和联系，使被选中的商家愿意努力提高推销水平。

二、分销渠道设计

企业选择分销渠道是一项极为复杂的工作。正确地选择分销渠道，必须根据产品、市场及企业本身情况在综合比较的基础上做出决定。

1. 产品特点

产品特点包括单位产品的价格、产品的重量和体积的大小、产品的样式、产品的技术性和需要服务的程度等方面。

（1）单位产品价格的高低。一般来说，单位产品价格高的商品，适宜采用短渠道，尽量减少流通环节；而单位产品价格低的商品，则适宜采用较长的分销渠道。

（2）产品的重量和体积的大小。重量和体积直接影响到运输费用和储存费用。因此，对于体积和重量较大的商品，宜采用较短的渠道；体积和重量较小的商品，可采用较长的渠道。

（3）产品的式样。式样花色复杂多变、时尚程度较高的产品，应采用短渠道，以便加快分销速度，以免因式样变化，使产品积压造成损失。款式不易变化的产品，分销渠道可长些。一些非标准品及特殊式样、规格的产品，通常也要由企业销售部门直接向用户销售。

（4）产品的技术性和需要服务的程度。对于技术性较强和产品售出后需要提供技术服务的商品，宜选择较短的渠道，可由企业自销，也可选择极少数零售商店分销。技术性低和不需要提供售后服务的商品则可采用较长的渠道。

2. 市场因素

市场因素包括目标市场范围的大小、顾客的集中程度、批量的大小、销售的季节性、用户的购买习惯、市场竞争状况。

（1）目标市场范围的大小。市场范围大的商品，企业不可能直接分销，必须有中间商的帮助，因而渠道较长；市场范围小的商品，则可由生产企业直接分销，所以渠道较短。

（2）顾客的集中程度。如果顾客集中在某一地区，甚至某一地点（如企业用户），可采用短渠道或直接渠道；如果顾客均匀分散在广大地区，则需要更多地发挥中间商作用，采用长而宽的渠道。

（3）批量的大小。分销批量大的商品，宜采用直达供货的分销方式；批量小以及零星购买的商品，则需要采用较长的渠道。

（4）销售的季节性。对于一些销售季节性较强的产品，一般应充分发挥中间商的作用，以便均衡生产，不失销售时机，因此较多采用较长的分销渠道。

（5）用户的购买习惯。用户的购买习惯，直接影响到分销渠道的选择，如有的用户需要购买方便，随时能买到，这就需要较长的渠道。而有些特殊商品，则要求购买及时，因此需要渠道短些。

（6）市场竞争状况。通常同类产品与竞争者采取相同或相似的分销渠道，在竞争特别激烈时，则应寻求有独到之处的销售渠道。

3. 企业自身因素

企业自身因素包括企业的规模和声誉、企业的管理能力、企业控制分销渠道的愿望。

（1）企业的规模和声誉。声誉越高、规模越大、资金越雄厚的企业，选择分销渠道的自由程度就越大。为了能对渠道进行控制，这些企业愿意渠道短些，甚至建立自己的分销网点，直接分销；而那些规模较小的企业，由于财力薄弱，只能依靠中间商销售。

（2）企业的管理能力。具有市场经营管理能力的企业，可以自行分销产品，因而分销渠道可以短些；没有市场经营管理能力和经验的企业，则只能采用长渠道分销。

（3）企业控制分销渠道的愿望。企业控制分销渠道的愿望是各不相同的，有的企业希望能把渠道控制住，以便有效地控制商品的零售价格和进行宣传。因此，希望采取短渠道分销。而那些不想控制分销渠道的企业，则可采用较长的渠道分销。

4. 经济形势及有关法规

（1）经济形势。整个社会经济形势好，发展快，分销渠道的选择余地较大；而出现经济萧条、衰退时，市场需求下降，企业就必须尽量减少不必要的流通环节，使用较短的渠道。

（2）有关法规。国家政策、法律，如专卖制度、反垄断法规、进出口规定、税法等，也会影响分销渠道的选择。例如，一些国家实施医药、烟酒的专卖制度，对这些产品的分销渠道，就必须依法选择，其分销的自由度也大大下降，如图7-3所示。

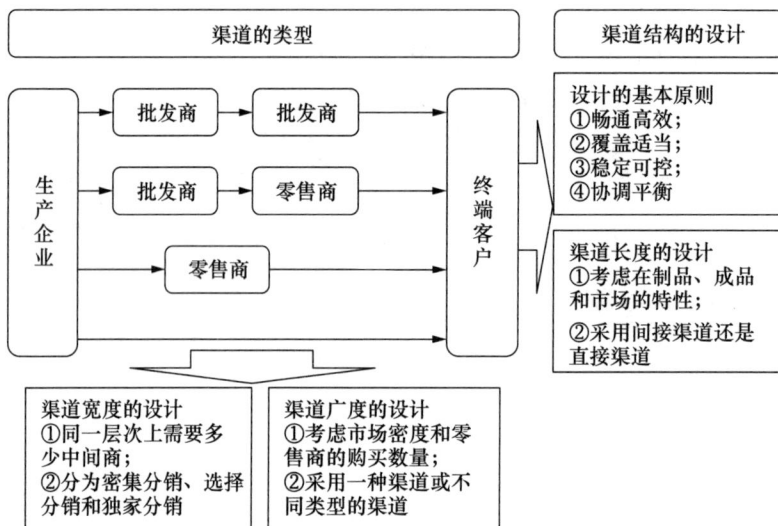

图7-3 消费者市场渠道设计的内容

三、分销渠道的管理

在渠道设计确定后，企业还要对渠道进行管理。渠道管理包括选择和激励中间商，并对他们的推销活动进行评估。

1. 选择渠道成员

制造商对中间商的吸引力，取决于制造商本身声誉的好坏和产品销路的大小。有些企业很容易找到合适的中间商，有些企业则很困难。对一个有吸引力的制造商来说，主要的问题是如何选择渠道成员。选择中间商应主要考虑以下因素：中间商的历史长短、声誉好坏、经营范围以及销售和获利能力、收现能力、协作精神、业务人员的素质、开设地点、未来销售增长的潜力、顾客类型、购买力大小和需求特点等。

2. 激励渠道成员

中间商选定之后，还需要进行日常的监督和激励，使之不断提高业务经营水平。由于中间商与制造商所处的地位不同，考虑问题的角度不同，必然会产生矛盾。制造商要善于从对方的角度考虑问题，要知道中间商不是受雇于自己，而是一个独立的经营者，有他自己的目标、利益和策略。

3. 评估渠道成员

对中间商的工作业绩要定期评估。评估标准一般包括销售定额完成情况、平均存货水平、向顾客交货时间、受损货物处理、对公司促销与培训计划的合作情况、货款返回状况以及中间商对顾客提供的服务等。用这些标准对中间商进行考察和评估，目的是及时发现问题，以便有针对性地对不同类型中间商开展激励和协调工作，提高渠道分销效率。

4. 分销渠道的调整

在分销过程中，由于种种原因，原有的分销渠道已经不能适应市场变化的要求，使生产企业的市场占有率呈下降的趋势，在这种情况下，生产企业就必须考虑调整分销渠道。一般来说，对分销渠道的调整有三种做法：①增减分销渠道中的个别中间商；②增减某一个分销渠道；③调整整个分销渠道。

不管进行哪一种范围的调整，都必须做经济效益分析，看分销量是否增加、市场占有率是否提高，以此来鉴定调整的效果。

四、窜货现象及其整治

1. 窜货及其原因

窜货是指经销商置经销协议和制造商长期利益于不顾，进行产品跨地区降价销售。

窜货的原因包括地区市场饱和、区域之间渠道发展不平衡等。

2. 窜货现象的整治

整治窜货现象可通过以下途径：签订不窜货乱价协议；外包装区域差异化；统一签发控制货运单；建立科学的地区内部分区业务管理制度，如图 7 - 4 所示。

窜货的危害

①窜货使得渠道成员的正常销售受到干扰，利润减少，使渠道成员减少，从而对产品失去信心

②混乱的价格和假冒伪劣产品会让消费者对品牌失去原有的忠诚度

③混乱的价格及渠道受阻，会威胁品牌无形资产和企业的正常经营

④经销商的积极性受挫

窜货的有效控制

①建立严格的价格管理体系，从源头上控制窜货现象的发生

②坚持用现金或短期承兑汇票结算货款，建立严格有效的资金占用预警及调控机制

③建立考核标准和激励机制，有效对业务人员和经销商进行考核

④允许退货，减少窜货现象

⑤从制度上杜绝窜货行为，通过建立市场总监，建立市场巡视员工作机制，减少窜货现象

⑥实行产品代码制，企业通过为区域商品指定唯一号码，掌控产品的流动方向，减少经销商窜货行为的发生

⑦结合市场调查信息，科学推算各个区域的未来进货量，有效控制窜货现象的发生

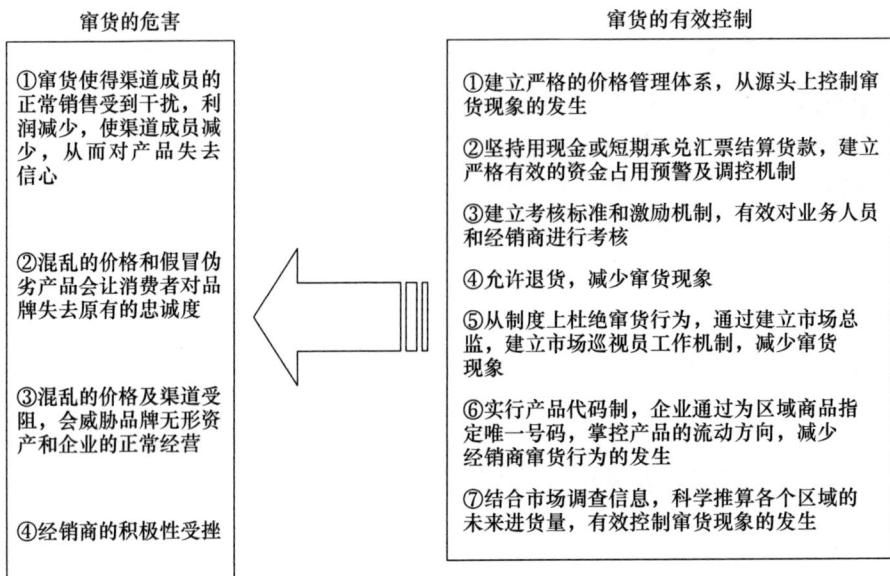

图 7 - 4　控制窜货的有效措施

五、物流策略

1. 物流的含义与职能

所谓物流，是通过有效地安排商品仓储、管理和转移，使商品在需要的时间到达需要的地点的经营活动。物流的任务，是指产品从起点到最终使用点或消费点的实体移动的规划与执行，并在取得一定利润的前提下，满足顾客的需求。物流的职能是将产品由其生产地转移到消费地，从而创造地点效用。物流作为市场营销的一部分，不仅包括产品的运输、保管、装卸、包装，还包括在开展这些活动的过程中所伴随的信息的传播。以企业销售预测为开端，并以此为基础来规划生产水平和存货水平。

物流规划应先从市场开始考虑，并将所获得信息反馈到原料的需求来源。首先，企业应考虑目标消费者的位置以及他们对产品运送便利性的要求。其次，企业还必须知道其竞争者所提供的服务水平，然后设法赶上并超过竞争者。最后，企业要制定一个综合策略，其中包括仓库及工厂位置的选择、存货需求、存货水平、运送方式，进而向目标顾客提供服务。

2. 物流的规划与管理

每一个特定的物流系统都包括仓库数目、区位、规模、运输政策以及存货政策等构成的一组决策，因此，每一个可能的物流系统都隐含着一套总成本，可用数学公式表示如下：

$$D = T + FW + VW + S$$

式中：D——物流系统总成本；

T——该系统的总运输成本；

FW——该系统的总固定仓储费用；

VW——该系统的总变动仓储费用；

S——该系统因延迟分销所造成的销售损失的总机会成本。

在选择和设计物流系统时，首先要对各种系统的总成本加以检验，最后选择成本最小的物流系统。一般来讲，企业有以下两种选择：

（1）单一工厂，单一市场。大多数的制造商是单一工厂的企业，并且仅在一个市场上进行经营活动。这个市场可能是一个小城市，如小面包店、小印刷厂等；也可能仅限于一个地区，如地方性的酿酒厂。

这些单一工厂通常设在所服务的市场的中央，这样可以节约运费。但是在某种情况下，工厂需设在离市场较远的地方，由此导致的高额运费可通过低廉的场地、劳动力、能源和原料成本抵消。将工厂设在靠近市场的地方还是设在易于取得资源的地方，必须根据相对的运输及加工成本来决定。当某些成本发生重大变化时，就会破坏工厂地址利益的平衡。因此，企业设厂地点进行选择时，不仅应审慎地估计目前各战略的成本，更需要考虑未来各战略的成本。

（2）单一工厂，多个市场。当一个工厂在几个市场内进行销售时，企业有几种物流战略可供选择。例如，在中国东南沿海地区有一家制造厂，起初在广州、深圳开展经营活动，现拟开拓西北市场，可从以下三种战略中进行选择：

1）直接运送产品至顾客的战略。任何一个物流系统都必须考虑服务水平与成本这两项重要因素。直接运送战略似乎在服务及成本上都处于不利地位，因为直接运送比由当地的仓库送货至顾客要慢；再者，通常顾客的订购量很小，运送成本也较高。不过，直接运送是否真有这些缺点，还取决于其他因素。在某些情况下，自远地的工厂可能比自附近的仓储再运送更经济合算。零担订货的直接运送成本虽高，但不一定多于当地存货的费用。因此，企业在决定是否采取直接运送战略时，必须考虑下述因素：①该产品的特性（如单价、易腐性和季节性）；②所需运送的程度与成本；③顾客订货多少与重量；④地理位置与方向。

2）大批整车运送到靠近市场的仓库的战略。仓库与直运比较。企业发现，将成品大批运送到西北地区的仓库,再从那里根据每一订货单运送给顾客的方式,要比直接从东南沿海地区运输给顾客所用的费用少。这是因为整车运送与零担运送的费用率不同,前者要小于后者。除了节省运费外,在市场地点设立仓库还可以比较及时地向顾客提供送货服务,因此,可以提高顾客的购买率。但是建立地区仓库,企业必须承担从仓库运送到达顾客的费用及仓储本身的费用。一般来说,增加地区仓储的最佳准则很简单,即增加新地区仓储所节约的运费与所能增加的销售收入如大于建立仓储所增加的成本,那么就应在这一地区增设仓储。

租赁仓库与自建仓库比较。这家企业面临的另一个决策问题是,该仓库应租赁还是自建。租赁的弹性较大,风险较小,因此在多数情况下比较有利。只有在市场规模很大而且市场需求稳定时,自建仓库才有意义。

广泛仓库系统问题。广泛的仓库系统(即范围广大的仓库系统)也面临很多问题:①企业如何确定最佳数目的仓储点;②仓储点的最佳位置如何确定;③不同地点应保持多少存货。这些问题可以通过计算机模拟技术或运筹学中的线性规划及非线性规划技术来解决。

将零件运到靠近市场的装配厂的战略。企业可以在西北地区成立一个装配分厂。因为整车运送单个零件,可以降低运费,并且运送中物品的价值不是很高(因为还没有加上装配的人工成本及其他相关费用)。

一般来讲,成立装配厂要比直接运送或建立地区性仓储更有利。不过,最后的决策仍有赖于对目前及未来成本的详细分析。建立装配厂的好处是运费较低。此外,建立地区工厂可提高该地区的推销员、经销商及社会公众对产品的信任,从而增加销售额。建立装配分厂的不利之处是,要增加资金成本和固定的维持费用。所以,企业在分析建立装配分厂方案时,必须考虑该地区未来销售量是否稳定以及数量是否会多到足以保证投入这些固定成本后仍有利可图。

装配厂的投资不仅比仓库投资所需要的费用更大,而且所冒的风险也较大,这是由于装配厂比较专业化,难以开展有效的营销活动。

3)建立地区性制造厂的战略。企业可以在西北地区建立一个地区性工厂。这也是一般企业用来开拓距离较远的市场,并取得较大竞争利益的途径。

然而,建立一个制造厂需要有详细的当地资料以供分析,这时应加以考虑的因素很多,如人力、能源、土地、运输等有关项目的成本,有关的法律与政治环境。其中最重要的因素之一,是该行业是否具有大规模生产的可能性。在需要大量投资的行业中,工厂规模必须足够大才能实现经济的生产成本。如果行业的单位生产成本能随着工厂规模的扩大而降低,则应设立一个供应整个地区销售所需要的工厂,其单位生产成本应最低。但是企业不能只顾生产成本,还必须考虑分销成本,因为在产品产量提高的情况下,其分销成本也可能提高。

3. 多个工厂，多个市场

企业还可通过由多个工厂及仓库组成的分销系统（不依靠大规模的工厂）来节省生产成本费用。这些企业面临两个最佳化的任务：①短期最佳化，即在既定工厂和仓库位置上，制订一系列由工厂到仓库的运输方案，使运输成本最低；②长期最佳化，即从长远着眼决定新建工厂的数量与区位，使总分销成本最低。根据不少现代企业的管理经验，线性规划技术在短期最佳化方案的制定过程中，具有重要的应用价值。

4. 物流现代化

物流现代化涵盖物流管理的多个环节，需要多种技术支撑，其中包括条形码、电子货币、电子收款机和电子数据交换。

六、批发商与零售商

1. 批发商

（1）批发。批发是指一切将物品或服务售给为了专卖或者商业用途而购买的组织或个人的活动。

（2）批发商。批发商是指那些主要从事批发业务的公司。

（3）主要类型。批发商的主要类型包括商人批发商、经纪人和代理商、制造商及零售商的分店和销售办事处。

2. 零售商

（1）零售商的概念。零售是指所有将货物或劳务售予最终消费者用于生活消费的买卖活动。以经营零售业务为主要收入来源的组织和个人，均称为零售商。

（2）零售商业的类型。由于零售商的数目众多，形式和规模各异，以下从不同的角度来分析零售商的类型。

1）从产品线的长度和深度来分——百货商店、超级市场、专业商店、便利商店。

2）按价格的相对重要程度来分——折扣商店、仓库商店、目录廉价展销商店。

3）按有无店铺划分——邮购与电话订购、自动机器售货、购货服务、送货上门流动售货。

4）从所有权关系来分。从所有权关系来看，零售商店的 80% 是独立经营的，另外还有其他形式。总体式连锁店，连锁店是由多家（两家以上）同类商店组成的联合经营组织，其成员经营类似的产品线，实行集中采购，统一销售活动，店面装潢风格一致。总体式连锁店是连锁店中结合紧密、规模较大的一种类型。特点是具有共同的所有权及控制权。各连锁店经营产品种类由总部控制，总部集中采购商品并配送到各分店，决定价格、促销及其他主要销售政策。

总体式连锁店较之独立店具有价格优势，可以通过薄利多销方式获取更大利润，其优点主要表现在：①由于规模较大（连锁店超过 10 家），可以大量进货获得最大数量折扣及较低的运输成本；②有条件雇用优秀管理人才，在销售预测、存货管理控制、定价和促销等方面制定实施科学的管理程序；③可以综合批发与零售功能，无须像独立商店那样应付许多不同的批发商；④能以同一广告使全部连锁店受益，各店分摊费用使促销费用降低；⑤各分店享有某种程度的自由，可以适应消费者的不同偏好和当地市场竞争特点提高应对环境变化的能力。

自愿连锁和零售商合作组织。这是在连锁商店竞争的压力下，独立商店的两种联合组织，前者是由批发商赞助的以统一采购为目的的联合组织；后者是独立零售商按自愿互利原则成立的统一采购组织。这两种组织与上述连锁店的区别，在于这两种所有权是各自独立的。

消费合作社。这是由一定地区的消费者自愿投股成立的零售组织，目的是保护自身的利益。

特许专卖组织。这是特许专卖权授权者（制造商、批发商或服务企业）与接受者之间，通过契约建立的一种组织，后者通常是独立的零售商，根据约定的条件获得某种特许专卖权，如麦当劳、肯德基的特许专卖店遍及全美国以及世界上许多地方。特许专卖权所有者，通常都是享有盛誉的著名企业。

3. 零售商业发展趋势

（1）新的零售形式不断涌现，威胁着现有零售方式。从历史上来看，百货商店、超级市场、连锁商店，都曾以其新的特点威胁并摧毁若干旧的零售方式。今天，一些创造性的零售方式仍在不断涌现。例如，家庭电脑联网售货方式、上门服务的零售方式等，正在迅速发展。

（2）零售生命周期正在缩短。零售生命周期是指一种零售商店类型所经历的产生、发展、成熟到衰退的周期性变化。据一些学者研究发现：百货商店从开始出现到成熟期经历了 80 年时间，超级市场为 35 年，方便商店为 20 年，超级专营商店为 10 年，新的零售形式生命周期正在明显缩短。

（3）非商店零售异军突起。在过去的 10 年，美国邮购销售量的增长是店内销售量增长的 2 倍。电子时代为非商店零售提供了广阔的发展空间，非商店销售的发展前景不可估量。

（4）垂直渠道系统迅速发展，渠道管理与计划的专业化程度越来越高。由于大公司逐步增强对营销渠道的控制，独立的小型商店正在被排挤出去。

（5）零售经营手段日益现代化。零售商正在利用大数据提高预测水平、控制仓储成本，用电子技术向供应商订货，在商店之间传递信息，建立电子检测系统、资金电子转账系统、店内闭路电视和改进商品处理系统。

4. 批发商业的概念和功能

凡是不以直接消费为目的，而是为了转卖、加工或为生产而购买货物和劳务的买卖活动，都属于批发商业。专门从事这类买卖活动的组织和个人，称为批发商。

批发商主要有三种类型：商人批发商、经纪人和代理商、制造商销售办事处。

（1）商人批发商。商人批发商是指自己进货，取得产品所有权后再批发出售的商业企业，也就是人们通常所说的独立批发商。商人批发商是批发商的最主要的类型。

商人批发商按职能和提供的服务是否完全来分类，可分为两种类型：①完全服务批发商。这类批发商执行批发商业的全部职能，他们提供的服务主要有保持存货，雇佣固定的销售人员，提供信贷、送货和协助管理等。他们分为批发商人和工业分销商两种。批发商人主要是向零售商销售，并提供广泛的服务；工业分销商向制造商而不是零售商销售产品。②有限服务批发商。这类批发商为了减少成本费用，降低批发价格，往往只执行一部分服务。

（2）经纪人和代理商。经纪人和代理商是从事购买、销售或两者兼备的洽商工作，但不取得产品所有权的商业单位。与商人批发商不同的是，他们对其经营的产品没有所有权，所提供的服务比有限服务商人批发商还少；其主要职能在于促成产品的交易，借此赚取佣金作为报酬。与商人批发商相似的是他们通常专注于某些产品种类或某些顾客群。

（3）制造商销售办事处。批发的第三种形式是由买方或卖方自行经营批发业务，而不通过独立的批发商进行。这种批发业务可分为两种类型：①销售分店和销售办事处。生产者往往设立自己的销售分店和销售办事处，以改进其存货控制、销售和促销业务。销售分店持有自己的存货，大多数经营木材和自动设备零件等。销售分店不持有存货，在织物制品和针线杂货业最为突出。②采购办事处。许多零售商在大城市设立采购办事处。这些办事处的作用与经纪人或代理商相似，但却是买方组织的一个组成部分。

七、渠道管理表单设计

1. 代理商申请表（见表7-1）

表7-1　代理商申请表

企业基本信息	企业名称		地址	
	法人代表		联系方式	
	注册资金			
	企业规模			
	主营业务			
	企业性质			
经营情况	经营业务		营业额	增长幅度
员工构成情况				
申请人声明				
代理等级				
申请代理区域				

市场部 年　月　日	财务部 年　月　日	总经理 年　月　日

2. 连锁加盟申请表（见表7-2）

表7-2　连锁加盟申请表

机构基本信息	机构名称		地址	
	法人代表		联系方式	
	机构规模			
经营场地	□自有　□租用　□办公房　□店面　□住宅　□其他			
办公设备	□计算机　□打印　□传真机			
申请类别				
其他说明				
申请人声明	申请人签字 日期：　年　月　日			

3. 渠道开发进度表（见表7-3）

表7-3　渠道开发进度表

渠道专员：　　　　　　　　　　　　　　　　　　客户名称：

序号	开发步骤	进度日期									
1	寻找新开发客户资料										
2	初步电话联系										
3	初步拜访										
4	产生意向										
5	报价										
6	渠道主管审核										
7	渠道经理审核										
8	进行具体沟通										
9	签订合同										

4. 渠道成员注册登记表（见表7-4）

表7-4　渠道成员注册登记表

	经销商编号			归档编号	
基本资料	公司全称			公司成立时间	
	联系电话		传真	电子邮件	
	营业地址			邮编	
	收货地址			联系人	
资信情况	上级主管			税号	
	开户行			账号	
	经营性质		注册资金	固定资产	
	流动资金			可用资产	
人员情况	公司法人		性别	联系电话	
	总经理		性别	联系电话	
	主要联系人		性别	联系电话	
	公司总人数		管理人员数	财务人员数	
	销售人员数		技术人员数	服务人员数	

续表

经销商编号			归档编号	
经营情况	现主营产品与营业额比例			
	经营方式	□行业销售　□个人市场零售　□批发　□其他		
	主要客户群			
	主要销售区域			
	店面地点			
渠道专员意见				
渠道经理意见				
营销总监意见				
总经理意见				

模拟演练

在模拟训练中，教师总结渠道策略内容如图 7-5 所示。

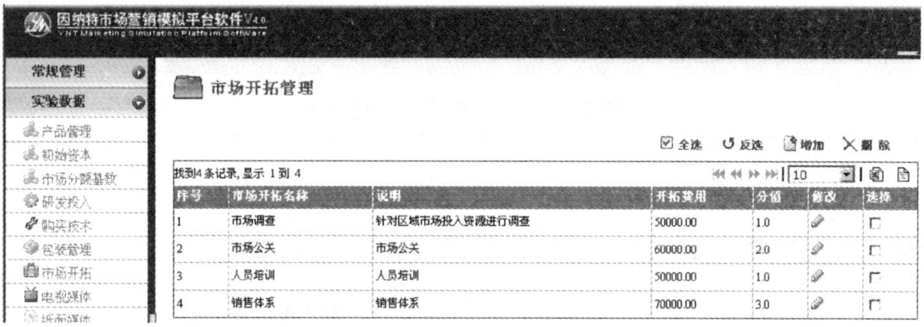

图 7-5　市场开拓管理

发布任务学生开展实验，具体操作如下。

一、市场开拓管理

教师在系统中增加和修改市场开拓的信息，学生根据市场情况及个人偏好进行市场选择和开拓。

二、分销渠道的选择与管理

1. 超市管理

随着零售业的发展，超市在零售中发挥着重要的作用。

老师可以在后台分区域添加超市信息供学生选择操作。各个参数中，管理成本是与超市建立合作关系后所要付出的人力和管理成本，数量是超市所需求的产品数量，价格为产品单价，综合竞争力指数为该超市对产品的综合竞争力指数最低要求，即低于此数值则无法与该超市建立合作关系。运输成本为买家配货到卖家所需的运输费用。"是否显示"增加了老师的选择范围，选中时在学生操作端可以看到该选项，如果不选时在学生操作端则无法看到该选项。综合竞争力指数越高可能其对应的单价越高、数量越多。系统自动按综合竞争力指数从小到大排序。

由于超市是学生实验中重要的合作伙伴，所以在添加数据时必须仔细考虑各个方面的因素，如图 7 - 6 所示。

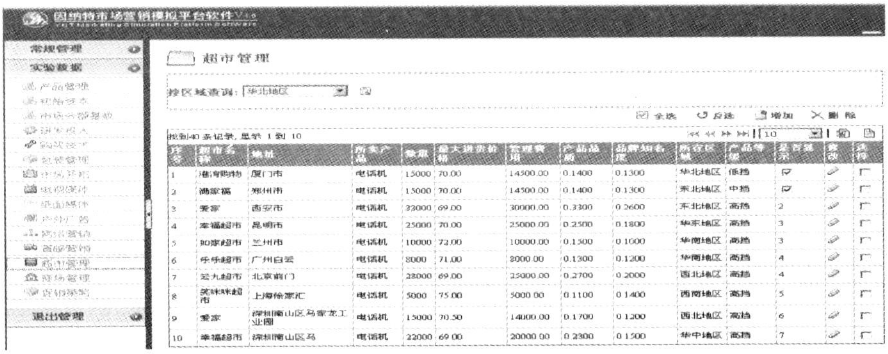

图 7 - 6 超市管理

（1）各区域超市需求细分：根据市场需求走势情况填写，如表 7 - 5 所示。

评估出各消费群体的最优市场，即需求较多、市场增长空间大的区域市场。

（2）制定本季度的渠道策略，如表 7 - 6 所示。

本季度计划人员配置及促销返利政策，如表 7 - 7 所示。

表7-5 区域市场消费者需求预测

消费群体 市场	实用型		商务型		科技型		时尚型	
	预计 初始需求	平均 增长率	预计 初始需求	平均 增长率	预计 初始需求	平均 增长率	预计 初始需求	平均 增长率
华东								
华南								
华北								
华中								
东北								
西北								
西南								

表7-6 制定本季度的渠道策略

区域	品牌一		品牌二		品牌三	
	预期销量	预计市场份额	预期销量	预计市场份额	预期销量	预计市场份额
超市						

表7-7 本季度计划人员配置及促销返利政策

市场	促销人数	品牌一			品牌二			品牌三		
		定价	促销	返利	定价	促销	返利	定价	促销	返利
华东										
华南										

市场	品牌四			品牌五		
	定价	促销	返利	定价	促销	返利
华东						
华南						

本季度超市促销费用合计：

本季度促销人员工资合计：

本季度预计返利：

本季度超市销售费用合计：

（3）配送安排：根据各区域市场销售配送计划，如表7-8所示。

（4）数据分析：渠道部关键营销数据考核，如表7-9所示。

表7-8 各区域市场销售配送计划

配送市场	渠道	品牌一	品牌二	品牌三	品牌四	品牌五
互联网	互联网					
华东	专卖店					
	经销商					
	超市					
华南	专卖店					
	经销商					
	超市					
合计						

表7-9 市场营销数据分析

类别	上期预计值	上期实际值	差距原因分析	本期预计值
销售额				
市场份额				
销售费用率（促销费/销售收入）				
促销费用				

2. 商场管理

零售商店在设置上基本要求与超市相一致，但零售价格往往比超市的售价要高，所以在设置零售商店时单价可以高一些，综合竞争力指数可以低一些，如图7-7所示。

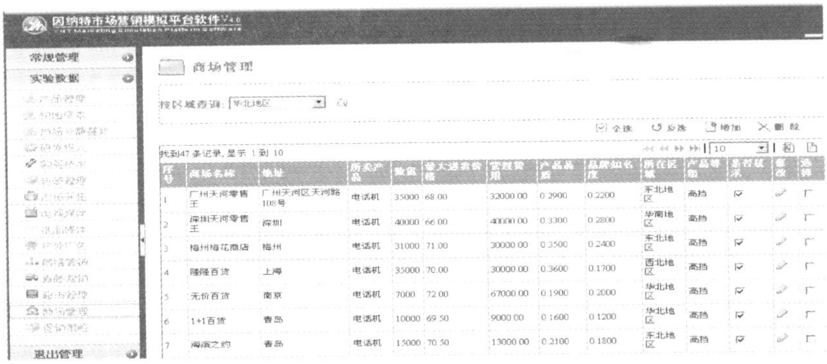

图7-7 商场管理

3. 企业招投标管理与自由交易市场管理

（1）自由交易中心。

1）信息洽谈：发布产品供应信息。这里是重要的交流窗口，学生在这里可以与其他同学进行交流，发布自己的出售信息以及洽谈采购或者合作事宜，如图 7－8 所示。

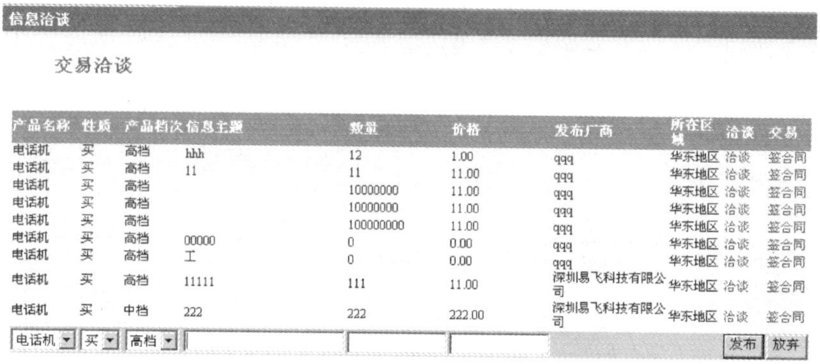

产品名称	性质	产品档次	信息主题	数量	价格	发布厂商	所在区域	洽谈	交易
电话机	买	高档	hhh	12	1.00	qqq	华东地区	洽谈	签合同
电话机	买	高档	11	11	11.00	qqq	华东地区	洽谈	签合同
电话机	买	高档		10000000	11.00	qqq	华东地区	洽谈	签合同
电话机	买	高档		10000000	11.00	qqq	华东地区	洽谈	签合同
电话机	买	高档		100000000	11.00	qqq	华东地区	洽谈	签合同
电话机	买	高档	00000	0	0.00	qqq	华东地区	洽谈	签合同
电话机	买	高档	工	0	0.00	qqq	华东地区	洽谈	签合同
电话机	买	高档	11111	111	11.00	深圳易飞科技有限公司	华东地区	洽谈	签合同
电话机	买	中档	222	222	222.00	深圳易飞科技有限公司	华东地区	洽谈	签合同

图 7－8　交易洽谈

点击右边的“洽谈”按钮弹出洽谈内容填写框，学生可以在此填写相应的商谈内容点击“提交”则将信息发送到洽谈对象端，提交的信息将会在对方的“消息管理器”里显示，同样，也可以在消息管理器里找到其他人给本企业发送的洽谈信息，如图 7－9 所示。

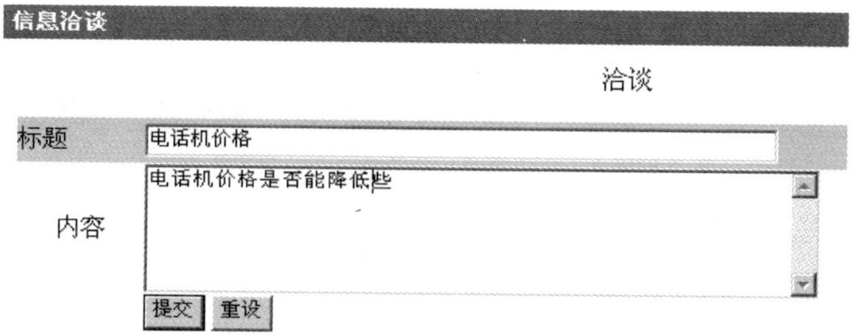

图 7－9　信息洽谈界面

交易洽谈可以进行多次直到订单确定，点击“签合同”弹出系统设置好的合同范本，学生可以编辑修改合同的相关条款，其中“预付款”是为了增加厂商的流动资金而设置的，根据洽谈可以不填"预付款"，"预付款"系统默认为合同总额，当学生不做修改时，合同经双方签订后买方不需要卖方配货就会扣除货款，所以在签合同时须注意。

2）合同列表。显示合同状态列表。学生在这里可以对待定的合同进行查看和编辑，接受或者拒绝该合同。"查看"一项是查看合同的具体内容；"接受"是同意合同条款。点击"编辑"可以更改对方发过来的合同。"拒绝"是不接受该合同的所有条款。"是否同意"显示的是对方对此合同是否认可，如图7-10所示。

合同列表				
采购商品列表				
信息主题	公司名称	学生名称	查看合同	操作
销售商品列表				
信息主题	公司名称	学生名称	查看合同	操作

图7-10 合同状态列表界面

（2）招投标中心。

系统中的招投标系统，与现实中的招投标系统一样，投标人需要达到一定的品牌知名度和信用等级才能参与投标，并缴纳投标保证金、履约保证金等；老师还可在招投标系统中设置分批发货，强化学生的资金利用概念。

老师点击"添加标书"。招标的项目包括信用等级和产品品质。

1）信用等级。即在本系统中学生经营公司的信用等级，学生必须达到相应的要求才能购买标书；

2）产品品质。学生投标时必须达到标书要求的产品品质才能投标；品牌知名度：学生必须达到标书要求的品牌知名度才能参加投标，如图7-11所示。

竞标投标				✕
		标书详细内容		
标题		电话机招标		
发布公司名称	科大公司		地址	深圳
Email	kada@126.com		联系电话	3432432
采购数量	2000		产品品质	1.0000
品牌知名度	2.0000		信用等级	AAA
投标截止日期	2006年第1季度		标书价格	100.00
投标保证金	100.00		违约罚款	1000.00
履约保证金	100.00		交易货种	RMB
违约罚款	1000.00		付款方式	现金
付款日期		2006年第1季度		

图7-11 标书详细内容

📖 案例分析

中国生活服务业互联网渗透率持续提高

O2O 可以说是目前互联网行业中最火的一个领域，也就是从线上到线下人们越来越多地参与生活服务密切相关的活动，已经可以实现从线上到线下的连接。

例如电影行业，现在中国每 100 张电影票当中有 55 张是从网上下单预订的，而电影行业在美国的互联网渗透率只有 20%，也就是说 100 张电影票中只有 20 张是网上订票；再如与人们更加密切相关的餐饮行业，中国餐饮行业的互联网渗透率是 2%，也就是说，有 2% 的餐馆的订单是网上下单，而美国是 1%。

一、产生的影响——行业正在裂变

在 BAT 等巨头推动下，在很多 O2O 领域，中国互联网已经走在前列。各种各样的 O2O 服务层出不穷，无论是在教育、医疗、金融或者平时各种各样的日常生活服务领域，例如外卖、家政等，都在迅速地实现从网上到网下的连接。以餐饮外卖为例，2015 年 O2O 交易额已达 1600 亿元。

互联网冲击着各种传统行业。以前的 360 行，今天正在裂变成无数行业，都在跟互联网产生更加直接的连接。现在各种各样的行业从原来的到店服务变成了上门服务。例如可以上门洗车、上门按摩、上门美甲，甚至可以叫一个大厨到你的家里给你做饭。而原来需要到店做的，也有很多可以在网上先下订单。

现在人们不管是吃饭、唱卡拉 OK 还是去理发，都可以在网上预订，还能得到更好的折扣。甚至有人说：在家就能叫各种外卖，甚至一天都不用出门。

二、问题——物流和数据分析跟不上用户需求

不过，O2O 的火爆同时也产生一个问题：没有一部手机能够装下所有 APP，没有一个人能够记得住所有 APP，用户也很困扰。

在过去的一两年当中，三大巨头的集中效应越来越显现。微信、支付宝和百

度搜索框，成为人们寻找信息的主要入口。而 58 同城、美团等网站也在分一杯羹。

越来越多的公司希望搜索框成为一个"连接人和服务"的入口。在这个搜索框里既有进行文字输入的能力，也可以接收语音、接收图片，总之，尽量去满足用户各种各样的需求。

事实上，有关服务的搜索请求数量还在迅速增长。2015 年相较于 2014 年实现 153% 的增长，也就是说用户在服务方面的需求确实在迅速增长。

易观智库分析认为，外卖平台之间正陷入更深层次的竞争。例如餐饮外卖市场，用户对配送的及时性有严苛的要求，餐饮外卖的物流调度和配送管理都存在较大难度。目前，一些外卖平台正在摸索自建物流。

资料来源：2015 年中国"互联网＋"餐饮研究报告艾媒咨询集团 2015 年 12 月。

案例思考题

1. 请分析餐饮企业网络营销的特点和策略。
2. 请分析餐饮企业如何利用"互联网＋"取得竞争优势。

实践任务

设计一场学生辩论赛，辩论主题为"渠道驱动还是品牌驱动？"即你认为渠道重要还是品牌重要？将学生分成若干小组，自由选择正方或反方，或者抽签决定正方及反方，给一周的准备时间，组织第三方专家评委点评和打分。

实务作品展示

鑫隆鼎防寒制品的渠道推广策略

目前，中国处于互联网时代，"互联网＋"概念的提出，更是明确了传统行业与互联网的结合具备极大的优势，也是传统行业适应时代进行积极转型的有效途径。针对家纺行业和"绒顶"品牌现状的分析，可以看出，由于家纺行业也正逐步地与互联网相结合，这对于"绒顶"的企业发展是一个良好的契机，所以建立起"绒顶"线上线下销售模式是极具必要性的。

"绒顶"线上线下销售模式主要框架是在网络客户端利用京东、天猫平台建立旗舰店，在移动终端利用微博、微信和建立 APP 客户端等方式建立企业的线上平台，此平台具有线上接单、售后服务预约、网络营销推广等功能，最终对"绒顶"品牌进行宣传，对"绒顶"的产品进行销售；线下建立品牌专卖店或是指定经销商模式，利用当今较为完善的物流体系，并完善原有销售渠道，建立系统的线下平台，此平台具有对各地区已售产品提供售后服务的功能，对各地区线下消费者进行产品销售，对网络订单进行寄售等功能，通过线上线下的有效结合形成"绒顶"线上线下销售模式。

一、线上推广策略

开拓互联网渠道，进行线上线下有机结合，建立线上线下销售模式。

当今是网络营销盛行的时代，2015 年国家更是提出了"互联网＋"的新型发展模式，鑫隆鼎防寒制品厂也应把握形势，走在市场前沿，对家纺行业和互联网技术进行有机的结合，同时要了解市场，科学合理地利用网络营销。"绒顶"应抓住时代的潮流，巧妙地利用互联网创建自己的线上线下销售模式，在京东、天猫等购物平台上建立自己的品牌旗舰店，开发品牌 APP 应用软件，在微信、微博等社交媒体进行交易和宣传，推广、成交、重新购买等都是利用网络作为渠道。与此同时，与线下传统渠道进行有机的结合，形成有"绒顶"特色的线上线下销售模式。

（一）京东、天猫旗舰店

首先，京东、天猫作为国内十分知名的电商平台，拥有极大的消费规模、系统的物流体系和完善的电商信息统计系统。其次，京东、天猫两个电子商务平台的信誉很好，品牌造假的现象极少，这也使得消费者对于品牌的信任有一定的促进作用。最后，京东、天猫有其独特的系统和高效的营销促销模式，如京东闪购、天猫聚划算、"双十一"购物节等，都可以在维护甚至是提升良好品牌形象的同时，促进商品的销售额，这对于"绒顶"品牌的销售和品牌知名度的建立都可以起到促进作用。

1. 网店功能

首先，京东、天猫除了对于产品的品牌和产品销售额具备提升的作用之外，同时，还是一个企业与消费者一对一沟通的平台，消费者可以通过店铺内联系商家的功能，与商家进行一对一交流，根据消费者自身的需要，商家为消费者提供更为贴心的服务；其次，消费者对于所购产品进行线上订单的支付，由商家负责进行订单的处理和产品配送，在简化购物流程的同时也节约了成本；最后，消费者可根据商家承诺的售后服务结合自身需求进行线上的服务预约，由商家负责提供相应的服务，解决问题，这是对商家和消费者互惠互利的一种模式。

2. 页面布局设计

京东、天猫店面的浏览模式均采用的是垂直浏览模式，页面中间不插入横向浏览模式，这样既保证了页面的简洁大方，又可以减少用户的视觉疲劳。产品分类标签分为羊绒系列、驼绒系列、婴幼儿系列、枕芯系列和私人订制，消费者可以根据所选产品类型，直接浏览相关系列产品进行选择；另外设立产品站内搜索栏，消费者也可根据自身需要直接搜索店内相关产品。进行垂直下拉操作可依次浏览各系列产品陈列。

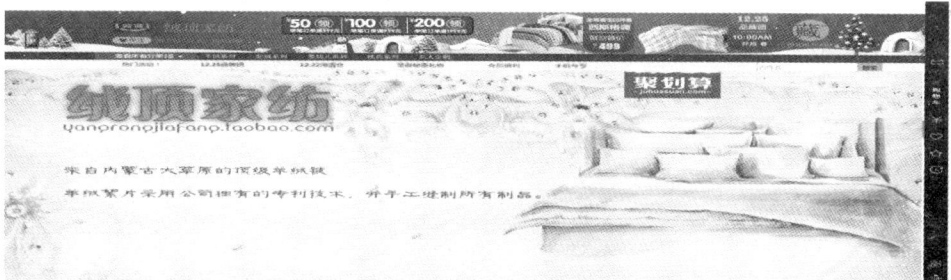

3. 品牌推广和产品促销

京东、天猫店的日常品牌推广和产品促销分别采用京东闪购和天猫聚划算的模式进行，这两种模式的优势体现在三个方面：①投入成本较小，对于商家来讲门槛较低；②京东闪购和天猫聚划算本身对于消费者具有极强的吸引力，拥有极大的消费者关注度，这对于"绒顶"品牌知名度的扩大和销售量的增加都起到了积极作用；③参与京东闪购和天猫聚划算的很多商家，都是具有很大的品牌知名度和消费者信任度的，与这些品牌在同一平台上的同一活动中进行销售，对于"绒顶"品牌形象和消费者对品牌的信任度都具有一定的提升作用。

积极参加如"双十一""双十二""元旦"一类的购物节，此类购物节对于品牌知名度、品牌信任度、品牌形象等方面虽只能起到维系作用，但对于产品的销售量却能起到极大的促进作用，使得产品的市场占有率迅速增加。

活动页面

（二）微信、微博公众号平台

微信、微博是现在移动互联网终端运用最为广泛、信息量最为巨大的两个平台，在这两个平台上分别建立官方微信和官方微博，有助于树立企业品牌形象、提升品牌知名度等，对于品牌产品销售也具有一定的促进作用。其优势在于：传播范围广，运行成本低，操作简易，具有较好的品牌信息传播效果。

京东主页面

京东闪购页面

在线上的广告促销方面，"绒顶"品牌比起其他一线品牌来说相对较弱。鑫隆鼎防寒制品厂可以利用APP软件管理平台、官方微信、官方微博等平台，通过文字传播、病毒视频传播、图片传播等形式，将"绒顶"的品牌形象等各种关于鑫隆鼎防寒制品厂的信息发布到用户的移动互联网终端设备、微博、微信等台上。利用此类平台，使得消费者和厂家达到一定的互动功能，从而让更多的人了解熟悉鑫隆鼎防寒制品厂品牌，让厂家了解更多的市场最新动态和消费者的需求，从而对产品的开发、技术的引进也起到一定的积极作用。

1. 微信公众平台

微信具有强大的功能，可以为用户提供公众平台、朋友圈、消息推送等功能，微信可以将内容分享给好友以及将用户看到的精彩内容分享到微信朋友圈，同时用户也可以通过"摇一摇""搜索号码""附近的人""扫二维码""添加好友"等方式关注公众平台。微信拥有极大的用户使用量，截至2015年第一季度，中国90%以上的智能手机已被微信所覆盖、5.49亿左右的活跃用户、200多个国家已被微信用户所覆盖、超过20种语言服务于不同国家的用户。此外，已经有超过800万个各个品牌的微信公众号，超过85000个的移动应用对接数量，4亿左右的微信支付用户，可以说微信平台是一个具有极强宣传能力的平台。消费者通过对企业公共微信号的关注，接收到企业定期发布的产品信息和体现出企业文化经营理念的文章，进而对企业有了更进一步的了解，微信公众号由此也越来越成为一个培养忠实客户和进行口碑营销的绝佳平台。

微信公共消息推送

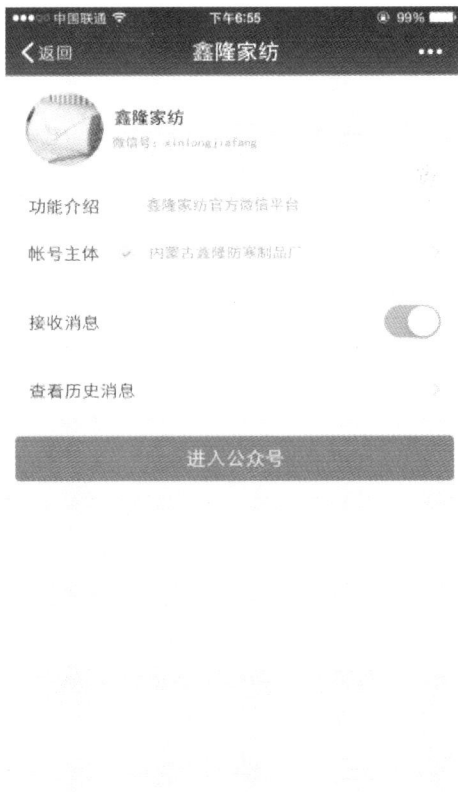

微信公共账号界面

2. 微博平台

微博是一个基于用户关系信息传播、获取以及分享的平台。WEB、WAP 等各种客户端可以使用户组建个人社区，实现即时分享并以 140 字（包括标点符号）为上限的文字更新信息。微博的关注机制分为可单向、可双向两种。在微博上作为微博发布者发布内容供别人浏览。发布的内容一般较短，例如 140 字的限制。也可以发布图片，分享视频等。发布信息快速是微博最大的特点。例如你有 200 万听众（粉丝），你发布的信息会在瞬间传播给 200 万人。微博是一个信息发布迅速、便捷的平台，具备用户量大、信息传播广泛的效果，也是提高企业知名度、提高品牌形象的高效平台。

微信、微博平台的建立，对于"绒顶"品牌的推广、销售都能起到很大的促进作用，同时，也是消费者和企业进行一对一交流的便捷平台，对于企业了解消费者需求、对产品进行革新等方面也能起到很大的辅助作用。其具有运行成本低廉、推广效果好等特点，比较符合鑫隆鼎企业目前的经营现状，也符合"绒顶"品牌的发展现状和主要任务，更符合"互联网＋"时代传统产业和互联网有机结合的要求。

二、线下推广策略

线下渠道，企业应注重经销商的培育和销售网络的建立，因为企业并不直接面对消费者，而企业与消费者的联系是通过分销商来进行的。

目前，我国的家纺市场并未得到完全的开发，我国家纺行业的销售渠道主要有以下七种：百货商场（店中店）、专卖店（自营或加盟专卖店）、家纺大卖场、批发市场、电视购物、超市、团购等。就当前鑫隆鼎防寒制品厂的线下销售渠道来讲，其产品线下销售渠道是其主要的销售渠道，渠道建设相对完善。不过，产品虽覆盖全国，可是品牌知名度和产品销售额还有很大的提升空间。针对鑫隆鼎防寒制品厂的渠道建立情况，本次渠道策略应着重在原有渠道的基础上建立品牌专卖店，加大二线、三线的渠道网点布局，在地方省会城市建立品牌专卖店，从而达到提高品牌知名度和产品销售额的目标。

鑫隆鼎防寒制品厂定位高端市场，该品牌拥有十余年的发展历史，在全国建立了较为完善的网络销售渠道，可是品牌知名度却并不高，可通过利用在全国二、三线省会城市建立品牌专卖店的方式，在提高产品销售额的同时，有效地对品牌进行宣传，提升品牌知名度，加大企业对于市场的直接控制力度，可以提高灵活应对市场变化的能力。

关注 20 粉丝30万

微博认证：内蒙古鑫隆防寒制品厂

主页　　微博　　相册

所在地　　内蒙古 呼和浩特

公司　　内蒙古鑫隆防寒制品厂

更多基本资料 ＞

他的热门内容

鑫隆 Ⓥ
14-10-15 来自 微博 weibo.com

#鑫隆#鑫隆官方微博正式开通！关注鑫隆官方微博可以了解鑫隆的最新动态。鑫隆，用"芯"工艺，用心温暖。

已关注　　　　客服　　　　他的热门

（一）线下渠道设计

1. 建立二、三线城市品牌专卖店

公司品牌、形象、文化的窗口是品牌专卖店，建立品牌专卖店有助于公司品牌的进一步提升，同时公司文化及活动方针能得到有效的执行和贯彻，也能使集团的执行力得到有效的提高，从而使得现代企业所普遍面临的管理"瓶颈"问题得以突破。公司产品的终端销售能力通过专卖公司，可以大大增强品牌的知名度，从而为顾客购买公司系列产品（专卖＋优质产品＋星级服务）创造更多的机会，提升公司产品的销量，可通过销售、服务一体化培养稳定的、忠诚的公司顾客消费群体；同时易于搜集市场和渠道信息，并及时向终端经销商和消费者提供公司的产品信息；当消费者到专卖店选购产品时，公司有百分之百的销售机会（店内无其他品牌），大大增加了公司产品的成交率；"绒顶"品牌可以满足二、三线城市的人口、消费水平等方面区域市场的需求，同时也可以更好地配合线上平台进行品牌的推广、产品的销售和售后服务的执行等。

2. 在知名商场设立专柜

如在万达、维多利、恒大、富力等知名商业地产项目中设立店铺，这些专柜具有自主性强的优势，便于贯彻营销政策，加快资金回收的速度；并且可完整展现品牌的产品线，在装潢、陈列等方面的限制少，使得品牌形象更容易体现，有助于品牌形象的提升和区域性品牌知名度的打造、美誉度的提升、增加产品的销售额，同时可对消费者提供相应产品及服务。在专柜经营过程中通过与目标消费者直接地接触、沟通，在运营得当的前提下，可保持长期较高的收益。

3. 利用现代物流体系

现代物流是电子商务实现交易的最佳载体和重要环节，同时也是电子商务的优势，其作为电子商务的基础有助于电子商务降低成本，能使电子商务企业集中精力发展主业，有效地提高电子商务的运作效率。中国近几年电商行业的迅速发展，带动了物流产业的发展，形成了较为完善的现代物流体系，现存的物流体系已足够支撑电商产业的基本操作，且成本低廉、运作高效，这对于初入电商市场的"绒顶"品牌来讲，是一个具有高效完善和系统运作极佳的选择，能使其迅速进入电商角色，进行规范的电商运作。

（二）线下促销

促销（Promotion）：企业以短期的行为（如让利、买一送一、营销现场气氛等）促成消费的增长，注重消费行为的改变对消费者的影响，对吸引其他品牌的消费者或者导致提前消费来促进销售的增长。

1. 体验式促销

鑫隆鼎防寒制品厂在促销过程中可以增加体验式促销。在前来购物的消费者中，让消费者真实地体验鑫隆鼎防寒制品厂带来全方位体验，并根据其自身属性为其推荐专门的品牌系列。例如，有专门的体验产品，请顾客躺在床上，将羊绒毯盖在身上，体验产品效果，感受产品的品质。

2. 广告促销

如在机场、高档酒店等场所设立户外广告牌，可以在促使品牌销售量和知名度提升的同时，也使高端市场定位的品牌形象更加清晰。同时可在杂志、报纸等传播范围相对较广且成本低廉的媒体上进行广告宣传，也可利用电视等媒体进行广告宣传。

3. 营业推广

"绒顶"可以通过买大件产品送小件产品作为礼物或设置有奖销售等方式促进销售（例如购买专卖店内最贵系列的产品都可以另外赠送鑫隆鼎防寒制品厂品牌的桌垫或坐垫、毛巾、桌布等商品让消费者自行选择）；或在购买一定的价格（例如一次性满 600 元以上）后可以参加抽奖，奖品档次有高有低，但都会有奖项，最低的也是绝大多数的是纪念奖，这样可以激发消费者的消费兴趣。

与高端床品品牌进行品牌联合推广，例如和高档床品品牌慕斯进行合作，在慕斯专卖店的床品上铺好鑫隆鼎防寒制品厂产品，对于购买慕斯高档床品的消费者提供购买鑫隆鼎防寒制品厂产品的优惠特权，同时在"绒顶"专卖店摆放慕斯的床品，同样对鑫隆鼎防寒制品厂的消费者提供购买慕思床品的优惠特权，如此这样进行品牌的联合营销，不但可以节省专卖店的促销成本，也可以增加消费者的关注数量，从而提升产品的销售量。

三、线上线下的有机整合

"绒顶"线上线下销售模式充分挖掘线下资源，同时充分利用互联网跨地域、无边界、海量信息、海量用户的优势，进而使得线上用户与线下商品和服务的交易得以完成；并且企业可以对自身的营销效果进行直观的统计和追踪评估，规避了传统营销模式推广效果的不可预测性，线上线下销售模式将线上订单和线下消费结合，通过所有的消费行为均可以准确统计，各项数据的统计分析可以为消费者提供更多优质的产品和服务；同时可以降低企业运营成本，使得产品价格便宜，购买方便，且折扣信息等能及时获知。而且，"绒顶"线上线下销售模式将拓宽企业的电子商务发展方向，可实现向多元化企业发展的转型。

鑫隆鼎防寒制品厂的售后服务能提供行业内少有的优质服务保证，可是多年来，这一品牌特色，并没有得到很好的发挥。现在可以利用线上平台与线下平台有机结合，充分发挥这一品牌特色，通过手机 APP 软件售后服务，可在其中进行操作，区域经销商和专卖店则负责线下的具体售后服务的实施（例如五年免费清洗一次的服务，消费者可在 APP 软件上进行线上预约，企业接到消费者的服务预约后，由各地经销商或专卖店派人进行上门服务，将产品取走进行清洗，清洗完毕后，免费将其送回消费者手中；也可由消费者直接送到专卖店，接受相应的售后服务)。在消费者购买"绒顶"的产品后，对于每一个已经消费的顾客，"绒顶"可以利用电话回访、APP、社交媒体等平台，通过与消费者互动的方式，了解消费者使用鑫隆鼎防寒制品厂产品的感受和购买的心得。"绒顶"通过这种方式得到消费者的反馈后，可以对产品进行相应的调整。利用此类平台在各种节假日发送祝福信息，让消费者认为得到了永久、贴心的服务，通过这种方式可以培养出一批忠实的品牌消费者，从而使得他们继续购买鑫隆鼎防寒制品厂产品，并且成为鑫隆鼎防寒制品厂的忠实客户，同时，市场销售最真实的情况也会被"绒顶"所了解，一举两得。

通过互联网的品牌推广，提升"绒顶"的品牌知名度，更充地了解市场需求，从而推进产品销售和产品革新，以网上接受订单、预约服务等形式，对线下系统进行指挥和分配任务，实现线上接单、线下服务，将线下商务机会与互联网结合，让互联网成为线下交易的平台。通过区域专卖店和大型商场店铺的形式开始本地化及移动设备的整合和完善，最终形成"绒顶"家纺的线上线下销售模式。

资料来源：2012级市场营销三班课程训练项目成果节选。

第八章
促销策略的制定

📖 知识概要

一、促销的含义

促销（Promotion）是促进销售的简称。促销是企业通过人员和非人员的方式，沟通企业与消费者之间的信息，引发、刺激消费者的消费欲望和兴趣，使其产生购买行为的活动。

促销概念具有以下三层含义：

其一，促销工作的核心是沟通信息。企业与消费者之间达成交易的基本条件是信息沟通。若企业未将自己生产或经营的产品和劳务等有关信息传递给消费者，那么，消费者对此则一无所知，自然谈不上购买。只有将企业提供的产品或劳务等信息传递给消费者，才能引起消费者的注意，并有可能产生购买欲望。

其二，促销的目的是引发、刺激消费者产生购买行为。消费者的购买欲望与外界的刺激、诱导密不可分。促销正是针对这一特点，通过各种传播方式把产品或劳务等有关信息传递给消费者，以激发其购买欲望，使其产生购买行为。

其三，促销的方式有人员促销和非人员促销两类。人员促销，亦称直接促销或人员推销，是企业运用推销人员向消费者推销商品或劳务的一种促销活动，它主要适合于消费者数量少且比较集中的情况下进行促销。非人员促销，又称间接促销或非人员推销，是企业通过一定的媒体传递产品或劳务等有关信息，以促使消费者产生购买欲望、发生购买行为的一系列促销活动，包括广告、公关和营业推广等。它适合消费者数量多且比较分散的情况下进行促销。通常，企业在促销活动中将人员促销和非人员促销结合运用。

二、促销组合及促销策略

1. 促销组合

促销组合是把人员促销和非人员促销两大类中的人员推销、广告、公共关系和营业推广四种具体形式有机地结合起来，综合运用，形成一个整体的促销策略。由于各种促销方式都有其优点和缺点，在促销过程中，企业常常将多种促销方式同时使用。促销组合的基本原则是促销效率最高而促销费用最低。

促销组合和促销策略的制定，其影响因素较多，主要应考虑以下五个因素：

（1）促销目标。是企业从事促销活动所要达到的目的。在企业营销的不同阶段和适应市场营销活动的不断变化，要求有不同的促销目标。无目标的促销活动收不到理想的效果。因此，促销组合和促销策略的制定，要符合企业的促销目标，根据不同的促销目标，采用不同的促销组合和促销策略。

（2）产品性质。不同性质的产品，购买者和购买目的就不相同，因此，对不同性质的产品必须采用不同的促销组合和促销策略。一般来说，在消费者市场，因市场范围广而更多地采用拉式策略，尤其以广告和营业推广形式促销为多；在生产者市场，因购买者购买批量较大，市场相对集中，则以人员推销为主要形式。

（3）产品市场生命周期。促销目标在产品市场生命周期的不同阶段是不同的，这决定了在市场生命周期各阶段要相应选配不同的促销组合，采用不同的促销策略。以消费品为例：①在投入期，促销目标主要是宣传介绍商品，以使顾客了解、认识商品，产生购买欲望。广告起到了向消费者、中间商宣传介绍商品的功效，因此，这一阶段以广告为主要促销形式，以营业推广和人员推销为辅助促销形式。在成长期，由于产品打开销路，销量上升，同时也出现了竞争者，这时仍须加强广告宣传，但要注重宣传企业产品特色，以增进顾客对本企业产品的购买兴趣，辅以公关手段，会收到相得益彰的效果。②在成熟期，竞争者增多，促销活动以增进购买兴趣与偏爱为目标，广告的作用在于强调本产品其他同类产品的细微差别。同时，要配合运用适当的营业推广方式。③在衰退期，由于更新换代产品和新发明产品的出现，使原有产品的销量大幅度下降。为减少损失，促销费用不宜过大，促销活动宜针对老顾客，采用提示性广告，并辅之以适当的营业推广和公关手段。

（4）市场特点。目标市场条件不同，促销组合与促销策略也有所不同。从市场地理范围大小来看，若目标市场是小规模的本地市场，交易额大，买主比较集中，应以人员推销为主，配合以广告策略进行组合；而对广泛的全国甚至世界市场进行促销，买主不集中，则多采用广告形式。从市场类型来看，消费者市场因消费者多而分散，多数靠广告等非人员推销形式；而对用户较少、批量购买、成交额较大的生产者市场，则主要采用人员推销形式。

（5）促销预算。企业能够用于促销活动的费用总是有限的。因此，在满足促销目标的前提下，要做到效果好且费用低。

2. 促销策略

促销策略包括推式策略和拉式策略（如图 8-1 所示）。

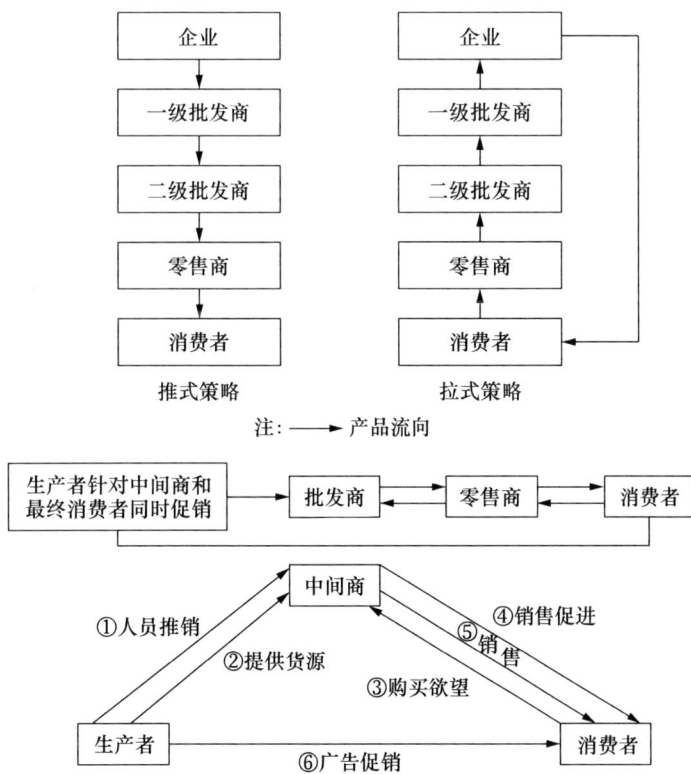

图 8-1　推拉结合策略

3. 制定促销组合策略应考虑的因素

制定促销组合策略应考虑的因素有促销目标、产品因素、市场条件和促销预算。

三、广告策略

1. 广告的概念与种类

广告作为一种信息传播手段有广义和狭义之分。广义的广告包括经济广告与非经济广告。经济广告又称商业广告，所登载的是有关促销产品或劳务的经济信息，这类广告主要是宣传企业、产品、劳务、观念等；非经济广告包括除经济广告以外的各种广告，如布告、启事、声明等。狭义的广告则专指经济广告，这类广告所占的比重较大。市场营销学中探讨的广告，是一种经济广告。即市场营销学中的广告是广告主以促进销售为目的，付出一定的费用，通过特定的媒体传播企业、产品或劳务等有关经济信息的大众传播活动。从广告的概念可以看出，广告是以广大消费者为对象的大众传播活动；广告以传播企业、产品或劳务等有关经济信息为其内容；通过特定的媒体来实现，并且广告主要对使用的媒体支付一定的费用；广告的目的是促进产品销售，进而获得较好的经济效益。

（1）根据广告的内容和目的划分：分为产品广告、企业广告、公益广告。

1）产品广告。是针对商品销售开展的大众传播活动。产品广告按其目的不同可分为三种类型：①开拓性广告，又称报道性广告。是以激发顾客对产品的初始需求为目标，主要介绍刚刚进入投入期的产品的用途、性能、质量、价格等有关情况，以促使新产品进入目标市场。②劝告性广告，又叫竞争性广告。是以激发顾客对产品产生兴趣，增进"选择性需求"为目标，对进入成长期和成熟前期的产品所做的各种传播活动。③提醒性广告，也叫备忘性广告或提示性广告。是指对已进入成熟后期或衰退期的产品所进行的广告宣传，目的在于提醒顾客，使其产生"惯性"需求。

2）企业广告。又称商誉广告。这类广告着重宣传社会、介绍企业名称、企业精神、企业概况（包括厂史、生产能力、服务项目）等有关企业信息，其目的是提高企业的声望、名誉和形象。

3）公益广告。公益广告是用来宣传公益事业或公共道德的广告。它的出现是广告观念的一次革命。公益广告能够实现企业自身目标与社会目标的融合，有利于树立并强化企业形象。公益广告有广阔的发展前景。

（2）根据广告传播的区域来划分，分为全国性广告、地区性广告。

1）全国性广告。是指针对全国市场、采用信息传播能覆盖全国的媒体所做的广告，以此激发全国消费者对所做广告的产品产生需求。

2）地区性广告。是指针对某一地方市场，采用信息传播只能覆盖这一区域的媒体所做的广告，借以刺激某些特定地区消费者对产品的需求。

（3）按广告的媒体来划分：分为印刷品广告、电子媒体广告、户外媒体广告、邮寄广告、POP广告、其他广告。

1）印刷品广告。包括报纸广告、杂志广告、画册广告、电话本广告、火车时刻表广告等。

2）电子媒体广告。包括电视广告、电台广播广告、电影广告、互联网络广告、电子显示屏幕广告以及幻灯机、扩音机、影碟录像广告等。

3）户外媒体广告。主要有路牌广告、交通广告、招贴广告、灯光广告、旗帜广告、气球广告等。

4）邮寄广告。即采用邮寄的方式向消费者传达产品信息，进行产品销售，宣传企业。主要有宣传画册、产品目录和说明书、明信片、挂历等邮寄小礼品广告。

5）POP广告。即售点广告。例如，柜台广告、货架陈列广告、模特广告以及在购物场所内的传单、彩旗、招贴画等。POP广告是专设在售货点现场的广告，目的是弥补一般媒体广告的不足，以强化零售终端对消费者的影响力。

6）其他广告。例如，馈赠广告、赞助广告、体育广告、购物袋和手提包广告、雨伞广告等。

2. 广告媒体及其选择

广告媒体，也称广告媒介，是广告主与广告接受者之间的连接物。是广告宣传必不可少的物质条件。广告媒体并非一成不变，而是随着科学技术的发展而发展。科技的进步，必然使得广告媒体的种类越来越多。

（1）广告媒体的种类。广告媒体的种类很多，不同类型的媒体有不同的特性。目前比较常用的广告媒体有以下四种：

1）报纸。报纸广告媒体，其优越性表现在：①影响广泛。报纸是传播新闻的重要工具，与人民群众有密切联系，发行量大；②传播迅速，可及时地传递有关经济信息；③简便灵活，制作方便，费用较低；④便于剪贴存查。篇幅多，信息容量大，能够充分说明产品；⑤信赖性强。借助报纸的威信，能提高广告的可信度。报纸媒体的不足是：①因报纸登载内容庞杂，易分散对广告的注意力；②印刷不精美，吸引力低；③广告时效短，只能维持当期的效果。

2）杂志。杂志以登载各种专门知识为主，是各类专门产品的良好的广告媒体。作为广告媒体，其优点表现在：①广告宣传对象明确，针对性强，有的放矢；②杂志有较长的保存期，读者可以反复查看；③因杂志发行面广，可以扩大广告的宣传区域；④由于杂志读者一般有较高的文化水平和生活水平，比较容易接受新事物，故利于刊登开拓性广告；⑤印刷精美，能较好地反映产品的外观形象，易引起读者注意。其缺点表现在：①发行周期长，灵活性较差，传播不及时；②读者较少，传播不广泛。

3）广播。广播媒体的优越性有：①传播迅速、及时；②制作简单，费用较低；③具有较高的灵活性；④听众广泛，不论男女老幼、是否识字，均能受其影响。使用广播做广告的局限性在于：①时间短促，转瞬即逝，不便记忆；②有声无形，印象不深；③不便存查。

4）电视。电视作为广告媒体虽然在 20 世纪 40 年代才出现，但因其有图文并茂之优势，发展很快，并力胜群芳，成为最重要的广告媒体。具体来说，电视广告媒体的优点有：①因电视有形、有色，听视结合，使广告形象、生动、逼真、感染力强；②由于电视已成为人们文化生活的重要组成部分，收视率较高，使电视广告的宣传范围广、影响面大；③宣传手法灵活多样，艺术性强，传播迅速。电视做广告媒体的缺点是：①时间性强，有一定的程序，不易存查；②制作复杂，费用较高；③因播放节目繁多，影响广告效果。

以上四种广告媒体是最常用的，被称为四大广告媒体。此外还有一些广告媒体，称其他广告媒体，如互联网、路牌、壁图、橱窗、车船、霓虹灯等。特别是互联网，比之所有传统媒体，具有速度快、容量大、范围广、可检索、可复制，以及交互性、导航性、丰富性等特点，发展极为迅速。而将互联网称为"第五媒体"。

（2）广告媒体的选择。不同的广告媒体有不同的特性，这决定了企业从事广告活动必须对广告媒体进行正确的选择，否则将影响广告效果。正确地选择广告媒体，一般要考虑以下四种影响因素：

1）根据产品的性质选择媒体。不同性质的产品，有不同的使用价值、使用范围和宣传要求。选择的媒体只有适应产品的性质，才能取得较好的效果。生产资料和生活资料、高技术产品和一般生活用品、价值较低的产品和高档产品、一次性使用的产品和耐用品等都应采用不同的广告媒体。通常对高技术产品进行广告宣传，面向专业人员，多选用专业性杂志；而对一般生活用品，则适合选用能直接传播到大众的广告媒体，如广播、电视等。

2）根据消费者接触媒体的习惯选择媒体。选择广告媒体，还要考虑目标市场上消费者接触广告媒体的习惯。一般认为，能使广告信息传到目标市场的媒体是最有效的媒体。例如，对儿童用品的广告宣传，宜选用电视作其媒体；对妇女用品进行广告宣传，宜选用女性喜欢阅读的杂志和电视，其效果较好，也可以在商店布置橱窗或展销。

3）根据媒体的传播范围选择媒体。媒体传播范围的大小直接影响广告信息传播区域的广窄。适合全国各地使用的产品，应以全国性发放的报纸、杂志、广播、电视等作为广告媒体；属地方性销售的产品，可通过地方性报纸、电台、电视台、霓虹灯等传播信息。

4）根据媒体的费用选择媒体。各广告媒体的收费标准不同，即使同一种媒体，也因传播范围和影响力的大小而有价格差别。考虑媒体费用应该注意其相对费用，即考虑广告促销效果。

总之，要根据广告目标的要求，结合各广告媒体的优缺点，综合考虑上述各影响因素，在保证广告效果的前提下，尽可能选择费用低的广告媒体，如图8-2所示。

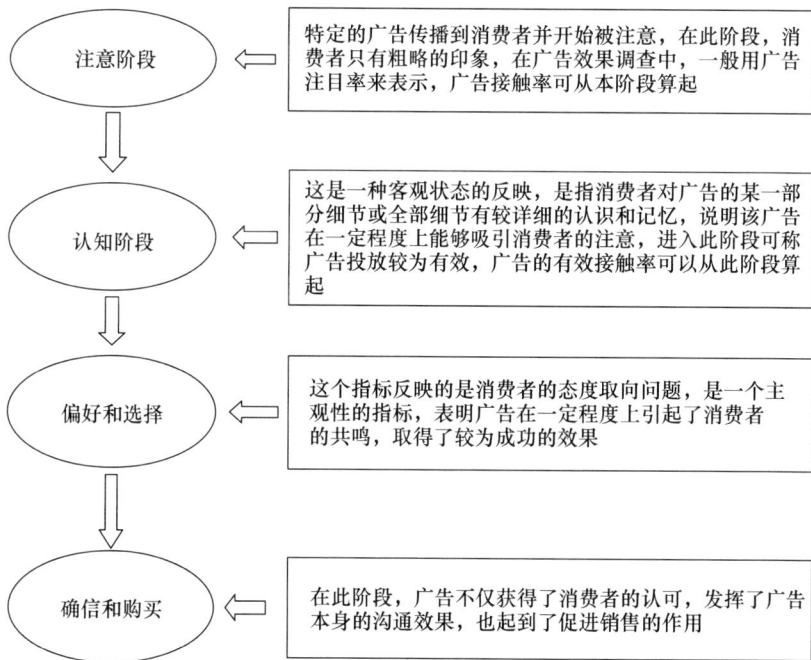

图8-2　消费决策各阶段广告的作用

3. 广告的设计原则

广告效果，不仅取决于广告媒体的选择，还取决于广告设计的质量。高质量的广告设计必须遵循以下四项原则：

（1）真实性。广告的生命在于真实。虚伪、欺骗性的广告，必然会丧失企业的信誉。广告的真实性体现在两方面：一方面，广告的内容要真实，包括广告的语言文字要真实，不宜使用含糊、模棱两可的内容；画面也要真实，并且两者要统一起来；艺术手法修饰要得当，以免使广告内容与实际情况不相符合。另一方面，广告主与广告商品也必须是真实的。企业必须依据真实性原则设计广告，这也是一种商业道德和社会责任。

（2）社会性。广告是一种信息传递。在传播经济信息的同时，也传播了一定的思想意识，必然会潜移默化地影响社会文化、社会风气。从一定意义上来说，广告不仅是一种促销形式，而且是一种具有鲜明思想性的社会意识形态。广告的社会性体现在：广告必须符合社会文化、思想道德的客观要求。具体来说，广告要遵循党和国家的有关方针、政策，不违背国家的法律、法令和制度，有利于社会主义精神文明，有利于培养人民的高尚情操，严禁出现带有中国国旗、国徽、国歌标志、国歌音响的广告内容和形式，杜绝损害我国民族尊严的，甚至有反动、淫秽、迷信、荒诞内容的广告等。

（3）针对性。广告的内容和形式要富有针对性，即对不同的商品、不同的目标市场要有不同的内容，采取不同的表现手法。由于各个消费者群体都有自己的喜好、厌恶和风俗习惯，为适应不同消费群的不同特点和要求，广告要根据不同的广告对象来决定广告的内容，采用与之相适应的形式。

（4）艺术性。广告是一门科学，也是一门艺术。广告把真实性、思想性、针对性寓于艺术性之中。利用科学技术，吸收文学、戏剧、音乐、美术等各学科的艺术特点，把真实的、富有思想性的、针对性的广告内容通过完善的艺术形式表现出来。只有这样，才能使广告像优美的诗歌、像美丽的图画，成为精美的艺术作品，给人以艺术享受，使人受到感染，增强广告的效果。这就要求广告设计要构思新颖，语言生动、有趣、诙谐，图案美观大方，色彩鲜艳和谐，广告形式要不断创新。

4. 广告效果的测定

广告的传播必然会给销售带来影响，产生一定的经济效果。由于广告的传播对广告的经济效果有两种不同的看法，广告效果测定的方法相应也有两种：

（1）直接经济效果。直接经济效果是以广告对产品促销情况的好坏来直接判定广告效果，是以广告费的支出和销售额的增加这两个指标为主要测量单位。广告主支出广告费，必然希望能够通过增加产品销售来获得经济效益，因此，直接经济效果比较容易测定，也是广告主最为关心的。但是，直接影响产品销售的因素，除了广告之外还有很多，诸如企业的营销策略与方法、产品生命周期和市场竞争情况等，都会直接影响产品的销售量。有时在广告发布后，产品量下降了，但这并不一定是广告没有发挥作用，也许是其他因素影响的结果。显然，单纯以直接经济效果的多少来衡量广告效果的大小，是不够全面也不够准确的。

（2）间接经济效果。间接经济效果不是以销售情况好坏作为评定广告效果的依据，而是以广告的收视收听率，产品的知名度、理解度、记忆度等广告本身的效果为依据。当然，广告本身的效果最终也要反映在产品销售上，但不以销售额多少作为指标，而是以广告所能产生的心理性因素为依据，即广告做出后，测定广告接受者人数的多少、影响的程度，以及人们从认知到行动的整个心理变化过程。其具体包括以下四个内容：①对广告注意度的测定，即各种广告媒体吸引人的程度和范围，主要测定视听率；②对广告理解度的测定，即指消费者对于广告的内容、形式等理解程度的测定，从中可以检查广告设计与制作的效果如何；③对广告记忆度的测定，即指消费者对于广告的主要内容，如厂家、品牌、名称等记忆程度的测定，从中可见广告的主题是否鲜明、突出、与众不同；④动机形成的测定，即测定广告对消费者从认知到行动究竟起多大作用，如图 8 - 3、表8 - 1 所示。

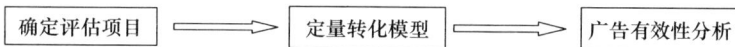

图 8 - 3 广告效果评估过程

表 8 - 1 广告效果反馈

广告项目名称				广告预算		
预计效果				实际投入金额		
广告效果测试	广告输出前	订单数量				
			柜台	电话	网站	
		客户访问量				
		销售数量				
	广告输出后	订单数量				
			柜台	电话	网站	
		客户访问量				
		销售数量				
	广告输出评估	订单数量				
		客户访问量				
		销售数量				
综合效果评估						
销售总监确认						

[链接] 媒体执行计划及广告预算（见表8-2）

表8-2 媒体执行计划及广告预算

年度媒介执行计划

		第一季度			第二季度			第三季度			第四季度		
		1月	2月	3月	4月	5月	6月	7月	8月	9月	10月	11月	12月
电视	××												
	××												
广播	××												
	××												
报纸	××												
	××												
杂志	××												
	××												
其他													

　　根据上述媒介执行计划和各媒介的单位价格，计算出媒介费用。广告预算中，媒介费用占全部广告预算的绝大部分。

　　年度广告预算计划见下表。

年度广告预算计划

编号：

媒介类型	第一季度			第二季度			第三季度			第四季度			占预算比率（%）
	1月	2月	3月	4月	5月	6月	7月	8月	9月	10月	11月	12月	
媒介费用													
电视													
广播													
报纸													
杂志													
其他													
制作费用													
电视													
报纸													
杂志													
直邮													
合计													100

［链接］广告策划方案

广告策划方案，如表 8－3 所示。

表 8－3　广告策划方案

方案名称	某品牌学习机广告策划方案	执行部门	
		监督部门	

一、广告目标

本公司生产经营的××品牌学习机，目前在全国市场上的市场份额能占到25%左右，在行业内处于领先位置，与另外两家企业形成鼎立之势。为了进一步扩大本公司市场份额，增加销售额，维护及改善企业形象和品牌形象中的不足，特制定本方案，预计在一年内将市场份额提高到35%左右，年销售额可达_____元。

二、市场分析

1. 市场概况

（1）目前，学习机在国内拥有很大的市场空间，预计未来两年内，将达到_____亿元/年的销售额。

（2）市场的消费群体主要是学生，其中以中学生为主，有部分大学生和小学生，根据对学习机市场的调查结果显示，可以确定学习机的购买决策者主要针对学生家长，学校老师的意见也影响着学生对学习工具的选择和购买。

（3）本企业目前在市场上和另外两家竞争对手成鼎立之势，与他们相比，本企业的产品品质更好，功能比较齐全，操作性强，也更符合消费群体的需求，且价格适中，但过去在广告方面的投入一直都不够大，因此，计划加大广告投入力度，并在销售终端配合促销策略，将市场份额提高到35%左右，争取在行业内处于"领头羊"的位置。

2. 与竞争对手的广告分析

本企业和另外两家竞争对手相比较，在以往广告活动中的特点见下表。

企业与竞争对手广告特点对比

	A 企业	B 企业	本企业	是否合理/改进措施
费用投入	×××	×××	×××	×××
目标市场策略	×××	×××	×××	×××
产品定位策略	×××	×××	×××	×××
广告诉求策略	×××	×××	×××	×××
广告表现策略	×××	×××	×××	×××
广告媒介策略	×××	×××	×××	×××
广告效果评估	×××	×××	×××	×××
备注	×××	×××	×××	×××

三、广告计划

1. 广告时间

本次广告活动和广告实施阶段分为印象导入期、形象加深期及形象巩固期三个阶段，具体时间安排见下表。

广告时间安排

时期	时间表
印象导入期	____年____月____日至____年____月____日
形象加深期	____年____月____日至____年____月____日
形象巩固期	____年____月____日至____年____月____日

2. 广告表现

（1）广告主题。从学生家长的角度出发，将广告主题定为"帮助您的孩子，实现您曾经不能实现的梦想"。

（2）广告创意。

1）形象代言人。公司聘请×××作为本公司学习机的代言人，着力将代言人的形象与产品形象进行整合包装，达到形象统一。

2）广告宣传片（共三部）。①主要强调学习机对学生学习的帮助作用，是学生的良师益友；②主要突出学习机课程辅导的作用，减轻学生负担为主；③主要强调学习机对帮助学生取得成绩突破的作用，请相关专家及考试优胜者进行现场点评，用事实证明学习机的作用。

3）报纸图片。突出品牌学习机的主要功能。

4）户外广告。设计巨幅学习机图片，突出学习机品牌。

3. 广告媒体

本次广告选择媒体的电视、报纸及户外广告。在三个不同的广告实施阶段分别运用不同的媒体组合。

（1）印象导入期媒介计划。

1）印象导入期时间选择。由于该段时间学生为暑假休息时间，同时也是为下学期做准备的时间，家长尤其关心孩子下学期的学业，因而选择在这段时间开始投入广告可以起到事半功倍的效果。

2）印象导入期媒体选择。主要采用电视广告与报纸广告配合的方式，电视播放广告为 A 类广告宣传片，每天进行高密度、大范围的广告宣传。

3）配合活动。可以组织一些学习机的现场咨询活动，引导广大家长帮助孩子选择学习机。

（2）形象加深期广告媒介计划。

1）形象加深期选择。该段时间一般是学校每一学期的前半段时间，学生的主要任务是进行知识储备，因此家长对孩子学习工具的选择并不着急。

2）形象加深期媒体选择。仍然采用电视广告、报纸广告配合的方式，但投放比例要向报纸进行倾斜，电视播放广告的 B 类广告宣传片，每天的播放频率可以适当减少。

3）配合活动。可以配合学校开展一些校内活动，加深学生对品牌学习机的印象。

（3）形象巩固期广告媒介计划。

1）形象巩固期时间选择。该段时间一般是每学期的后半段时间，学生的主要任务是为考试做准备，因此家长对学生的成绩极为关注，对学生学习工具的选择也极为重视。

2）形象巩固期媒体选择。采用多种媒体组合方式进行的策略，将电视广告、报纸、广告及户外广告全部推出，电视播放广告为 C 类广告宣传片，每天播放频率达到最大。

3）配合活动。组织一些学习宣讲及有关学习时间控制的咨询活动，强调学习机在学生学习过程中的帮助作用。

4. 广告投放计划及预算

（1）电视广告。从电视台的收视率出发，对潜在目标消费人群的分布、习惯及广告效果等因素进行考虑，建议从××省电视台、××市电视台、××频道三家电视台来进行投放。

1）××省电视台：①播放报价：××省电视台套餐＿＿＿次/天联播，＿＿＿秒＿＿＿次/月，报价＿＿＿万元/月，优惠＿＿＿%，合计＿＿＿万元/月；②播出时间。（略）

2）××市电视台：①播放报价：××市电视台套餐＿＿＿次/天联播，＿＿＿秒＿＿＿次/月，报价＿＿＿万元/月，优惠＿＿＿%，合计＿＿＿万元/月；②播出时间。（略）

3）××频道：①播放报价：××频道电视台套餐＿＿＿次/天联播，＿＿＿秒＿＿＿次/月，报价＿＿＿万元/月，优惠＿＿＿%，合计＿＿＿万元/月；②播出时间。（略）

（2）报纸广告：考虑到××地区的实际情况，建议将广告投放在《××都市报》《××晚报》：

1）××都市报：半版，报价＿＿＿万元，优惠＿＿＿%，即＿＿＿万元，投放次数视每周促销活动量与周期而定，暂定为　期，合计＿＿＿万元。

2）××晚报：正版，报价＿＿＿万元，优惠＿＿＿%，即＿＿＿万元，投放次数视每周促销活动量与周期而定，暂定为　期，合计＿＿＿万元。

（3）户外广告：

1）市区灯杆悬挂条幅（＿＿＿米×＿＿＿米：报价＿＿＿元/周/条，优惠＿＿＿%，建议悬挂50条，＿＿＿周时间，共计＿＿＿万元。

2）巨型模型悬挂费用另计。

（4）广告预算：

广告预算如下表所示。

××学习机各项预算汇总

广告阶段	预算项目	预算内容	预算金额	责任人
导入阶段	电视广告	电视宣传片制作、播放等	×××	广告主管
	报纸广告	报纸广告设计、投放等	×××	广告主管
加深阶段	电视广告	电视宣传片制作、播放等	×××	广告主管
	报纸广告	报纸广告设计、投放等	×××	广告主管
巩固阶段	电视广告	电视宣传片制作、播放等	×××	广告主管
	报纸广告	报纸广告设计、投放等	×××	广告主管
	户外广告	制作、发布、安装等	×××	广告主管
其他	代言人	代言相关费用	×××	市场经理
	其他项目		×××	广告主管
合计				

四、广告活动效果预测及监控

1. 广告活动的效果预测

对广告主题、广告创意、广告作品等进行测试，再根据测试结果和企业现状预测将达到的广告效果。

2. 广告效果的监控

（1）广告媒介的发布监控：由广告主管指派广告专员负责对媒介广告的发布进行监控，确保每期广告都按质量进行了发布。

（2）广告效果的测定：广告主管负责对发布的广告进行科学的效果测定，确保达到计划预期。

编制人员		审核人员		批准人员	
编制日期		审核日期		批准日期	

📖 模拟演练

企业产品广告设计与实施。

一、品牌知名度

品牌知名度是由广告投放金额来决定的，学生经营的品牌知名度会因其广告的投入差异而不同，如图 8-4 所示。

品牌知名度	
区域	**品牌知名度**
华北地区	0.1000
东北地区	36.9649
华东地区	0.1000
华南地区	0.1000
西北地区	0.1000
西南地区	0.1000
华中地区	0.1000

图 8-4 各区域品牌知名度

二、宣传媒体

1. 电视媒体投放

学生可以在这里选择不同区域的各种各样的电视媒体为自己的产品进行宣传，在“单位数量”栏填入相应的数字，点击“确认”即完成电视媒体的投入，在界面的下方有历史的广告投放记录供参考。

投入后不可更改，进入一个季度时学生可以重新选择媒体投入。学生要承担一定的经营风险，在选择投入时要认真分析并降低投入风险，如图 8 –5 所示。

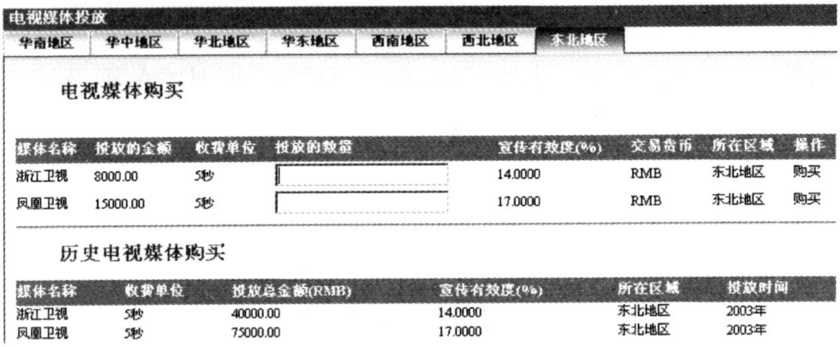

电视媒体投放

华南地区 华中地区 华北地区 华东地区 西南地区 西北地区 东北地区

电视媒体购买

媒体名称	投放的金额	收费单位	投放的数量	宣传有效度(%)	交易货币	所在区域	操作
浙江卫视	8000.00	5秒		14.0000	RMB	东北地区	购买
凤凰卫视	15000.00	5秒		17.0000	RMB	东北地区	购买

历史电视媒体购买

媒体名称	收费单位	投放总金额(RMB)	宣传有效度(%)	所在区域	投放时间
浙江卫视	5秒	40000.00	14.0000	东北地区	2003年
凤凰卫视	5秒	75000.00	17.0000	东北地区	2003年

图 8 –5　电视媒体投放

2. 纸面媒体投放

纸面媒体包括杂志、报纸等，系统设置了众多的媒体供学生选择，在“单位数量”栏填入数字，点击“确认”即可，在投入总价处显示当前的投入金额。界面下方是历史投入金额的记录。“收费单位”是指广告的计价方式，收费单价是每单位时间内的收费标准；“投入总价”是投入单位与收费单价之积，在填入单位数量后系统自动生成总价，如图 8 –6 所示。

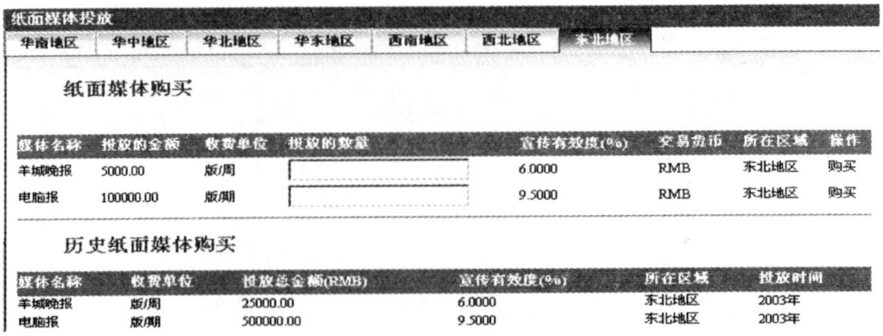

纸面媒体投放

华南地区 华中地区 华北地区 华东地区 西南地区 西北地区 东北地区

纸面媒体购买

媒体名称	投放的金额	收费单位	投放的数量	宣传有效度(%)	交易货币	所在区域	操作
羊城晚报	5000.00	版/周		6.0000	RMB	东北地区	购买
电脑报	100000.00	版/期		9.5000	RMB	东北地区	购买

历史纸面媒体购买

媒体名称	收费单位	投放总金额(RMB)	宣传有效度(%)	所在区域	投放时间
羊城晚报	版/周	25000.00	6.0000	东北地区	2003年
电脑报	版/期	500000.00	9.5000	东北地区	2003年

图 8 –6　纸面媒体投放

3. 户外媒体投放

户外广告是产品宣传的一种重要手段，系统设置了全国各地的户外广告，包括墙面广告、车体广告等，学生在"单位数量"栏填入合适的数据，点击"确认"即可。同样界面下方有历史的投入记录供参考，如图8－7所示。

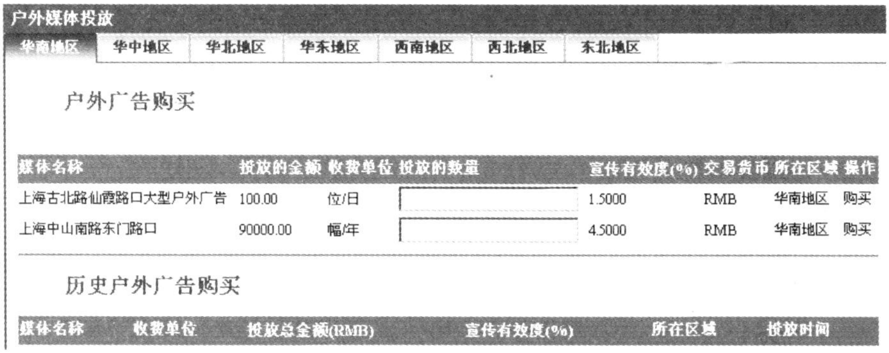

图8－7　户外媒体投放

4. 直邮媒体投放

软件提供了多种直邮方式，学生根据自己的营销宣传方案作适当的投入，如图8－8所示。

图8－8　直邮媒体投放

5. 网络媒体投放

网络宣传是数字经济时代的一种崭新的营销理念和营销模式；是近年来众多营销理念的进展、凝练和升华；是提升企业核心竞争能力的一把"金钥匙"。学生在"单位数量"栏输入数据，点击"确认"即可，如图8－9所示。

图 8-9　网络媒体投放

6. 广告效果评估

结合如下指标体系进行广告效果评估，如图 8-10 所示。

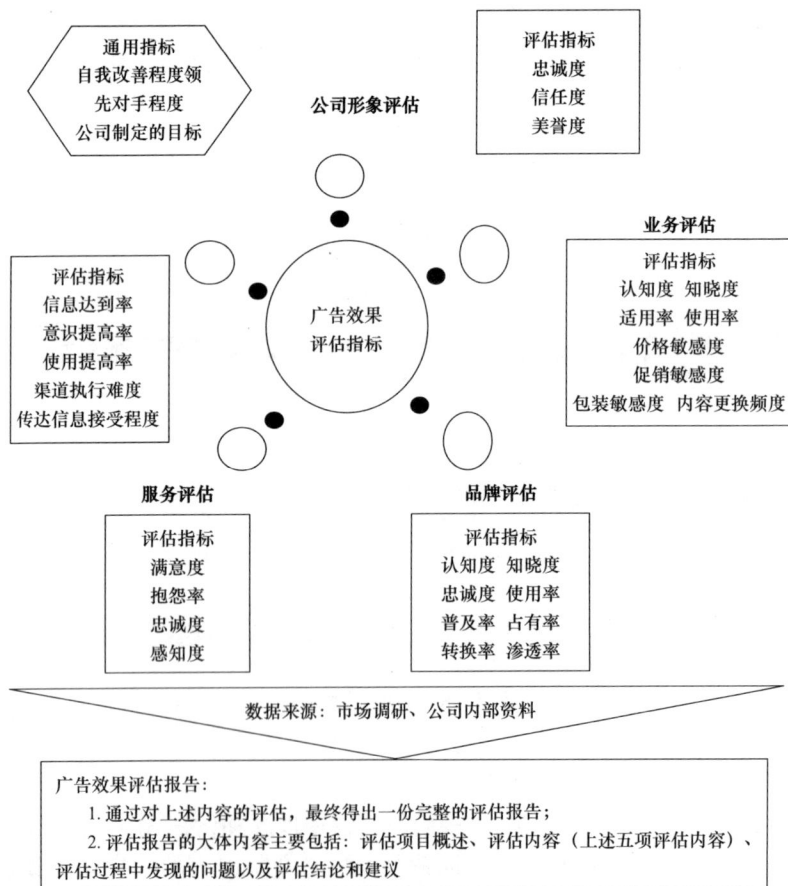

图 8-10　广告效果评估

三、企业产品营业推广设计与实施

对促销方案的管理，添加新的促销方案，如图 8 - 11、图 8 - 12 所示。

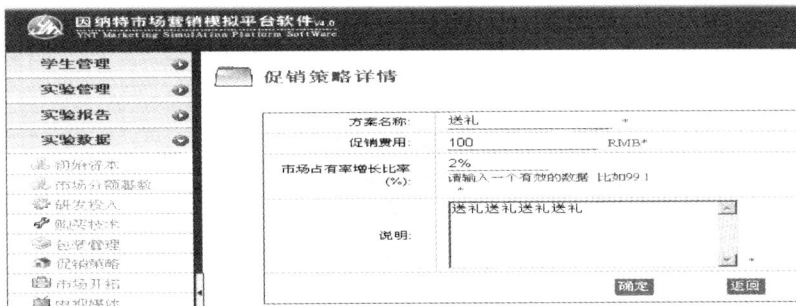

图 8 - 11　促销策略详情

显示效果如图 8 - 12 所示。

图 8 - 12　促销策略管理

[链接] 产品促销方案

产品促销方案，如表 8 - 4 所示。

表 8 - 4　中秋节月饼促销方案

方案名称	中秋节促销方案	执行部门	
		监督部门	
一、促销目的 抓住一年一度的中秋节促销机会，与各大零售商、餐饮企业联合开展各种			

形式的促销活动，促进××月饼的销售，使其日均销售量在促销期间的增长率达到_____%。

二、活动主题

喜迎中秋、好礼相送。

三、活动时间

将本期月饼促销期限定为中秋节前的 25 天。

四、活动内容

1. 中秋月饼大展销

（1）在各个零售店展出各种散装月饼，采取多种方式，给人以丰富感，联合零售商展开不同程度的优惠或赠送小礼品等促销活动。

（2）推出中秋礼品，零售商联合把不同档次的月饼与其他奖品组合包装在一起，分成若干档次，方便顾客选购。

中秋礼品组合的要求

礼品项目	具体要求
1. 月饼要求	（1）月饼品种集中体现当地大众喜爱的、有不同风味的新品牌月饼，价位分高、中、低三个档次，以满足不同阶层顾客的消费需求。 （2）特殊需求：无糖月饼、特色月饼、茶月饼等
2. 礼篮要求	（1）各零售商可根据自身经营需要，将××月饼经营的商品进行捆绑并重点陈列。 （2）礼篮一般分为高（988 元以上）、中（388~888 元）、低（88~288 元）三档

2. 团团圆圆送好礼

凡活动期间在××月饼零售点一次性购物满 108 元及以上的顾客，均可凭购物小票，另加一元，即可获得一件由月饼厂家提供的超值礼品。

（1）购物满 108 元另加一元，得散装××月饼一个，每天限____份。

（2）购物满 188 元另加一元，得散装××月饼一斤，每天限____份。

3. 中秋餐饮大餐

中秋节也是一家团圆聚餐的日子，××月饼可以与××大饭店或酒店合作，推出××月饼满____元（不包括团购），即送××大饭店或酒店 8.5 折优惠券的活动。

五、促销宣传方案

1. 电视媒体

在××电视台，隔天滚动播出××月饼促销广告，播出时间为节前15天，终止时间为节后10天，每天播出16次，每次45秒。

促销广告委托××广告公司制作，在广告合同中明确不同阶段的广告内容，完成时间为8月25日。

2. 购物指南

在促销期间的《购物指南》上，积极推出月饼的促销信息。

《购物指南》的平面广告由市场部相关人员负责设计，并由市场部经理负责，与《购物指南》的出版社联系具体发布事宜，平面广告的设计完成时间为8月31日。

3. 零售点广播

从卖场当日开业到打烊，每隔两个小时就播放一次××月饼相关促销信息的广播。

零售点卖场广播由市场部与零售商的采购联合，合作完成××月饼的促销广播稿，并按零售商的要求提供广播稿。

4. 零售点布置

(1) 在零售点广场，通过悬挂气球、条幅等重点宣传××月饼。

(2) 在零售点入口悬挂"××月饼助您迎中秋"的横幅。

(3) 在卖场的月饼区，××月饼的展位及两边的柱子上悬挂"××月饼优惠送好礼"宣传条幅。

(4) 展位陈列时应突出××月饼的礼盒。

零售点的布置工作应由营销总监和各大零售商协调进行，并配合零售商的营业部美工人员制作完成销售现场气球、条幅，起到布置现场和烘托气氛的作用。本项工作应于9月13日完成。

六、促销费用预算

本次促销费用的总预算为_____元，具体分配情况见下表。

费用项目	额度	费用说明
电视广告设计制作费	_____元	支付给××广告公司
电视台广告费	_____元	支付给电视台广告费用

续表

费用项目	额度	费用说明
《购物指南》广告费	＿＿＿元	支付给《购物指南》广告费用
赠品、礼品费用	＿＿＿元	
场内、场外布置费用	＿＿＿元	包括悬挂气球、条幅、展位布置
月饼费用	＿＿＿元	月饼生产、运输费用
合计	＿＿＿元	不得超过预算总目标

七、注意事项

1. 如果在××电视台上宣传不能达到很好的效果时，可以选择在报纸等其他媒体上进行补充宣传。

2. 市场部应进行严格的跟踪，对促销过程中出现的人和问题都应给予及时解决。

编制人员		审核人员		批准人员	
编制日期		审核日期		批准日期	

📖 案例分析

婴童市场开始打体验牌　奶粉、纸尿裤价格战激烈

据中国电子商务研究中心的数据统计，我国母婴行业市场规模预计突破 2 万亿元。当现在"80 后"甚至"90 后"父母搭配"00 后"婴童的时代出现，新一代父母们依赖网络、追求个性化与创新，以及"00 后"儿童所处的互联网时代背景，使得不断变化创新中的互联网消费模式引领与颠覆着母婴产业。

1. 激烈的价格战

虽然妈妈用户们在宝宝不同的成长阶段有着不同的需求，但归根结底就四方面：记录、知识、社交、购物消费。国内母婴互联网公司虽然有各自特点和优势，但业务模式基本就四种：工具、媒体、社区、电商。

不过伴随着垂直母婴电商的增多以及综合平台的进入，母婴电商的压力越来越大。1号店、京东、天猫等平台电商大都设有母婴馆，或是苏宁并购母婴垂直电商红孩子，都参与到婴童行业中。而在2000年前后，市场上不少互联网基因的公司通过垂直产业电商平台切入婴童领域，如宝宝树、辣妈帮、蜜芽宝贝等。

综合性电商平台依靠巨大流量优势和用户规模占据了绝对性的份额；而垂直化的母婴厂商则在资本的推动下依靠特卖、海淘等模式实现了快速的发展；线下传统母婴连锁零售企业也在加快电商的转型，试图打通线上与线下的交易，进而建立O2O多渠道覆盖的经营模式。

大多数母婴电商的品类聚焦在奶粉、纸尿裤等标准品类，价格战不可避免，而PE/VC的加入也成为母婴平台大笔投入价格战背后的"军火商"。以纸尿裤为例，因为中间复杂的经销关系层层加价和价格竞争，电商领域平均毛利只有3%左右。

2015年2月洋码头率先表态推出"辣妈砍价团"，发动纸尿裤大促活动，3月蜜芽宝贝则以"5亿备货的规模，加上1亿元的用户补贴"跟进进口纸尿裤"价格战"，此外，网易旗下的考拉海购3月也加入启动"纸尿裤狂欢节"，称在确保正品的前提下价格做到全网最低。"母婴电商领域的价格战最主要还是来自非主力平台。"主力平台天猫系统占了全部网络销售的50%以上，而这几年冒出的一些闪购平台，靠低价带来的流量和良好的经营状况获得了A轮融资，再通过平行输入和跨境贸易，以最低的价格赚取更多流量为以后的融资做准备。这些闪购的品牌目前基本上不盈利，主要是为了融资及上市而非买卖，所以价格战难以避免。

2. 凭"体验"塑综合生态圈

由于母婴产品（奶粉、纸尿裤、童装、玩具）电商领域竞争激烈，一些母婴公司思考避开红海另辟蹊径。在以婴童消费（商品和服务）为主体的婴童产业市场体系中，根据中国儿童产业研究中心的数据，婴童商品占整个婴童产业的56%（制造/零售分别为46%/10%）、儿童教育产品和服务业占比15%、儿童医疗卫生服务业占比14%、儿童文化体育及休闲娱乐业占比7%。

相对于童装、纸尿裤、玩具、配方奶粉四大核心品类的婴童商品市场，教育、娱乐、医疗等婴童服务市场所面临的海外品牌竞争压力较小。

母婴行业在向互联网转型的过程中，首先引入母婴相关行业医疗、教育、娱乐等领域大型服务提供商，以O2O的婴童服务平台来发掘社区、机构和用户的最大价值。

构建"互联网+母婴医疗"的O2O平台，用户妈妈可以与母婴专家进行实时互动；该平台在未来升级后，将通过互联网技术实现"线上预约、诊中支付、诊后跟踪"等系列服务，同时建立线上母婴医师的评价体系。

资料来源：新浪财经 2015 年 9 月 2 日

案例思考题

1. 请分析婴童用品企业的促销策略。
2. 请分析婴童用品企业促销与成人服饰、用品促销的不同。

📖 实践任务

请设计一家概念主题餐厅，根据该餐厅主题，选择合适的广告定位方法为其进行广告定位，并为该餐厅设计一套 VI 系统。

📖 实务作品展示

大窑嘉宾内蒙古高校市场促销方案

一、"你的名字，你的城"主题促销

1. 广告宣传策略

新款大窑包装是将时尚简约与城市怀旧情怀结合为一体的设计。我们的产品新包装瓶体为流畅线型，印有内蒙古各地区老城照片、流行歌词以及百家姓，以呼应主题新大窑《你的名字，你的城》。使得新大窑一出世就迅速夺人眼球，塑料包装的便携也将引导内蒙古地区消费者将新大窑当作一种饮品时尚。广告的主题中"你的名字"，与当下正火的由新海诚执导的电影《你的名字》同名，契合年轻人的流行文化。"你的城"将体现年轻人对自己家乡独特的归属感。

由于大窑产品已经有许多的忠实顾客和原基础上的大基数消费者，所以我们所采用的广告方式为：网络宣传（微博宣传、微信，加深与消费者互动）、户外媒体宣传、公共交通车身广告、各餐饮网点、各大商超等宣传方式。广告成本较小，却极其容易出现在大众的视线中。

2. 高校专项推广策略

（1）新大窑包装城市照片征集大赛。

活动主题：摄影作品题材、风格、色调不限，但主题为《你的名字，你的城》

活动范围：全省包括呼和浩特市、包头市在内的如内蒙古大学、内蒙古财经大学、内蒙古工业大学等在内的各大高校。

活动时间：2017 年 5～9 月。

活动目的：让新大窑产品的受众对象迅速知晓并对新包装产生情感认同。让消费者自己拍摄的作品有可能成为实体。

活动形式：将参赛作品照片同意发送到公司指定邮箱，并在官网公布，通过微信、网页投票等方式选出登上包装的作品。

活动奖励：作品成为产品包装并署作者姓名、定制版大窑全套产品、摄影机一台。

（2）与各高校开展合作、赞助，推广大窑的销量与知名度。如内蒙古财经大学的营销之星策划大赛，这类比赛学生参与度高，营销能力通过产品展示，极大程度上可以推动大窑再一次进入大学生的视野。如"互联网＋"大赛，可以让学生用新的思维为大窑注入新的活力。

二、"大窑健美"新产品促销

1. 广告宣传策略

广告是大窑嘉宾营销策略的重要组成部分。据调查，82.2% 的消费者对品牌的认知是通过广告获得的。原来大窑嘉宾不注重广告这方面的策略。今后大窑嘉宾想要巩固市场地位、开发新产品、开拓新的销售渠道、进军新的消费市场必须要加强广告方面的策略。

大窑新开发的健康时尚的酵素饮料"大窑健美"，因其定位于中高端消费者，产品尚处于介绍期，所以应大力投放广告。让受众迅速了解并接受该产品。此外，在明星代言的广告中，有着把目标消费者的注意力潜移默化地吸引到广告所诉求的信息中来的功能。他们不仅能影响消费者的情感、态度和购买行为。甚至还可以成倍地增加目标消费者对品牌的好感。大窑嘉宾在其系列广告中以个性鲜明、追求独立与健康的明星，来阐释品牌独特的个性，明星的形象同品牌完美融合、相得益彰，从而使广告卓有成效地提升了品牌价值。

广告投放的渠道也应与《你的名字，你的城》系列的侧重点有所不同，以电视媒体、网站广告、报纸杂志、户外广告、各大健身养生会所及美容院为主要投放对象。

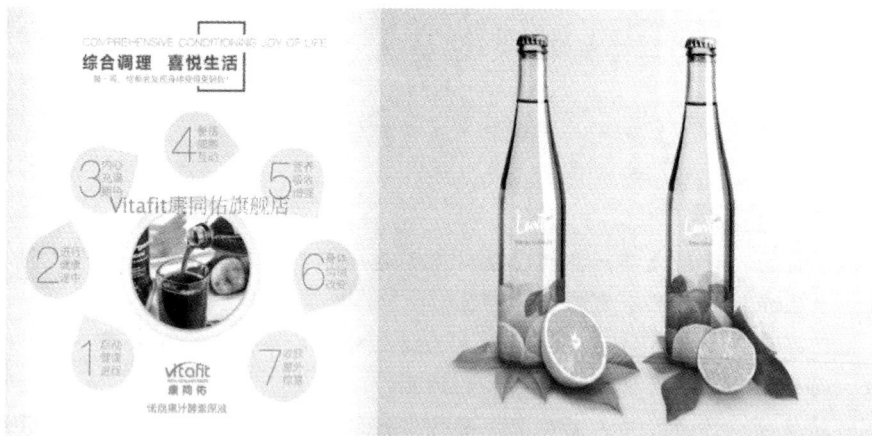

2. 全民健美活动策略

活动范围：全省各大健身会所

活动受众：一般情况下，经常健身的人有一定的经济能力且追求较高的生活品质。符合大窑健美对于中高端客户的定位。

活动时间：2017 年 5 ~ 12 月

活动目的：迅速让目标消费群体知晓并了解产品功能、运用体验营销的方式让客户认同产品并将它成为一种饮用习惯。

活动形式：2017 年 5 月 1 ~ 25 日报名，报名时由我公司负责对参赛选手的身体相关指数的选择性体检。在健身过程中，我公司持续提供大窑健美酵素饮品，于 2017 年 12 月 31 日，重新检测参赛者体内相关指标的健康发展。

活动范围：呼和浩特市各大中高级健身养生会所与美容院。

活动奖励：对于按照要求完成比赛的选手赠送定制版大窑全套产品、××健身会所月卡、××美容院月卡。

三、"相伴同行"——分销商激励

新大窑产品推广上市想要成功并保持强势的销售势头，对零售分销商设定销售的等级奖励制度是必不可少的，例如：新品销售累计达到10万~30万元，进行3个点的奖励，直接计入下次进货的货款折扣或奖励同等价值的新品，达不到的不享受以上奖励。依此类推，30万~50万元的奖励4个点；50万~80万元的奖励5个点；80万元以上的奖励7个点。此做法最显著的效果就是直接奖励现金，经销商为了争得现金奖励，进行了大力度的分销和储货，在一定程度上抢占了部分终端，对竞争产品形成压力。此做法更适用于大窑企业主要以批发商进行分销的营销方式。

1. 竞赛激励

竞赛激励的出发点是增进客情关系，激励分销的热情，保持品牌经销的忠诚度。企业一般采取在年度奖励、客户营销会议、阶段性的销售竞赛上引用。

经销商感觉到企业的重视，销售排名的奖励办法，导入了"赛马制"，使经销商在某种程度上演变成荣誉战，达到了企业市场推广的真正目的。一方面，对于经销较好的经销商，还要有一定的手段进行控制，否则将导致经销商的胃口变大，产生店大欺厂的倾向。另一方面，针对消费者的营业推广。还应给予经销商返产品、广告宣传费的支持，公司给予四个经销商的到岸价格一致，防止恶性窜货，从而在达到一定的标准后才给予返点。

2. 决胜终端

零售终端直接面对的是消费者，这已经成为饮料厂家短兵相接的主战场。各厂家都在使出浑身解数，通过五花八门的促销手段，打击竞争产品，争取终端更大的销量。据市场调研报告可以得出（见图8-13），首先，有56.9%的消费者

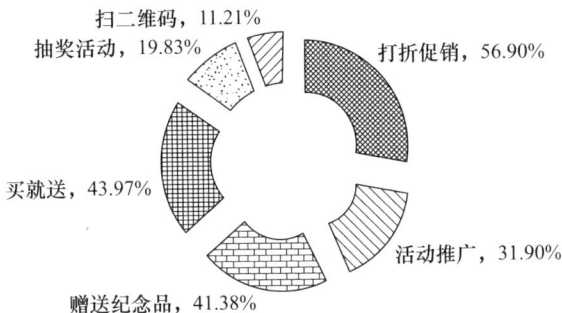

图8-13　消费者对促销方式的偏好调查

注：2013级市场营销一班课程训练项目成果节选。

会选择打折促销的方式，买就送以及赠送纪念品这两种促销方式分别占40%左右的比例，其次，有31.9%的消费者会被活动推广这类促销方式吸引，而抽奖活动和扫二维码的促销方式不是很吸引消费者。因而，大窑在推广产品的促销方式上可采用买三送一等方式，还可赠送小的纪念品。

第九章
营销策划

📖 知识概要

一、营销策划的特征及基本要素

营销策划是指在对企业内部、外部环境予以准确分析，并有效运用经营资源的基础上，对一定时期内企业营销活动的战略方针、目标、营销策略及具体实施计划所进行的方案设计。

1. 策划的特征

策划的特征如下：三位一体策划场（目标—环境—资源）、双主体（策划人与企业）、双过程（策划、沟通与反馈过程）、三七分原则（三分策划、七分执行）。

2. 策划的基本要素

策划的基本要素有信息、目标、创意、策略和计划。

二、营销策划的主要特点

营销策划主要有以下特点：营销策划是创新思维的学科；营销策划是市场营销工程设计学科；营销策划是具有可操作性的实践学科；营销策划是系统分析的

学科。

三、营销策划的基本方法和技巧

1. 创意策划的基本方法

（1）默写思考法。默写思考法产生于德国，也称为"635"法。即6个参与者每间隔5分钟默写出3个创意，如此反复进行，推动创意向前发展。

（2）角色扮演法。

（3）逆向思维法。

（4）头脑风暴法。头脑风暴法，又称脑力激荡法，是由美国创造学之父阿列克斯·奥斯本（Alex F. Osborn, 1888~1966）在1939年提出的一种集体思考创意法。

（5）特性要因图法。特性要因图法的"特性"表示结果，"要因"即原因。通过分析原因，用鱼刺图表示原因与结果的联系，从而把握现状，找出解决问题的途径，如图9-1所示。

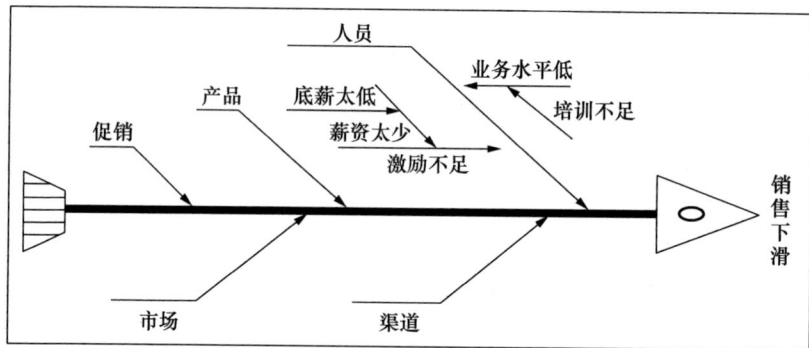

图9-1 特性要因图法流程

2. 创意策划的常用技巧

（1）组合。组合通常能产生"新意"，创意即是旧元素的新组合，如"可视电话、智能手机"；实体产品＋金融组合；互联网＋？组合等创新产品。

（2）模仿。

（3）改良。

1）缺点改良：从产品自身出发，找出其存在的缺点，以此提出新的创意。①确定分析对象；②列举缺点或不足；③分析主要问题；④寻求改进方法。

2）希望点改良：站在消费者的立场上，列出"最好能这样""如果那样就更好了"等希望点，以此提出新的创意。希望点：功能、材料、式样、组合、自动化等改进可能。例如，壁挂式彩电、电子保姆等。

四、营销整体策划的一般操作程序

营销整体策划的一般操作程序如下：

了解策划任务→弄清前提与假设→理清经营观念→建设创意体系构架→开展战略策划→初步整理和筛选创意→形成正式策划案→实施策划案。

五、营销策划书的基本框架

1. 策划目的

策划目的就是在进行市场营销策划之前，使销售或服务达到的预期目标。策划方案必须具备鲜明的目的性，强烈的针对性和突出的操作性，即体现"围绕主题、目的明确、深入细致、简单明了"的要求。

2. 市场现状分析

市场现状分析包括市场形势、产品情况、竞争形势、分销情况和宏观环境。

（1）市场形势。描述市场基本情况，包括总体规模及历史情况，细分市场情况，消费者在需求、观念与购买行为方面的态势和趋势。

（2）产品情况。包括产品销量、价格、利润等。

（3）竞争形势。指出主要竞争者，分析其规模、目标、市场占有率、营销战略及战术。

（4）分销情况。指出各分销渠道的销售状况、各条渠道的重要性及变化；指出各分销商的利用价值和成本。

（5）宏观环境。阐述影响品牌营销策略的宏观环境因素，包括人口、经济、自然、科技、政治法律和社会文化。

3. SWOT 分析

营销方案是通过产品和市场的结合分析及策略的运用，因此 SWOT 分析是营销策划的关键。

（1）产品优势分析（相对竞争品牌）。一般存在的具体问题表现为以下八个方面：①企业知名度不高、形象不佳影响产品销售；②产品质量不过关、功能不全，被消费者冷落；③产品包装太差，提不起消费者的购买兴趣；④产品价格定位不当；⑤销售渠道不畅，或渠道选择有误，使销售受阻；⑥促销方式不当，消费者不了解企业产品；⑦服务质量太差，令消费者不满；⑧售后保证缺乏，消费者购后顾虑多等。

（2）产品劣势分析（相对竞争品牌）。

（3）市场机会分析。

（4）环境威胁分析。

4．营销目标

营销目标是在上述市场现状分析和 SWOT 分析的基础上，确定公司所要实现的具体目标，即营销策划方案执行期间，达到总销售量为×××万件，预计毛利×××万元，市场占有率实现××%。

5．营销战略

（1）目标市场战略。

1）市场细分。依据人口、地理、心理、行为进行细分。

2）市场选择。说明产品准备进入的细分市场。依据企业资源、市场同质性、产品同质性、竞争对手战略、产品生命周期阶段采用无差异、差异化、集中等目标市场覆盖战略，确定具体细分市场。

3）市场定位。依据产品属性和利益、价格和质量、产品用途、使用者、产品档次定位、竞争地位、多重因素，采用初次定位、重新定位、对峙定位、回避定位等定位战略，说明产品定位目标消费群体。

（2）市场营销组合战略。

1）产品策略。包括新品开发和包装设计。

2）价格策略。根据目标战略采用成本定价法、需求定价法和竞争定价法。

3）渠道策略。根据市场、产品、购买行为、中间商、企业等影响因素，确定渠道建设长度（零层、一层、二层、三层）、宽度（密集、选择、独家）或广度（选择、集中、混合），确定营销渠道模式（传统、水平、垂直、多渠道）。多渠道时要进一步细化不同渠道价格、促销等。

4）促销策略。促销方式如下：人员推销、广告、公共关系、销售促进；影响因素：促销目标、产品类型、市场特点、产品生命周期阶段等。

（3）市场营销预算，包括营销过程中的总费用、阶段费用、项目费用等。

6. 营销计划控制

说明对计划的执行进度、过程如何进行管理。把目标、预算分解为按月、按季检查。

📖 模拟演练

教师在课堂上将学生分组，组建团队，提供策划选题，各团队选题并进行初步的策划准备，由各团队负责人汇报各团队策划的基本框架，教师与各小组评分，通过后开展策划活动。要求学生按下图所示体系汇报策划思路，如图 9－2 所示。

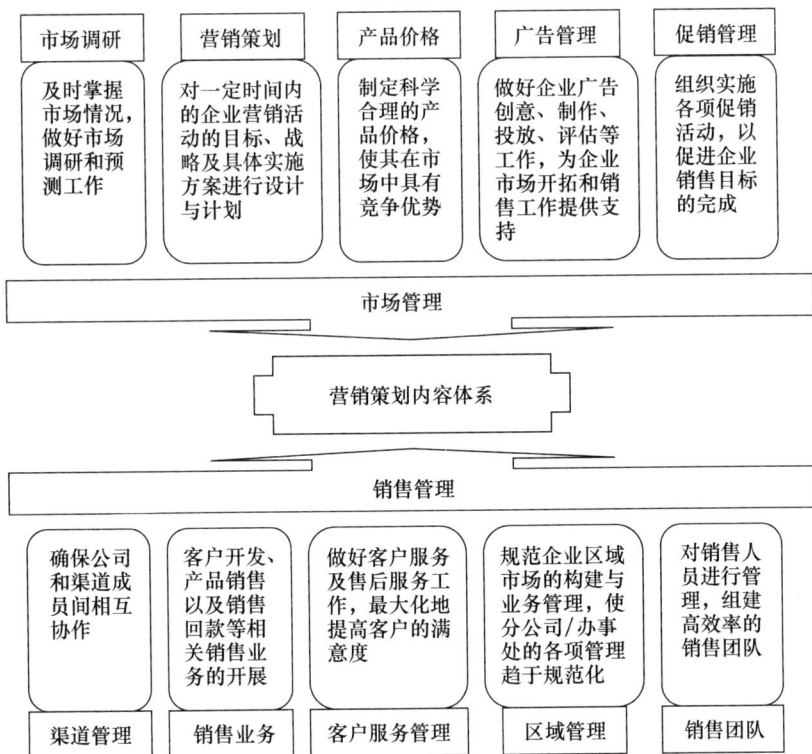

图 9－2 营销策划内容体系流程

📖 案例分析

本土珠宝品牌是不是奢侈品：消费者印象"卖金饰"

国际咨询公司德勤（Deloitte）发布"2015奢侈品全球力量报告"（Global Powers of Luxury Goods Report），以切实经营数据排列出全球奢侈品公司百强。

在报告数据中，以地域划分，老牌奢侈品重镇意大利和法国分别有29家和11家公司入围，中国共有7家公司挺进百强名单。被业内誉为头号奢侈品集团的法国路威酩轩集团（LVMH）以217亿美元的年销售额，毫无悬念的在榜单中排名第一；集合朗格、江诗丹顿、积家等高端腕表品牌的瑞士名表航母历峰集团（Richemont），以134亿美元名列第二；雅诗兰黛集团（Estee Lauder）紧随其后以109亿美元位居第三。

本土品牌周大福珠宝集团，以99.79亿美元的年销售业绩，力压瑞士钟表巨擘斯沃琪集团（Swatch Group）的88亿美元和Gucci母公司第三大奢侈品集团开云（Kering）的85亿美元，居榜单第四位。同时据国际咨询公司德勤报告，前十位奢侈品公司营业额增长略优于2013年排行前十，数据分别是8.4%和8.2%，其主要由两个新晋品牌带动，其中包括了周大福34.8%的增长。

纵观整个榜单可以发现，首先是以经营皮具、成衣为主线的公司数量最多，其次是钟表品牌，而本土上榜品牌第4位周大福、第16位老凤祥、第24位周生生、第25位六福集团和第37位浙江明牌珠宝则均为主营黄金珠宝品牌。

黄金珠宝近年来被归为"硬奢"产品，由其所选用材质的天然稀缺性决定。虽然本土品牌能够进入全球奢侈品排行前十，固然是一种成功，但也从侧面体现了本土奢侈品行业的发展，但大部分局限于具有"天然奢侈基因"的珠宝品牌的领域，则反映了本土奢侈品牌的打造还远落后于传统奢侈品大国。当2014年中国消费者用1060亿美元买走全球46%的奢侈品时，其中有多少贡献给了本土品牌呢？

事实上，本土珠宝品牌在近年来的异军突起，更多被专业人士认为是受国际黄金价格的下调引起的"淘金热"，在品牌文化打造上与传统奢侈品牌相比仍相去甚远。

当人们提到卡地亚（Cartier）的珠宝，第一个反应会是猎豹系列和其近年来价格日益提升的古董珠宝，邦瀚斯珠宝拍卖负责人曾表示，如一件卡地亚藏品相较同价值的不知名藏品至少要交出双倍价格；再如蒂凡尼（Tiffany），婚戒、钻戒和 925 银，女性消费者往往如数家珍，品牌甚至将"知更鸟蓝"这一颜色做成了一个品牌标识。反观本土珠宝品牌，无论提到周大福还是老凤祥、周生生，消费者的品牌印象大多停留在"卖金饰"这个单一而浅显的认识上。

这一现象也引起了不少消费者关于"本土珠宝品牌到底是不是奢侈品"的讨论。本土珠宝品牌在这一讨论中的位置很尴尬，首先产品本身符合奢侈品"超出人们生存与发展需要范围的，具有独特、稀缺、珍奇等特点的消费品"这一限定，然而对比同类及欧美品牌，在品牌文化、装饰艺术与品牌形象等方面所拥有的附加值都不理想。奢侈品之所以区别于一般消费品，乃至快时尚产品，稀缺性只是一部分，纷繁的附加值对于消费者更具有吸引力。

本土品牌现在所覆盖的范围主要以大众消费为主，包含部分投资收藏中的原材料投资，例如近两年全国多地数次出现的消费者抢购金条，一度将店铺库存买空，但仍未培养出消费者购买奢侈品的认知。

欧美成熟奢侈品珠宝品牌相对于停留在大众消费的本土珠宝品牌，最大的优势在于，等价原材料所能创造的利润会远高于后者。这一结果，取决于品牌文化的传播与设计工艺的创新。而产品同质化严重，无特色标志性作品，忽视市场完善而越来越高涨的个性化需求，也是本土珠宝品牌饱受诟病的一点。

依托大众消费成功的品牌，还需要承担一项巨大的压力，即需要庞大的店铺数量。周大福此次成功冲入榜单前十，也是一个重要的原因。从 1988 年试水中国内地市场至今，周大福在全国近 500 个城市，开设店铺超过 2000 家，而这一数字仍在持续增长。

在本土珠宝市场，现阶段已经出现产能过剩、专业市场过剩、销售网点过剩的问题，周大福的成功并不能复制，同时也在某种程度上更加压缩了市场份额。那么显然，在占领大众消费的同时，逐渐推出真正的适应奢侈品市场的产品线，是现阶段本土珠宝品牌必须思考的问题。而这一时期，不仅需要增加独创性、设计性、个性化产品开发，同样对于品牌文化和品牌形象的打造也十分重要。

在品牌传播战中，通灵珠宝无疑是近期的焦点。热播剧《克拉恋人》全集围绕着剧中的 tesiro 钻石公司展开，随后观众发现现实中也有家珠宝品牌与之同名，这让更多的人知道了通灵珠宝。虽然最终电视剧的剧情在社交平台被频频吐槽，对于珠宝公司的职场设定产生怀疑，同时在频繁听到品牌名称时对品牌文化和形象并无立体化的了解，但这次植入随剧情展开自然而不生硬，在扩大产品知名度上仍旧取得了成功。而最终，这组横跨数十集的"大广告"会吸引多少消费者走入店铺，还需要时间的印证。

近年来本土消费者对珠宝产品在质量、工艺、款式、售后服务等方面的要求日益严苛，人们更热衷于品牌珠宝消费。过去珠宝消费往往是身份、财富的象征，现在更强调精神感受。这也更迫切地需要本土品牌从产品的文化属性和附加值方面入手去提升产品竞争力，从经营具有奢侈品属性产品的公司，完善为具有整体品牌形象的本土奢侈品品牌。

资料来源：新华网 2015 年 9 月 2 日。

案例思考题

1. 请分析本土珠宝品牌在营销中的不足。
2. 请从营销策划的角度，为某一本土珠宝品牌做简单的营销方案。
3. 请分析本土珠宝品牌的发展趋势及发展方向。

📖 实践任务

由教师提供或学生自己准备创业项目，每个小组合理设计企业组织，并为所创建的模拟企业设计 CIS，撰写企业形象识别系统（CIS）策划书。

📖 实务作品展示

达茂有机农畜产品营销策划方案

第一部分　达茂旗有机绿色农副产品项目概述

一、行业背景

有机绿色食品也叫生态或生物食品等，有机食品是国际上对无污染天然食品比较统一的提法。有机食品通常来自于有机农业生产体系，根据国际有机农业生产要求和相应的标准生产加工的，中国有机绿色食品是中国对无污染的安全、优质、营养类食品的总称。是指以特定生产方式生产，并经国家有关的专门机构认定的绿色食品。

中国有机绿色食品产业正处于强劲发展时期，世界上可能很难有一个国家拥有中国这么丰富的自然食品资源和食品文化，提供了一个外部较好的条件，我国有机食品产业规模在逐渐稳步扩大。资料显示 2010 年我国共有有机食品生产企业 1202 家，生产食品 5598 种，有机食品国内认证面积达到 3673.56 万亩。2010 年有机食品国内销售额为 145.39 亿元。预计 2015 年中国有机农产品消费将达到 248 亿~594 亿元的市场规模，有机食品将以年平均 15% 的增速发展。

目前国内 90% 以上有机农产品出口外销，且绝大多数是低附加初级农产品，这对有机食品进一步发展，尤其是开拓国内市场的情势有较大影响；有机行业宏观趋势大好，但是在微观层面并非太好的情况下，由于有机概念晦涩，不易接受传播，产品同质化严重，认证不规范，技术研究滞后，政府扶持不够，价值感未能鲜明量化地表现出来，未树立可信赖的品牌印象，渠道开发单一等问题，严重制约了有机食品在国内市场的迅速普及和流行，但这种对人身体有益的有机绿色食品的发展终将会进入我国百姓的生活中去。

二、项目简介

达茂旗有机绿色农副产品合作社，是一家由内蒙古包头市达茂旗政府支持的企业，努力打造绿色有机农畜产品品牌并专门生产经营绿色有机农副产品的农村小型合作社。该合作社培育出了一批"达茂草原羊""达茂乳制品""达茂特产石磨莜面、荞面""德彪有机牛羊肉""达茂马铃薯"等自治区级注册商标的绿色有机农畜产品，并采取直营店销售的方式。目前，在包头市已经开设了四家有机绿色农副产品直营店，并在中国各大城市开设了接待处，涵盖了肉类、面粉、胡麻油、奶制品、白酒等 20[①] 多个品牌的 200 多个品种的有机、绿色农副产品，以其绿色、无污染、有机的品质出现在广大消费者面前。产品全部由达茂旗有机绿色生产基地运输到旗农畜产品检验检测配送中心，经过严格的检验检疫，已有 30 多种产品远销北、上、广等多个一线城市，形成了"公司 + 合作社 + 牧户"的发展模式，初步实现了农业标准化向种植—养殖—加工—销售全产业链条延伸；并在北京建立了一处达茂旗绿色有机农畜产品、民族食品用品展示销售体验工作区。

（一）供应商

达茂旗有机绿色农副产品合作社是由达茂旗境内 24 家中小型公司及合作社所组成的，产品全部由当地合作社在纯天然环境下生产加工制成，经由达茂旗有机绿色生产基地运输到达茂旗农畜产品检验检测配送中心，减少了中间流通环节，保证了农副产品的质量以及新鲜程度。

---

① 资料来自光明网：www.gmw.cn。

以达茂旗德彪养殖专业合作社为首的七家合作社，提供各类有机绿色肉品的供应，并有一家专业屠宰厂，为其进行屠宰；鸡肉鸡蛋类产品共有三家中小型合作社进行供应，奶制品、牛肉干和奶茶粉等地方特色小吃共有三家中小型合作社进行供应；有机绿色粮油共有四家小型合作社为其供应；而各类综合产品供应商为六家，其中包括达茂联合旗百灵酒厂。

(二) 直营店

达茂旗政府为了让合作社的有机绿色产品进入市场，让广大消费者更便捷、更有保证地购买到真正的有机绿色农产品，在包头市开设了德茂兴农副产品直营店、希木泰农副产品直营店两家直营店。

直营店涵盖了肉类、面粉、胡麻油、奶制品、白酒等23个品种的有机、绿色农副产品，以其绿色、无污染、有机的品质出现在包头市民面前。直营店里经营的农副产品，都是由达茂旗农牧业局、工商局等部门选择后引入的本土品牌商品，生产正规且产量稳定。更重要的是，这些品牌基本涵盖了达茂旗有机绿色农副产品中各个种类的著名商标，不乏像毕力格泰、德彪等家喻户晓的品牌农副产品全部由达茂旗有机绿色生产基地运输到达茂旗农畜产品检验检测配送中心，经过严格的检验检疫，再供应到包头农副产品直营店，让市民真正吃上品质优良、绿色健康的特色农副产品。

第二部分　达茂旗有机绿色农副产品环境分析

一、宏观环境分析

(一) 经济环境分析

近几年，我国农业受国际金融危机严重冲击、农产品价格大幅波动、自然灾害频繁发生等不利影响，继续保持了持续稳定发展的好势头，农林牧渔业全面发展，结构不断优化，传统农业向现代农业加速转变，强农惠农政策体系进一步完善，为保持经济的平稳较快增长和社会和谐稳定奠定了坚实的基础。

1. 内蒙古农牧民纯收入列全国第15位

2014年内蒙古自治区粮食生产喜获丰收，牧业生产保持稳定，内蒙古自治区农牧民人均纯收入达9235.6元[①]，在全国各省市区中列第15位。内蒙古自治

[①]　资料来自内蒙古自治区统计局，http://www.nmgtj.gov.cn。

区农牧民人均纯收入 60% 以上来自家庭经营性收入。此外，内蒙古自治区农牧民转移就业达 240 万人①，大大促进了农牧民工资性收入的增长。加之各地普遍提高最低工资标准，以及结构性用工短缺推动农牧民工资明显提高，有力地促进了农牧民工资性收入实现较大幅度提高。政策性补贴增多，转移性收入增加也是农牧民纯收入增加的原因之一。2014 年，内蒙古自治区各级政府积极提高和扩大了农牧业补贴力度及规模，积极落实各项惠农惠牧补贴政策，内蒙古自治区农牧民转移性纯收入达 775.6 元②，同比增长 17.8%。

2. 农业综合生产能力稳步提高

2014 年，畜牧业产值达 20870 亿元③，有力地保障了畜产品市场的有效供给。目前，我国人均肉类占有量超过世界平均水平。畜牧业生产方式发生了明显的变化，生猪生产总体上由以散养为主转变为以规模养殖为主，畜产品质量监管意识和水平也有了新的提高。我国畜产品结构在调整中更趋合理。猪肉占肉类的比重由 2005 年的 65.6% 下降到 2010 年的 64%，禽肉则由 19.2% 上升到 20.9%。在肉类产量增长的同时，禽蛋和牛奶也得到较快增长，如表 9-1 所示。

表 9-1　2013~2014 年内蒙古主要畜禽产品产量

项目 ＼ 年份	2013	2014
当年出栏肉猪头数（万头）	935.10	954.48
当年出栏和自宰的肉用牛（万头）	306.79	316.44
当年出售和自宰的肉用羊（万只）	5300.20	5390.35
当年肉类总产量（吨）	2423854	2658425
猪肉产量（吨）	713414	739399
牛肉产量（吨）	497270	512174
羊肉产量（吨）	872444	886875
奶类产品（吨）	9316899	9635814
牛奶（吨）	9196629	9364811
禽蛋产量（吨）	525241	544762
年末实有家禽（万只）	4968.49	5164.50

---

① 资料来自内蒙古经济信息网，http：//www.nmg.cei.gov.cn。
② 资料来自中国经济网，http：//www.ce.cn。
③ 资料来自内蒙古农牧业厅，http：//www.nmagri.gov.cn。

项目 \ 年份	2013	2014
年内牛皮产量（万张）	336.60	364.11
绵羊皮产量（万张）	4015.86	4683.04
山羊皮产量（万张）	1365.68	1594.13
出售肉类总量（吨）	2320505	2652170
出售猪肉（吨）	604197	662378
出售牛肉（吨）	506373	513301
出售羊肉（吨）	793464	831388
出售牛羊奶数量（吨）	8956156	9340560
出售羊毛数量（吨）	104835	97719
出售家禽只数（万只）	9130.96	13424.09

内蒙古第一产业2013年建成高效节水灌溉示范区四个，新增改造灌溉面积5.4万亩①。粮食总产量达到2.35亿斤，马铃薯鲜薯占到84%。启动十个牧业产业化园区，新建牲畜棚圈3.8万平方米，青贮窖2.4万立方米。成立农牧业专业合作社96个，入社农牧民1200余户，流转土地11.6万亩。

第二产业2013年为各类企业争取到政策性补贴资金1307万元、信贷资金6.1亿元。全年预计完成工业增加值120.8亿元，同比增长12.6%。实施5000万元以上重点项目72个，总投资410亿元，全年完成投资133.7亿元。加强项目策划，储备项目达到109个，总投资近1000亿元；组团参加各类招商活动8次，全年签约项目33个，协议投资675.3亿元，为长远发展提供了项目支撑。

第三产业2013年投入4273万元，完成12个苏木乡镇总规、控规和百灵庙镇新城区、满都拉镇城市设计及农区47个行政村、牧区15个牧业产业化园区规划；编制全旗旅游、文化产业发展总体规划和哈撒儿景区、乡镇旅游景区、希拉穆仁草原休闲旅游区、百灵那达慕文化产业园、敖伦苏木古城文化产业园、黄花滩农牧生态旅游观光产业园等专项规划，保障了各项建设事业科学有序发展。全年共接待游客63.8万人（次），同比增长54%；实现旅游业收入8362万元，同比增长65%。旅游业直接吸纳就业3000多人，间接提供服务1.5万人，正在成为拉动全旗经济增长的重要产业和新的就业增长点。2013年，达尔罕茂明安联

---

① 资料均来自内蒙古农牧业厅，http://www.nmagri.gov.cn。

合旗成功举办首届中国游牧文化旅游节。

（二）政治环境分析

1. 包头市畜牧业现状

2014 年 1 月 19 日，新华社受权发布中共中央、国务院《关于全面深化农村改革加快推进农业现代化的若干意见》。2014 年中央一号文件约 10000 字，共分 8 个部分 33 条，包括：完善国家粮食安全保障体系；强化农业支持保护制度；建立农业可持续发展长效机制；构建新型农业经营体系；加快农村金融制度创新；健全城乡发展一体化体制机制；改善乡村治理机制。

2. 包头市政府加强农牧民培训

2012 年内蒙古自治区将以中央一号文件精神为契机，加大对农村牧区种养植大户、经纪人等新型农牧民的科技培训力度，全年计划培训农牧民 6.5 万人次以上，推广农牧业适用新技术 24 多项；以此来大幅提高全旗农村牧区整体科技水平，促进农村牧区经济更快、持续发展。提高全旗农牧业综合生产能力和广大农牧民科技文化素质，促进主导产业发展和农牧民持续增收，加快现代农牧业建设步伐。

3. 包头市加强对农牧区的法律知识普及

包头市对"法律进农村牧区"工作高度重视，在宣传教育中抓住"三突出"，收到了较好的效果。

突出重点内容的宣传教育。他们持续开展了"学法律、讲权利、讲义务、讲责任"为主要内容的主题法制宣传教育活动，加强了以宪法为核心的保障农牧民基本政治权利的法律法规的宣传教育；深入宣传了村民委员会组织法，不断将"四民主、两公开"措施落到实处；针对从事农牧业生产和务工经商农牧民的不同需求，重点加强了土地征收、承包地流转、草牧场承包、生态环境保护、社会救助、劳动和社会保障、医疗卫生安全、食品安全等方面法律法规的宣传教育。

同时，他们以提高农村牧区"两委"干部和"法律明白人"的法律素养为重点，推动农村牧区法制宣传教育工作深入开展。利用农村牧区党员现代远程教育网络，采取集中培训、以会代训、定期培训和基层法律辅导站等形式，加强"两委"干部的法律知识培训工作。近年来，全市共举办了 45 期农牧区基层干部法制培训班，包头市两千多人参与了培训。

（三）自然与资源环境分析

包头市总面积为 1.817 万平方公里[①]，其中达茂旗占地 1.66 万平方公里，具有天然草牧场和 120 万亩耕地，居住人口 12 万人；具有打造绿色农畜产品生产加工基地的良好条件。达茂旗副旗长郝云涛介绍，近年来，达茂旗大力发展现代农牧业，打造形成了"达茂草原羊""达茂马铃薯"等一批优势品牌，获得了"达茂有机牛羊肉认证""达茂有机奶认证""达茂有机饲草料基地认证"三大国家级有机认证，农畜产品市场有着巨大的发展潜力和强劲的发展势头。达茂联合旗的天然草场面积为 1642640 公顷，占可利用土地总面积的 92%，其中可利用草场面积为 1493183 公顷，占草场总面积的 91%。

全旗农牧业总产值达到 13.3 亿元。农牧民人均纯收入达到 6242 元。2009年，全旗农作物总播面积 80 万亩，其中马铃薯面积达到 55 万亩，占农作物总播面积的近 70%，占到当年粮食作物面积的 87.5%。马铃薯生产在全旗农业生产中的比重正逐年上升，马铃薯收入占农民种植业人均纯收入的 60% 以上。目前，全旗农牧业机械化总动力达到 20 万千瓦，其中大中型拖拉机 252 台，小型拖拉机 1.07 万台，大中型拖拉机配套机具 645 台，小型拖拉机和配套机具 1.6 万台，自走式喷灌圈 60 套。

达茂旗充分利用 2.3 万亩的有机饲草料基地、合作社（公司）、牧野肉业（有机肉）的"企业＋合作社＋基地"发展模式，为有机种植、养殖及有机肉食品深加工、销售的一条龙生产，提供优质高端畜产品搭建一个展示和销售的平台。

达茂联合旗地域辽阔，地上、地下资源十分丰富。占总面积 83% 的可利用草场上，生长着种类繁多的天然优良牧草，饲养着 148 余万头（只）牲畜、提供40 万头（只）商品畜、年产 3800 吨肉、20 万张畜皮、2000 吨绵羊毛、100 吨山羊绒等，具有发达的畜牧业生产力。达茂旗南半部为农区，有宜农耕地 120 万亩，主要粮食作物有小麦、莜麦、荞麦、马铃薯；经济作物以油菜籽和胡麻为主。正常年景粮食总产有 6500 万公斤左右。

境内光能资源丰富，30 年均日照时数 4439.7 小时，太阳年辐射总量 140～145千卡/平方厘米，光能生产潜力由南向北逐增；风能资源尤为可观，年有效风速持续时间长、风向稳定，是自治区风能资源Ⅰ级区中的核心部分和核心地带。年平均风速 3.2～5.2 米/秒，全年风能均可利用，风能资源储量为 3200 万千瓦。

（四）科技环境分析

近几年来，由于农业科技的进步，我国农业综合生产能力有了大幅度的提

---

① 资料来自内蒙古日报数字报刊平台，http://www.szb.northnews.cn。

高。重大动植物疫病防控技术水平的提升，优质农产品的培育应用，农田有效灌溉面积和农机总动力的增加，先进实用技术的开发推广等，都大大地促进了农业与科技的紧密结合，为农业高速发展提供了支撑和动力。

有机农业的概念最早出现在欧洲，传入中国是在20世纪80年代末。由于有机农产品越来越吸引眼球，消费者的购买需求也在逐渐增加。现代农业对于农药、化肥的不正确使用，不仅会对食品安全构成威胁，也会对土壤造成各方面的负影响。众所周知亚硝酸盐有致癌风险，而氮肥是环境中亚硝酸盐的主要来源之一。因此不使用农药氮肥的有机农产品是未来大健康的趋势。由于食品安全问题凸显，不使用氮肥就成了解决食品安全问题的有效途径。

包头市作为内蒙古自治区最大的工业城市，是我国中西部地区的一个重要的工业基地，也是一个工业经济占主导的城市。既有经济总量中占绝大部分的工业经济，又有经济总量中占很小部分农牧业经济，形成了"大工业，小农（牧）业"的经济结构，为加快包头市现代农牧业发展提供了优势条件。

包头市是一个工业大市、农业小市，全市土地面积27768平方公里，耕地面积422.11千公顷，草场面积2120千公顷，绝大部分是广大的农村牧区。2012年农作物播种面积31.2万公顷，其中，粮食作物播种面积22.6万公顷。2012年末全市牲畜存栏达254.5万头（只），其中大牲畜存栏37.8万头，羊存栏189万只，猪存栏27.3万头。全市农业综合机械化水平达到85.7%。以奶牛和肉羊为主的养殖业和以粮食经济作物为主的种植业，将包头打造成了一个城郊型农牧业城市。经过几年的发展，包头市已基本形成了以菜、薯、肉、乳四大产业为主导的农牧业经济形式。

饲养规模的不断扩大和畜产品产量成倍增长使全包头市的畜牧业发生了重大的转变。例如，奶牛集中规模饲养程度达到52%，已然进入理性发展阶段，按照第一产业"三区"规划要求，已将山北地区确定为肉羊产业重点发展区域（羊存栏数量已占全市的71%以上）。

（五）社会文化环境分析

拥有丰富草场资源的大量农牧品种资源的内蒙古自治区是我国重要的畜产品生产基地。根据统计资料显示，到2013年，全区羊肉产量超3000吨的旗县有73个，牛肉产量超3000吨的旗县有53个，奶类产量超万吨的旗县有72个，禽蛋产量超2000吨的旗县有39个，山羊绒产量超50吨的旗县有32个。

2013年，牧业年度牲畜存栏连续9年稳定在1亿头（只）以上，已经具备了年生产241万吨肉、13万吨绒毛、910万吨牛奶和52万吨禽蛋的综合生产能力。牛奶、羊肉、山羊绒、细羊毛产量均居全国第一位，畜牧业综合生产能力位居全国五大牧区之首。畜牧业产值超过 1124 亿元，占大农业产值的 46.1%，撑起了大农业的半壁江山。2015 年，牲畜总头数继续稳定在 1 亿头（只）以上，肉类总产量超 262 万吨，禽蛋产量超 61 万吨，牛奶产量超 900 万吨，畜牧业迈入新的历史发展时期。

在 2014 年 10 月 18 日举行的第九届中国（肥城）国际有机农产品食品博览会中，集中展示了有机农业及相关领域的新成果，为供应商、企业、消费团体之间的交流合作搭建了良好的沟通平台。这次博览会以集中展示"有机、绿色、无公害"等高端农副产品为主体，吸引了 300 多家国内外企业，其中参加展览的企业、合作社多达 160 家。

2015 年 3 月 17 日，2015 年赤峰·中国北方农业科技成果博览会暨全国农高会新丝绸之路创新品牌展示交易在赤峰举行。报名参展的有来自国内 18 个省市地区和 8 个国家的 1000 多家展商，市外展商达 69% 以上。展会中各种有机产品纷纷亮相，吸引了众多顾客的眼球。有机产品无论是在数量上还是在品种上都比以前有大幅度的增加。内蒙古的几家有机农业公司展出了有机大米、有机蔬菜、有机绿豆、有机荞麦、有机肥料以及有机牛羊肉等产品。通过有机产品的大量展出，也加深了人们对有机产品食品的了解和认识。

2014 年 7 月 12 日至 10 月 9 日，内蒙古包头市达茂旗举办了第二届中国游牧文化旅游节。这一具有世界影响的国家级草原游牧文化盛会的延续举办，使更多的人关注水草丰美的草原、关注丰富多彩的游牧文化、关注美丽富饶的达茂旗。游牧文化旅游节举办的系列活动为展示民族、历史、草原、民俗文化搭建了一个时代的大舞台，大大地提升了地区形象，增强了地区文化吸引力。

活动以突出原生态、群众性、娱乐性、产业化和实效性为主要定位。活动内容多姿多彩，如中国达茂草原美食大赛、哈撒儿祭祀文化活动周、第二届中国"爱尚草原"音乐节、草原国际论坛、现代草原房车展等。

二、微观环境分析

（一）供应商分析

达茂旗有机绿色农副产品合作社是由达茂旗境内 24 家中小型公司及合作社所组成，其中七家合作社为肉类供应商，三家为鸡肉鸡蛋类供应商，奶制品、牛肉干和奶茶粉等地方特色小吃共有三家中小型合作社进行供应；有机绿色粮油共有四家小型合作社为其供应；而各类综合产品供应商为六家。文公乡情、德彪、天喜为其主要供应商，产品设计种类多。德彪的肉类产品种类丰富多样、有机绿色有保证。天喜的面粉自主产区产品质量优质，绿色无污染。文公乡情的种类丰富，绿色有机纯天然不加添加剂，品质优良。

1. 达茂旗德彪养殖专业合作社

（1）概况。

达茂旗德彪养殖专业合作社成立于 2009 年 3 月，是内蒙古自治区唯一一家拥有有机牧草种植、有机牛羊繁育、有机肉食品精加工的企业，现已获得国家有机认证、QS 认证，通过了 ISO9001 质量管理体系认证和 HACCP 食品安全管理体系认证。有机肉采用独特的加工技术流程，生产的有机肉容易咀嚼和消化，吸收利用率高，口感好、鲜，营养高。

（2）生产规模。

合作社已建成现代化规模种植、养殖、生产加工基地四处，年可屠宰加工有机肉羊 5 万只，有机肉牛 1 万头，年均生产有机牛羊肉 3750 吨。目前，合作社成员已发展到 165 人，其中农牧民 143 人，占 87%，带动禁牧后非成员牧民进行科学舍饲圈养 242 户，847 人。合作社通过发挥高端品牌优势，开辟有机牛羊肉市场，先后在上海、广东、哈尔滨、北京等地拓展市场，取得了可观的经济效益，2011 年实现销售收入 3.6 千万元，净利润达到 1.2 千万元。

2. 达茂旗毕力格泰民族食品

（1）概况。

毕力格泰民族食品有限公司坐落于美丽的达茂旗希拉穆仁草原，其前身是 2004 年成立的毕力格泰乳品厂。2009 年 11 月正式注册为达茂旗毕力格泰民族食品有限责任公司。

（2）生产规模。

已建成年产 300 吨奶茶粉（固体饮料）生产线一条；年产 100 吨蒙古果条、黄油馓子（油炸类糕点）生产线一条；年产 15 吨传统乳制品（奶皮、奶酪、黄油等）生产线一条。生产经营能力不断提高。公司 2013 年完成产值 1200 万元，实现销售收入 1088 万元，上缴税金 44.7 万元，实现年利润 280.4 万元，如表 9-2 所示。

表 9-2　产品供应商分类

种类	供应商
酒	百灵酒
奶制品	毕力格泰、文公乡情
肉类	石宝镇、牧牛财、茂名安肉业、吉勒、众力、誉丰、宏达、德彪（主要品牌）、文公乡情、丰域
食用油	乡村小子、草原明珠、文公乡情

种类	供应商
鸡蛋	正源、俊英、畅顺、文公乡情、丰域
面粉	天喜（主要品牌）、忠兴、硕惠、蒙盛达、文公乡情、丰域
水饺	蒙香园
农产品	九华、文公乡情

（二）直营店分析

目前达茂有机农畜产品合作社在包头市青山区和昆区都有直营店分布。

1. 直营店经营现状

（1）基本情况介绍。

1）直营店的主营业务及品种：农副产品包括奶食品、粮油、面粉、肉类（包括牛肉、羊肉、鸡肉）、笨鸡蛋等。

2）渠道。村民与合作社生产，销售方式包括自销和直营店的销售。

3）质量及材源。精选乡村优质有机牛羊肉、笨鸡蛋及面粉粮油等，材源取自于村民及村民合作社。

（2）直营店目前采用的宣传方式及促销手段。

1）宣传方式。店内员工发放传单、包头生活广播105.9兆赫进行播放宣传。

2）促销手段。店内有买赠和积分活动。

（3）产品结构。

1）产品类型。有肉类、粮油、蛋、奶制品、酒水（达茂王）等。

2）销售的分布结构如图9-3（a）所示，其中肉类的销售分布图如图9-3（b）所示。

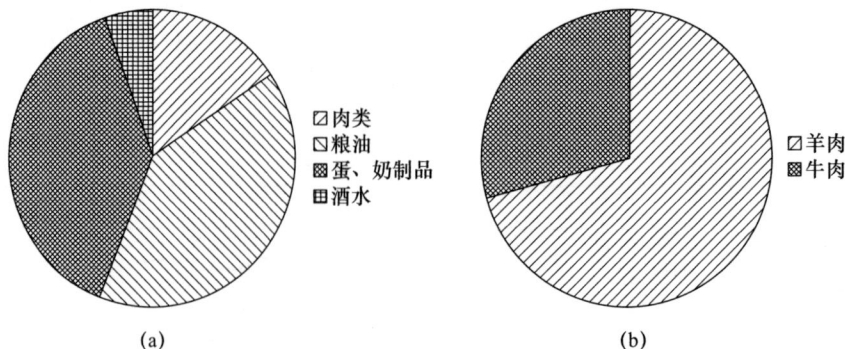

（a）　　　　　　　　　（b）

图9-3　销售的分布结构

2. 直营店存在的问题

（1）群众知晓度不高，人们对这个新产品认识不足，缺乏理性的消费观念，不知道达茂有机绿色食品所带来的好处与优势。

（2）高端客户接触得少，一对一客户接触得少，人们对本产品的产品理念不清晰。

（3）缺乏营养指标和具体的元素（厂家无法给出），需要相关部门鉴定，给出具体的元素指标和数据。

（4）比起竞争者没有自己独特的卖点。

（5）包装说明：直营店不了解，由厂家提供数据。

（存在问题：由于是各类合作社，所以广告语都不统一。）

3. 购买人群

通过问卷调查得出，达茂有机绿色农畜产品的主要消费者是中高端消费群体，问卷显示：购买人群中约有23%是职工，27%为自由职业，20%为企事业单位，30%是白领，其中43%是男，57%是女，在年龄的分布方面：24岁以下为45%，24~40岁为35%，41~60岁为8%，61岁及以上为2%。

购买主体为年龄为20~40岁的高收入白领企事业单位及自由职业者。

（三）消费者分析

1. 消费者对有机农产品的认知渠道

如表9-3所示，近36%的消费者是通过广播电视了解有机农产品，近25%的消费者是通过报纸杂志了解有机农产品，其他的消费者是通过包装说明了解或者是亲朋好友和专业人员的介绍了解有机农产品。此外，一些消费者可能从媒体报道的一些农产品安全突发事件中了解到有机农产品。

表9-3　消费者了解有机农产品的渠道

了解渠道	比例（%）
广播电视	35.84
报纸杂志	24.86
亲朋好友介绍	15.99
网络	7.90

续表

了解渠道	比例（%）
广告	13.49
包装说明	17.73
专业人员介绍	8.29
其他	7.51

2. 消费者对有机农产品的购买行为

（1）有机农产品的购买评价。如表9-4所示，在消费者对有机农产品进行购买评价所考虑的各项标准的调查中可以看出，约有40%的消费者将营养成分放在首位，约有21%的消费者认为价格应该是首先考虑的因素，约有20%的消费者认为应首先考虑是否有安全标识，还有10%的消费者认为口味是最为重要的影响因素。由此可见，营养、价格与安全是消费者选择产品的三大影响因素。

表9-4 消费者对有机农产品的评价标准

	第一位	比例（%）	第二位	比例（%）	第三位	比例（%）
价格	111	21.39	71	13.68	116	22.35
营养成分	206	39.69	142	27.36	63	12.14
是否有安全标识	104	20.04	107	20.62	90	17.34
口味	51	9.83	88	16.96	89	17.15
品牌	23	4.43	35	6.74	63	12.14

（2）有机农产品的购买渠道。如表9-5所示，如果调查对象购买有机食品，多达77%的消费者选择到大型的超市购买，18%的消费者选择专卖店为购买地，其他的消费者则选择到菜市场、网上、便利店、农场去购买。可见，消费群体日常购买行为中的首选场所还是以超市为主。

表9-5 消费者优先选择有机农产品的场所

购买场所	比例（%）
超市	77.46

续表

购买场所	比例（％）
菜市场	9.25
专卖店	17.73
便利店	3.28
网上购买	0.39
农场	3.66

（3）有机农产品的购买支付意愿。调查问卷显示，超过50%的消费者愿意出更高的价钱购买有机食品，说明消费群体对有机食品还是认可的；消费者不愿意购买有机食品的主要原因是价格，其次是消费者对有机农产品的认知不够完整。

3. 消费者购买决策影响因素分析

尽管消费者有购买支付意愿，但是发生购买行为还受到许多因素的制约，只有发生购买行为才能形成市场需求。在被调查样本中经常购买有机农产品的占总体样本的6.38%，偶尔购买的占60.50%，从未购买的占33.12%。可以看出，经常购买有机农产品的比例不是很高，由此证明广大消费者对有机农产品还不是广泛地接受和认可。

（1）有机农产品认知水平。从调查结果来看，影响消费者购买行为的重要因素是其对有机农产品的认知水平，经常购买有机农产品的比例随着消费者对有机农产品了解程度的加深也在逐渐增加，随着对有机农产品的了解程度的加深偶尔购买的比例也呈现增长趋势，而没有购买过有机农产品的比例则随着消费者对有机农产品认知水平的增加而下降。这说明消费者对有机农产品购买行为的增加依赖于消费者对有机农产品更加深入的了解。

（2）消费者经济状况。由于有机农产品的生产成本较常规产品高，所以市场价格也比较高，属于高档食品，所以消费者的购买能力对其消费行为会产生重大的影响。由表9-6可以看出，经常购买和偶尔购买有机农产品的比例都随着被调查者经济收入的提高而呈现上升趋势，其中个人收入每月超过5000元和家庭收入每月超过10000元的群体，经常购买有机农产品的比例出现跳跃性增长。大众对有机农产品的购买行为还取决于经济收入的多少。高收入人群是有机农产品的主要消费市场。

表9-6 被调查样本经济收入状况与有机农产品购买行为

		样本数	经常购买次数	比例(%)	偶尔购买次数	比例(%)	未购买过次数	比例(%)
个人每月收入	1000元以下	110	2	1.82	63	57.27	45	40.91
	1001~2000元	150	7	4.67	85	56.67	58	36.67
	2001~5000元	201	11	5.47	130	64.68	60	29.85
	5000元以上	57	13	22.81	36	63.16	8	14.04
家庭每月收入	2000元以下	39	2	5.13	18	46.15	19	48.72
	2001~3000元	50	1	2.00	29	58.00	20	40.00
	3001~4000元	71	3	4.23	37	52.11	31	43.66
	4001~6000元	112	3	2.68	71	63.39	48	42.86
	6001~8000元	97	2	2.06	69	71.13	25	25.77
	8001~10000元	86	5	5.81	53	61.63	28	32.56
	10000元以上	64	17	26.56	37	57.81	10	15.63

（3）质量品牌。质量品牌是影响购买决策的重要因素。调查问卷以大米为例，分别给出知名品牌有机大米、非知名品牌有机大米、知名品牌非有机大米、非知名品牌非有机大米的价格，让消费者做出自己的选择。从表9-7可以看出，无论是有机大米还是非有机大米，消费者的偏好明显倾向于选择知名品牌。这表明在影响消费者的购买行为选择上品牌起到很重要的作用。如果想要占领有机农产品市场，具有自己独特的、消费者信赖的品牌是至关重要的。

表9-7 消费者对四种不同组合的选择情况

选项	价格（元/千克）	样本数	比例（%）
知名品牌有机大米	34	145	27.94
非知名品牌有机大米	26	90	17.34
知名品牌非有机大米	5.8	235	45.28
非知名品牌非有机大米	4.6	49	9.44

4. 研究结论

调查问卷针对这一板块做了调查总结，以包头市消费者进行实地调查为基础，并对调查所得出的数据进行分析，系统地分析了样本消费者对有机农产品的认知水平，并对有机农产品的购买行为及其决策影响因素进行多角度分析。从总体上来看，消费者对有机农产品的认知水平比较低，并且对其知识了解不多。以大米为例，从数据分析结果来看，绝大部分消费者对目前市场上的农产品存在使用安全顾虑问题。

从消费者购买行为上来看，营养、安全与价格在消费者购买评价中居于重要地位。有机农产品的主要消费群体是高收入人群，而且超市是多数消费者购买有机农产品的主要渠道。所以有机绿色农产品的价格即使高一点，并且保证质量等方面消费者对有机农产品还是认可的，值得购买的。在诸多影响消费者购买决策的因素中，导致有机农产品购买水平不高的很重要因素包括其宣传力度不够，使消费者对其整体认知程度偏低。除此之外，影响消费者购买的不可忽视因素还包括对质量的疑虑和价格的偏高。

（四）竞争者分析

1. 目前市场上的有机农畜产品企业

目前市场上的有机农畜产品企业较多，如中部地区的蒙清农业科技开发有限公司、好联丰有机农牧业专业合作社、成丰农业科技有限责任公司，东部地区的二龙屯有机农业有限责任公司、谷道粮原农产品有限责任公司，具体见表 9-8 所示。

表 9-8　市场上的有机农畜产品品牌

项目 公司名称	地址	涉及领域	代表产品
内蒙古二龙屯有机农业有限责任公司	内蒙古赤峰市	有机大米、有机小米、有机杂粮杂豆、功能合和米等五大系列 38 种产品	黄金米、乌金米、翡翠米
内蒙古谷道粮原农产品有限责任公司	通辽市科尔沁区	有机绿色果仁、植物油、杂粮杂豆、大米、面粉、果蔬及高端礼品系列上百个品种	有机绿色果仁高端礼品系列
内蒙古增嘉园农业有限公司	赤峰市红山区	小米、荞麦米、荞麦面粉、玉米、玉米糁、大豆、绿豆、红小豆、芝麻等杂粮	增嘉园绿豆粉条、绿豆、荞麦粉、小米增嘉园杂粮精品礼盒增嘉园杂粮
内蒙古蒙清农业科技开发有限责任公司	呼和浩特市	集小香米、杂粮产业、种植业、餐饮新农村旅游开发及贸易为一体	小香米、刘三堂、有机杂粮

项目 公司名称	地址	涉及领域	代表产品
好联丰有机农牧业专业合作社	巴彦淖尔乌拉特中旗	以种植玉米、小麦为主，兼种土豆、西瓜、蔬菜、五谷杂粮	好联丰小麦、好联丰小麦粉、好联丰小麦粉3+2、好联丰玉米3+2
内蒙古蒙绿有机农业开发公司	准格尔旗	奶牛养殖场、连锁销售公司、有机绿色蔬菜瓜果洁净加工厂、生物有机肥厂	有机、绿色蔬菜瓜果、奶牛养殖
内蒙古成丰农业科技发展有限责任公司	内蒙古包头市九原区	有机蔬菜、水果、粮油种植和销售	有机红颜草莓、西红柿、香菜、油菜、菠菜、韭菜、水萝卜、乳瓜、尖椒、胡萝卜、青萝、豆角、甘蓝

2. 分析结论

总体来说，市场上目前大部分有机产品的方向是有机绿色蔬菜、瓜果、米面、坚果等品种。例如，好联丰有机农牧业专业合作社，紧靠阴山南麓由山水冲击形成的平原地带，土壤肥沃，这里的农民多年来很少施用化肥，周围30公里无污染企业，经市环保局检测"土壤、空气、水"符合有机种植要求。主要生产各类面粉产品。达茂有机绿色农产品还是很具有市场竞争力的，产品种类丰富而且覆盖范围广泛，利于企业产品的进一步推广。

3. 主要竞争品牌分析

（1）内蒙古增嘉园有机农业有限公司，创建于2010年初，坐落在内蒙古自治区东部赤峰市红山区文钟镇。公司拥有有机杂粮生产基地8000亩、现代化办公楼1200平方米、现代化有机杂粮加工厂房2000平方米、现代化加工设备流水线五条。公司技术力量雄厚，加工设备先进，员工训练有素，是专业致力于传统农业耕作、开发、种植、加工、销售有机杂粮的大型公司。

公司产品主要有自行生产的小米、荞麦米、荞麦面粉、玉米、玉米糁、大豆、绿豆、红小豆、芝麻等杂粮，还有新推出的一系列精品礼盒以及精品西瓜、清脆萝卜等产品。

公司秉承"回归自然，追求健康"的经营理念，周围有符合有机杂粮种植条件的耕地 20 万亩，这里阳光充足，空气清新，雨水适中，自然条件好，农作物采用传统耕作方式，施用农家粪肥，靠天然雨水浇灌，不洒农药、不施化肥，种植有机杂粮条件得天独厚。

（2）内蒙古二龙屯有机农业有限责任公司。位于内蒙古赤峰市的内蒙古二龙屯有机农业有限责任公司，以开发高附加值的有机农产品为主，集种植、养殖、加工、销售为一体的综合性有机农产品公司。

开发生产了有机大米、有机小米、有机杂粮杂豆、功能合和米等五大系列 38 种产品，年生产加工能力可达 10 万吨。改变了玉米、荞麦米、绿豆的粒形，推出"黄金米""乌金米""翡翠米"。

公司始终以"耕者利，食者健"为经营理念，严格按照有机农业操作规程生产，实现"从土地到餐桌"全程无污染控制。同时，在生产中，采用机选、人工手选等 19 道工序精细加工，真正达到有机、安全和健康。

（3）内蒙古金德农牧业科技发展有限公司。内蒙古金德农牧业科技发展有限公司位于内蒙古自治区通辽市扎鲁特旗鲁北镇乌力吉木人苏木。公司主要经营粮食收购、加工、销售；食用油加工、销售；禽蛋类加工、肉食、蔬菜等。

该公司以"利在'三农'、健康民众、面向世界"为宗旨，本着"为耕者谋利、保食者健康"的理念，坚持基地化种植，产业化发展，采取"公司＋协会＋农户＋基地"的经营方式。

三、SWOT 分析

1. 优势

（1）区位优势。物产丰富，名胜古迹众多，区位优势明显；天然草场和耕地众多；农畜产品丰富。

（2）经济发展。①第一产业农产品面积增大，畜牧业经济收入增多；②第二产业在 2013 年为各类企业争取到政策性补贴资金 1307 万元、信贷资金 6.1 亿元；③第三产业迅速发展，政府支持力度增大，2013 年，达尔罕茂明安联合旗成功举办首届中国游牧文化旅游节。

（3）各类资源丰富，有充足的地质资源和光能资源。

（4）产品优势。达茂有机农副产品合作社采用合作社制度，在产品方面优中取优，取各家之长。

（5）品牌优势。达茂有机农副产品合作社里的各种产品均有良好的口碑，在有机产品的各个领域里都属于优质高端的知名品牌。

2. 劣势

（1）各供应商、合作社发展不平衡，制约了整体的发展。

（2）饲养管理方式落后，屠宰设备加工设备相对落后。

（3）机械化普及力度不大，部分地区缺少大型机械运作，投入不足，产出低。

（4）发展水平较低，缺少大规模联合化发展。

（5）各供应商各自为政，没有统一的影响力。

（6）包装不够精美。

（7）虽然某些供应商知名度高，但是合作社整体知名度较低。

3. 机会

（1）合作社专项扶持资金增加、允许承包土地的经营权向金融机构抵押融资、财政资金直接拨付到账等经济方面的支持，给达茂有机绿色农畜产品提供了很好的经济条件。

（2）2014 年中央一号文件的发文，大力提倡合作社机制下的农畜产品销售环境，在政治方面为达茂有机农畜产品合作社提供了很好的支持。

（3）市场机会。目前达茂有机农副产品的销量可观，虽然目前的销量属于中等，但是销量的上升空间巨大。

4. 威胁

（1）有机绿色农产品的价格较高，很多人难以接受。

（2）部分商家、店家以次充好，用一般产品来假冒有机产品；而多数消费者难以识别真假，只好放弃消费；认证机构审核不严，对有机产品认证标准执行不到位，严重影响有机产品的声誉。

（3）产品结构单一。

（4）很多消费者不知有机产品为何物，消费者认知与市场推广度不够，大部分消费者不知道食用有机产品有何好处。

综上所述，选择 SWOT 即机会与优势相结合的战略就是充分利用本合作社的区位、资源以及政府支持的优势，把握时代机遇，打造出一个全国知名的有机农副产品合作社，如图 9 - 4 所示。

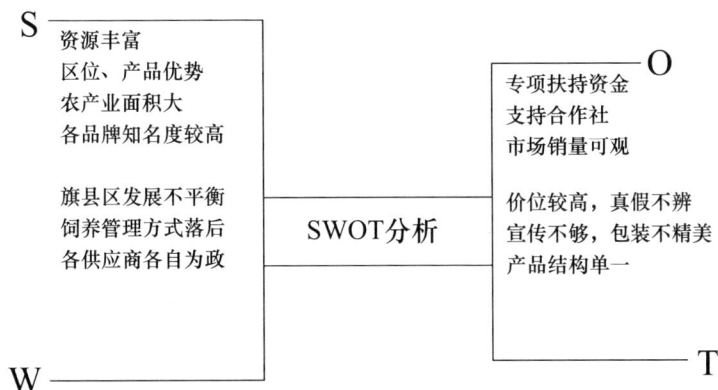

S
资源丰富
区位、产品优势
农产业面积大
各品牌知名度较高

旗县区发展不平衡
饲养管理方式落后
各供应商各自为政

SWOT分析

专项扶持资金
支持合作社
市场销量可观

O

价位较高,真假不辨
宣传不够,包装不精美
产品结构单一

T

W

图 9 - 4 SWOT 分析

第三部分 达茂旗有机绿色农副产品营销战略规划

一、市场细分

以人口因素作为市场细分的标准,从年龄、收入水平、健康意识、消费偏好四方面进行细分。

1. 年龄

按年龄分为青年人、中老年人。青年人为 30 岁上下的年轻人,这一类人群在努力创造自身财富的同时承担着新成立家庭的重担。他们追求物质享受,但是又会存在时间紧迫、金钱不十分宽裕的问题,在饮食方面更是以快速和简单为主,对食品的健康程度不会有太多关注,食品是否为有机绿色农产品也不会是他们所关注的问题。中老年人为 40~60 岁上下且有一定的经济实力、较高的社会地位和对高价位、高品质商品有购买需求的人,这一类人群已经在物质上极大地满足了自身需要,怎样提升精神上的需求以及如何能使自己的品位提升成为他们的主要目标。这类人群在购买食品时比较注重食品的质量与品质,非常在意是否健康,同时在一定程度上会关心该种食品能否体现出他们的社会地位,并且中老年人十分注重养生,对有机绿色农产品有一定的需求。

2. 收入水平

包头地区高收入群体为年薪 20 万元以上的人群,具有一定的经济基础,追求更高的精神享受,他们对自身社会地位的提升、生活品位与质量的提高、健康等方面更加在意，会更加注重饮食方面的天然、绿色、无污染。

3. 健康意识

有一定健康意识的人群为有健康、规律的生活，对养生方面有极大的兴趣与研究的人，做每一件事情的出发点是是否健康或是否对自己身体好。这一类人群将身体健康放在首位，一切都以健康为重。在生活、饮食上不会马马虎虎，怎样健康就怎样做。

4. 消费偏好

按照消费偏好分为实现者、成就者、争取者、实践者和谋生者。①实现者是指有高收入、高地位，自强自尊，人脉广泛的人，可以随心所欲地消费，个人形象对他们很重要，彰显他们的品位。这一类人群喜欢挑选名贵和个性化的产品。在食物方面对健康、有机、绿色有一定青睐。②成就者是指事业成功、家庭幸福的人群，他们拥有较多的资源。③争取者是指拥有较少资源，价值观与成就者相似，但是收入较低、地位较低，他们试图模仿所尊重和喜爱的人的消费行为，对绿色有机产品会因为模仿而购买。④实践者是指年轻自由，平均年龄在 25 岁左右，喜爱体育运动，会从事各类社会活动。他们尤其热衷于新的产品和优质的服务。⑤谋生者是指消费者中收入最低，生活在最底层的人群。他们为满足基本生活而奋斗。他们年龄相对较大，平均年龄 61 岁左右，可以在承受范围内选择自己钟爱的品牌。

二、目标市场选择及定位

根据达茂旗有机绿色农副产品市场细分情况，得出应该将达茂旗有机绿色农副产品的目标市场定位于包头市人口较多、收入水平较高、地理位置较优越的区域，处于 40 ~ 60 岁具有较强消费能力的中高端消费群体。

三、营销战略实施目标

品牌知名度的提升需要合作社有良好的公关活动，能够使合作社在对外销售农产品时提供良好的信誉，营造良好的社会营销环境。主要有以下两点：①积极参加各种公关活动，离消费者更近；②与食品安全、环境监察等机构建立联系，扩大影响力。

知名度的提升同时也离不开销售人员。要让消费者明白绿色有机食品和普通食品的区别，并且通过销售团队的宣传了解绿色食品的营养价值，激发消费者的购买欲望。

除此之外还要对消费者进行具体的分析和灵活的营业推广，例如在购买有机农产品时采取赠送礼品、优惠券抵用现金、对商品进行包装、免费品尝有机农产品的鲜美味道、利用累计购买次数进行折价销售等方式。因此要灵活运用各种方式，发挥最大效果，扩大销售。

在提高市场占有率时，建议中等城市设专卖店或专柜2~3家为宜，过多会引起恶性竞争，过少会让消费者找不到购买的地方而失去消费者，因此要把握好这中间的度；同时开展绿色食品配送业务，在高中档小区门口成立实体店，进行货物的免费配送，提高知名度，并且为各大饭店提供有机产品，让消费者体验尝试，扩大销售额。

通过营销推广，使得达茂旗有机绿色食品在内蒙古自治区的同类产品中具有较高的知名度。为此战略的实施情况和成效评估如下：

市场占有率达到5%左右，品牌知名度在包头市达到30%；在3~5年，营业额实现质的飞跃，创历史新高，达到1000万元。争取在内蒙古自治区的市场占有率达到30%，品牌知名度达到70%。

从现有的有机农食品中，养殖或引进更多的农产品，例如，运用科技手段将农产品的有害杂质去除掉，留下有营养的东西，从而让消费者喜欢；完善从生产到销售的整体环节，每一步都要做到有序。在销售有机农产品的同时也要对消费者的意见做出回馈，如对现有产品的意见以及对未来有机产品的建议，确保在现有的基础上做出新的调整。

毋庸置疑，由于公司知名度高，同时树立了良好的形象，消费者会对此充满信心，也就会更加放心地购买。潜在消费者会被知名度所吸引，消费者因其受到公司实实在在的好处被打动，从而成为公司的忠实客户。因此可以参考其他公司调整营销战略前后消费比例。例如，大连东方农庄调整营销战略前后消费比例，如表9-9所示。

表9-9 调整营销战略前后消费比例　　　　　单位：%

客户类型	潜在消费者	长久消费者
调整营销战略前消费比例	71	29
上市后消费比例	46	54

第四部分　达茂旗有机绿色农副产品营销策略

一、达茂旗有机绿色农副产品的产品策略

达茂旗有机绿色农副产品的突出性能形成了产品的差异性，这些成为产品本

身最大的优势。从食品的材质、口感、功效及包装来看，达茂旗有机绿色农副产品可以称为农副产品中的新型换代产品，采用纯天然的绿色有机的生产模式，使达茂旗有机绿色农副产品具有健康、绿色、有机、高档的品质。

达茂旗有机绿色农副产品拥有胡麻油、肉类、奶制品、面粉、白酒等几十个品牌以及上百个品种的有机绿色农副产品。将农副产品由生产基地运输到检验检测配送中心，再经过很多的程序检疫，最后才送到直营店，供消费者购买，减少了很多中间商的加价环节，保证了价格的稳定，同时也保持了有机绿色农副产品的新鲜感和质量。

有些产品具备精美的包装，不仅是消费者日常所使用的食材，同时也可以用作节日礼品和招待贵宾，其特色突出绿色有机产品，全天然无公害。

1. 产品组合

对于产品组合还应从以下三个方面多做努力：

（1）包装：根据顾客的不同采用不同的包装方式，如简包装、精包装、礼盒包装盒等不同档次，形成不同档次之间的价格差额。

（2）花色：是指在同一种商品中，规格相同、花色不同的商品之间的价格差额。例如，酒有白酒和红酒之分，从而让顾客有更多的选择空间。

（3）新产品：新产品与原有产品相比，在结构、功能、用途或形态上发生了改变，推向市场以满足新顾客需求的产品。主要有全新产品、换代产品、改进产品和仿制产品。在有机绿色农副产品中，主要采用换代产品。例如，在饲养牛、羊、鸡牲畜时完全采用进口饲料或者自己种植的纯天然饲料，丰富家畜的营养，从而为人们的身体健康提供保障。

综上所述，首先，对肉类组合的产品应当采用精包装、礼盒等包装方式，这样更有利于送礼；其次，当地特色小吃包含牛肉干、奶茶、馓子、奶制品、羊肉、果条等几种特色产品采用不同的花色来销售产品，因为消费者更重视产品口味和颜色以及样式，这样有利于消费者对特色小吃的踊跃购买；最后，增加产品的花色品种，使消费者有更多的选择权。

2. 产品品牌

达茂旗有机绿色农产品有德彪、毕力格泰等一些知名品牌，深受消费者喜爱，因此在达茂旗举办一系列中国游牧旅游文化节等活动，扩大产品的品牌知名度。

但只有这两个产品还不能满足消费者的需求，因此，应做到以下四个方面：

（1）申请专属的达茂品牌，更加具有产品和品牌的双重象征意义；

（2）同时注册新产品品牌，努力让其逐渐成为像德彪、毕力格泰一样的知名品牌；

（3）通过德彪、毕力格泰等知名品牌带动其他品牌的销售，更进一步地带动当地经济的发展，施行双品牌策略；

（4）地域区域品牌：对不同的地区实施不同的品牌策略。

二、达茂旗有机绿色农副产品的价格策略

达茂旗有机绿色农副产品合作社主要以经营各类绿色有机农副产品为主，在产品价格上，相比平常的普通农副产品价格要高，而且有些农产品的价格并不能让大多数消费者接受。

针对上述情况，要选择需求定价方法和产品组合定价方法来进行农产品的定价。

1. 需求定价

需求定价主要因为在农副产品销售上有淡旺季之分，尤其肉类产品，每年10月到第二年2月，销售会更加容易，销量会增加，因此在旺季期间，相应抬高一部分产品价格，来获得更多的收益。而在淡季时期，降低相应产品价格，来吸引顾客消费，如表9-10所示。

表9-10　淡旺季市场价格浮动

产品	原价	旺季	淡季
誉丰牛肉	48.5元/斤	55元/斤	46元/斤
蒙古手扒肉	46元/袋	54元/袋	43元/斤
俊英笨鸡	108元/只	115元/斤	104元/斤
绿宝猪骨	63元/袋	70元/袋	60元/斤

2. 组合定价

将一部分关联产品相组合或者将畅销产品与滞销产品相互组合，并给予一定优惠价格，采用产品组合定价策略，来促进消费。

在产品组合中，可以将产品分为两种类型组合，一种组成特惠组合，将两种或几种畅销产品相组合进行促销，促进销量；另一种组成礼盒组合，将高档类产品相组合，并对产品进行精美包装，针对高端商务客户组成礼盒产品，如表9-

11 所示。

表9-11 产品组合定价（互补产品定价）

组合产品	旺季	淡季
有机羊腓骨158元/斤 + 正源鸡蛋36枚68元	230元	220元
有机带骨羊后腿126元/斤 + 手工羊肉馅51元/袋	188元	170元
有机精卷肥牛97元/斤 + 达茂王53度173元	275元	260元
文公荞麦粉46元 + 奶茶480克25元	80元	65元
牛肉干500克85元 + 百灵河王酒53度173元	270元	255元

公司一般都会希望生产经营系列产品，而不只销售单一品种，使档次、产品品种、规格、式样、花色、等级等多样化。由于产品之间存在差异，因此在价格上也应该有所差别。差别一般可分为品种差价、档次差价、规格差价、式样差价等形式，如表9-12所示。

表9-12 产品组合定价（系列产品定价）

品种差价	蒙香园猪肉水饺450克9元 蒙香园羊肉水饺450克10元
档次差价	畅顺鸡蛋单盒10枚19元 畅顺鸡蛋礼盒40枚56元
规格差价	达茂王36度198元 达茂王53度173元 奶茶480克25元 奶茶400克18元
式样差价	茂明安大手扒肉44元一斤 茂明安二手扒肉37元一斤

三、渠道策略

1. 直销渠道

（1）直营店。由达茂旗有机绿色农副产品合作社直接经营的连锁店，对达茂旗有机绿色农副产品进行直接经营、投资、管理，并对达茂旗有机绿色农副产品进行直接销售，有权进行价格的规划与调整。

优势：①企业可以对直营店进行较为直接的控制，可以把控企业对产品销售以及宣传各方面规格的产品；②可以减少从生产到销售之间的流程，节约成本；③可以让销售的产品更快地进入市场，缩短中间流程环节，保证产品更加新鲜。

（2）网店。与天猫、淘宝等知名电商网站合作，运用网店进行直营或者预定，与各地的消费者进行信息交流。

优势：①消费群体将逐渐增大，市场前景将更加广阔。②产品知名度会逐渐提升。③低成本地扩大市场。

（3）市场批发商。食品市场批发商由自己进货，取得达茂旗有机绿色农副产品所有权后再批发出售。

优势：①销售网点逐渐增多，销售范围逐渐扩大，提高销售量。②对产品以及品牌知名度会逐渐提升。③将产品平民化，接受产品的消费者将逐渐增多。

2. 酒店饭店

在酒店饭店中，大部分使用价格较低的普通食材，也有些要求较高的客户会选择较高档的绿色有机无公害食品来作为自己的食材，这部分客户是关注的对象。

（1）宾馆酒店类特点。为了达到星级标准和提升档次，有些会选择使用高档食材，由于行业间竞争激烈，所以市场更新很快。

（2）娱乐休闲类特点。这种场所对食材要求更加苛刻，绝大部分食材要求特色、健康、营养从而吸引消费者，因此对有机绿色农副产品的需求量相对较大。

（3）农家乐特点。农家乐已经成为城市消费者，体验自然乡村生活的不二选择，来到农家乐必然要品尝天然有机绿色食品，也将会对产品有较高的需求量。

3. 代理经销商

（1）生产商代表。了解达茂旗有机绿色农副产品的产品线，并利用广泛关系来销售达茂旗有机绿色农副产品。

（2）销售代理商。在签订合同的基础上，为达茂旗有机绿色农副产品合作社销售某些特定的产品或全部产品，对价格、条款以及其他交易条件可全权处理。

（3）采购代理商。与顾客有长期关系，代理采购负责为其收货、验货、储存并将物品运交卖主。

（4）顺丰优选。产地直采模式是顺丰优选 2013 年启动的全新生鲜电商供应链模式。

4. 产地直采的闭环供应链模式具有以下四个特征

（1）预售模式。顾客下单后才开始采摘，完全按需采摘，完全实现零库存售卖，同时实现健康的资金流。

（2）快速物流。在 24 小时内通过顺丰航空极快物流直达消费者手中，这是国内其他任何生鲜电商不能够实现的。

（3）温度控制。"全程冷链"但"非冷藏"，对产品实现有效的保障，同时避免因冷藏造成的对新鲜度的影响。

（4）采购优势。顺丰依托在全网布局，顺丰速运各地的员工，可帮助顺丰优选深入原产地进行选品，有些客户为了抢到当年各荔枝品种的"头茬儿"，顺丰优选的采购人员春节刚过就开始深入荔枝原产地做调研、选品、与供应商接洽，地方政府、顺丰速运员工也会帮忙做推荐和协助。联合中国惠农网，采用线上到线下的方式，用户通过网购，最后农副产品通过物流配送公司配送到消费者家里，如图 9-5 所示。

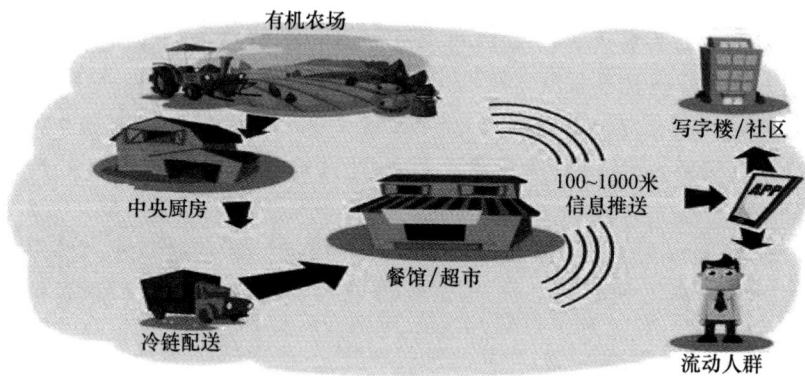

图 9-5　物流配送

四、促销策略

1. 广告宣传

在广告宣传方面，广告费用的出资人会采用非人员的方式，将产品的理念以及产品的形式、特色，告诉接受广告宣传的消费者，而对于广告的展现形式，也会是各种各样的，广告会出现在消费者所接触的各项媒体中，如电视广告、报纸刊登以及广播宣传或者杂志版面的宣传，通过这样的宣传形式，将产品展现给广大消费者。这也决定了广告对于新品牌是非常重要的，通过广告将良好的品牌形象展现给广大的消费者。

（1）可以通过赞助一些知名的文体类活动，提升自己产品的名气，让广大消费者熟悉并了解产品，刺激更多的消费者前往购买。

（2）在公交站牌、出租车 LED 顶灯、公交车车身、路边风旗等宣传媒介上合理运用，引领广大消费者对产品留下深刻的印象。

（3）定期举办养生健康讲座，通过养生与健康的知识讲授宣传该公司产品。

2. 店面促销

商品促销的形式数不胜数，在现代市场经济大环境下，平时最常见的是商品打折，节假日期间购物返代金券，购买商品赠送礼品，甚至运用拍卖的形式来吸引广大顾客。达茂旗有机绿色农副产品采用按客户购买的数量多少再进行分配政策，购买量小的优惠少，购买量大的优惠多，团购从优。还有许多吸引顾客的方式可以促进人们购买量的提高，可以设立一些购买的条件来对客户进行吸引，等吸引到客户的关注后将通过条件来刺激客户对产品的消费，这样的方式就会促使产品的销售速度快于平常，也促使销售产品的数量大幅度提升。但是这种方法也不是一味地加快销售速度提高销售产品的数量，这也会使产品的盈利能力大打折扣，也就降低了顾客对于产品的忠诚度。因此在使用各类促销方式的同时，要合理运用、适当使用，针对实际情况，要有效地运用多种促销方式，互相结合，谋取利益最大化。

3. 小区推广

目前，居民的住宅小区已经成为各种产品销售员所要抢占的市场，其中中高档的小区更成为销售的新途径，而此次的产品正是与老百姓息息相关的有机绿色食品，所以针对中高档小区的推广也应该成为销售人员的重点，采用进入小区推广的方式，与那些有购买能力并有购买意向但并不了解商品的客户进行近距离的沟通交流和宣传，培养忠实于产品的固定客源，在小区推广这一促销方式上，使顾客购买完产品就可以回家使用，并且会很便捷地与企业交流。这也反映出小区推广这一形式具有目标性、针对性、节约性、显著性等几大特点。但是该方法对销售人员的各项素质要求就会相对较高，必须具备相当专业的水平，可以很科学地与顾客进行有效的交流。

4. 网上销售与微信平台推送

该公司已经初步建设了官方网站，并能够简单投入使用，通过官网推出针对客户的各项优惠活动，将客户进行有效的区分，对于不同客户推出形式不同的优惠政策或者面对大群体客户推出真正优惠的团购活动政策来促进消费，并且逐渐利用网络媒体对公司的产品采用网络媒体销售的新途径，许多类似产品的厂家，都在逐步推出自己的电商平台，面对竞争激烈的形式，我们也要快速地推出方便消费者的电子商务平台。在互联网销售的新兴时代里，互联网销售在很大程度上降低了传统店面销售上的成本，但凡事必有利弊，面对互联网购物，也会降低客户在选购商品时的体验度，顾客不能切身体会商品。

公司还建设了以微信平台为基础的微营销建设，建立微信公众平台，不定时地推出活动，与消费者的亲情互动，以及产品的更新和促销活动。

具体方式如下：

（1）先在左侧栏目管理下点击产品管理项，然后在中间编辑区选择"单图文消息"或"多图文消息"进入编辑界面。进行促销或某种农副产品的货物上架（单图文消息适合一条消息一个主题，多图文消息适合一条消息多个主题）。

（2）进入编辑界面后添加相应的所销售产品、封面图片、摘要及消息正文后保存；如果想看看编辑后的效果可选预览，输入自己的个人微信号，让消息发到自己手机上看效果。

（3）进入群发功能，设置好群发的对象、性别、地区后，在下面的内容选项上选择最后的"图文消息"，然后选择刚才在素材管理中编辑好并保存的图文消息，查看无误后点击下方绿色的群发按键即可发送信息。

5. 亲情销售

在产品销售上，很大一部分销售人员的角色发生了新的变化，他们从单一的销售员逐渐地转型成了产品专家甚至是产品使用问题的解决者，这在很大一方面就引导了消费者，销售人员将非常熟练地掌握产品的功能以及性能，并可以将产品的功能延伸做到极致，这样，在有机绿色产品的销售过程中，销售人员将会围绕产品掌握非常多的养生知识，他们从销售人员变为了产品的推广人员，更成为了消费者健康问题的解决者，不仅在销售过程中提供产品的功能介绍，还会成为顾客的健康问题解决者，为消费者提供有效的建议，这样在很大程度上会感化消费者，并使消费者对产品以及销售人员产生信赖。

五、政府权力

1. 政策扶持

（1）种养殖方面的扶持政策。国家在节水、农业产业化、畜牧标准化养殖、沼气池建设等这些农业新项目上给予很大力度的财政补贴，并鼓励农民积极参与这些新农业项目。禽养殖存栏万只以上蛋禽、生猪养殖存栏千头以上生猪或百头以上母猪给予扶持。

（2）农产品销售方面的扶持政策。

包头市政府在引导和帮扶农牧民发展上，根据农牧民发展优势，也提出了新颖的思路以绿色有机农产品发展为方向，达茂旗各级政府积极引导配合农牧民从自身特长出发，将自己的绿色有机农产品作为产品，缩短了生产与销售间的距离，将最好的农产品投入到市场中，前期政府投入了300多万元的资金，在包头各区中，开设了四家达茂旗有机绿色农副产品的直营店，并且统一了产品的标识，并经销了20多个品牌以及200多种农副产品，受到了广大包头市民的欢迎，也在市场中赢得了良好的声誉。

对农副产品平价商店给予扶持。例如，物流的运送、店长和店员的工资等。

2. 组织机构

在直营店稳步发展的同时，包头达茂旗政府还根据市场要求，对该项目进行进一步投资，建设了农产品质量与安全检验检测配送中心，完全免费为农牧民生产的优质绿色农产品进行科学检测，对该管线区内检验的产品质量安全进行记录备案，即让农牧民的产品得到了有效的质量保证，也同时让消费者可以放心购买有机绿色农产品。

3. 推广活动

2014年在包头市农畜产品认证推进工作座谈会召开之际，达茂旗政府为了扩大宣传、展开"有机宣传周"的活动，达茂旗政府将该会议争取到达茂旗举办，这也是为了达茂旗有机绿色农副产品的发展多做一点工作。达茂旗质量监督局在这一宝贵的机会下，不仅积极并有条不紊地筹备会议，同时还加大宣传力度，将自己的帮扶产业重磅推出。在会议召开的同时还群策群力地研究各项有效的宣传方式，采用全方位全面覆盖的方式，宣传自己的特色产业，并且获得了养殖以及加工的双有机认证。各级政府为了帮扶各牧民产业的发展，积极地为他们搭建一切可以促进销售提高知名度的有利平台。2015年，包头政府组织了达茂旗有机绿色农产品中的 15 家优秀代表机构，参加了包头市农畜产品展销会，在仅仅两天的时间里，这些品牌就达到了 120 万元的惊人销售额，从这样的情况下来看，该产业是非常有发展前景的。2016 年 7~8 月，包头市有机农畜产品交易会以及"华宇杯"达茂旗农蓄产品交流会上，达茂旗有机绿色农副产品又一次将自己的王牌产品推到了广大市民消费者的面前，受到了广大市民的喜爱与认可。

六、公共关系

1. 公益活动策略

在当今社会发展的大环境下，企业已经不是一味地为了利益而不择手段，企业在面对社会各界的需求下，公共关系对于一个想要走得更远的企业来说，是不可或缺也是至关重要的。一个企业拥有良好的公众关系，已经成为了一家企业得到飞速发展并稳步前进的重要前提，使企业可以得到社会各界的广泛认同以及赞誉，积极地去参加各项公益活动，在企业发展的同时，积极地参加社会中的公益活动，这是企业在处理公共关系上的必经之路，也是正确的发展道路。

2. 链接社会

结合产品特点举办可以链接社会大众的大型活动，从而提高内蒙古达茂联合旗现代农牧业的知名度。依据内蒙古达茂联合旗现代农牧业的特点主打有机牛羊肉、粮食、油、面、奶食品等，因此应当举办与产品相关的活动，突出产品特点。例如，举办以牛羊肉为主的厨艺大赛来吸引大众目光，从而提升自身的知名度，以及举办达茂那达慕或农业交流会来吸引外来游客的目光，从而打开外部市场。

3. 调动各方面关系

在发展的同时，还要重视发展过程中的许多参与者，如投资者、竞争伙伴、社会公众关系等各方面的关系也需要合理地去对待，积极调动各方面的积极性，争取由单赢转化为多赢。内蒙古达茂联合旗现代农牧业的主要竞争对手为锡林郭勒盟羊肉、科尔沁牛肉。应当重视竞争对手，做好公关活动，从而了解竞争伙伴，调动各方面的积极性。积极参加同行业间的交流会，以及多与社会公众沟通，树立良好的形象。

4. 处理客户间关系

在应对客户关系上，要正确地处理客户与渠道商以及大客户之间的关系，只有保证客户关系，才能使产品更有生命力、品牌更有延续力。了解市场需求，与其建立良好的长期关系。

第五部分　达茂有机绿色农副产品的宣传推广方案

一、传统宣传方式

1. 户外广告宣传

包头广播电台100.1兆赫、89.2兆赫等冠名报时。

89.2兆赫包头交通文艺广播电台在交通易拥堵时段（早：8：00～9：00，晚18：00～19：00）冠名播出路况信息。

微信公众号平台进行绿色有机农畜产品知识宣传。

利用89.2兆赫广播电台进行绿色有机农畜产品知识健康讲座。

2. 广播宣传

（1）吊旗广告。少先路、阿尔丁大街、钢铁大街等路灯两侧以及高端小区（如丽日花园别墅区、甲尔坝附近）巨幅广告宣传。

（2）LED大屏展示。昆区王府井LED大屏幕、万达宣传屏、娜琳步行街LED大屏幕、蓝天商厦LED大屏幕等适合宣传的各个大型商超的宣传屏幕。

（3）翻转展示牌。钢铁大街、文化路华联超市附近、包百步行街中央大道附近、火车站、飞机场。

（4）公交站牌灯箱广告赞助、呼包鄂城际列车内饰（座椅套）赞助、酒店推广（香格里拉大酒店、神华国际大酒店、小肥羊大厦）等。

3. 车体广告

（1）公交车车体广告。

发布路线：①1路公交车——包百大楼、达丽雅、科隆大酒店、友谊广场、科大；②5路公交车——包百大楼、达丽雅、八一公园、科隆大酒店、市政府、银河广场、民航大厦、一宫、赛罕塔拉公园；③10路公交车——冶金研究所、劳动局、九星电子大楼、娜琳商厦、自由路、民族路、赛罕塔拉公园、转龙液酒厂、二宫；④11路公交车——包百大楼、达丽雅、八一公园、娜琳商厦、科隆大酒店、劳动公园、劳动局、商业局。

发布日期：2014年9月27日起。

发布形式：车体车身挂牌广告（车身内侧外侧挂牌、车位挂牌、公交车内把手，以及靠背粘贴或者悬挂宣传广告）、车载大牌，循环播放所宣传内容。

广告内容：绿色达茂产品，引领健康生活（达茂来了，生活牛了）。

（2）出租车座椅投影及公交车 LED 灯广告。

1）广告语：绿色达茂产品，引领健康生活（达茂来了，生活牛了）。

2）时间：2014 年 9 月 27 日起。

4. 海报宣传

张贴于直营店、活动超市门口，重点要醒目，吸引人的目光。

二、网络宣传方式

1. 百度

（1）百度百科知识创建。

1）有机食品。有机的食品（Organic Food）亦称作生态或生态食品等。有机食品是国际上对无污染天然食品比较统一的提法。有机食品源于有机农业生产，这是依照国际有机农业生产的要求和相应的生产标准进行加工的。

2）有机牛羊肉。有机牛羊肉具有的功效非常之多，它具有性温属热、补气滋阳等效果，还有暖中补气、开胃健脾的功能，并且还可以祛除湿气避寒冷、暖胃寒。春季吃羊肉可以利肺，并且可以对人体排汗具有非常好的效果，可以有效地释放体内的毒素。秋冬季吃羊肉助元阳，并且可以补充精血，可以治疗肺虚，

并能够益劳损。据调查所知，羊肉其中含有的钙铁锌硒维生素、铁质，均高于猪肉，因而吃羊肉对肺病、气管炎、哮喘和贫血、产后气血两虚及一切虚寒症等疾病最为有益。

3）达茂旗的有机牛羊肉系列。"达茂有机牛羊肉"可以根据特定气候，以及洁净的水草通过天籁的内蒙古达茂草原，孕育出独步天下、品质一流、味道鲜美的牛肉，成就了达茂旗有机牛羊肉高密度下的醇香和细嫩，并且可以进行营养的滋补。达茂旗有机牛羊肉主要具有肉质鲜美、营养丰富、胆固醇低、味道纯正、口感极佳、肌肉弹性非常强、拉力非常大、无膻味等主要特质，深受消费者的好评。达茂旗有机牛羊肉，来自达茂旗养殖专业的合作社，并且是国内唯一一家具备有机牧草种植且拥有有机牛羊繁育、有机肉食品的精加工企业，而且获得了国家认可的双有机认证的合作社。采用独特的加工技术流程，生产的有机肉容易咀嚼和消化，吸收利用率高，口感好、鲜，营养高。

（2）利用百度推广。

2. 微信平台

（1）创建微信平台：①输入"微信公共平台"；②点击"公共平台登录"；③点击右上角的"立即注册"；④填写相关信息，进行注册；⑤创建完毕后，并且可以进行相关的有效编辑，如右上角的"高级编辑"一栏内容；⑥点击"进入"，点击"编辑模式"界面，接下来可以进行普通的编辑；⑦普通编辑可以设置简单的回复；⑧如果将要进行更复杂的可以点击"开发模式"；⑨认真填写相关的链接，并且可以进行更复杂的操作。

（2）微信宣传方式：①找专业的人士推出养生的文章，让人们经常转发；②转发后的人若拥有60个赞的，拥有"×××"礼物一份。

3. 微博平台

（1）由段子手编写一些幽默诙谐的文字，能够让人们会心一笑；
（2）转发给亲朋好友10次的，赠送"×××"礼物一份；
（3）利用名人，如"中国好声音"中的学员，给他们提供好的段子或者是文章让他们来传播达茂旗有机农畜产品。

三、会员制

凡是在活动期间（10月1~7日）进店消费任意金额的顾客，都可以获取金卡会员卡一张（每日仅限前10位顾客）。会员卡详细信息如表9－13所示。

表9-13 会员卡办理信息表

项目类型	优惠一	优惠二	优惠三	优惠四	优惠五	备注
普通消费者	采用积分制，积分满888即可免费享受升级金卡会员的待遇参加店内优惠活动，不享受其他贵宾待遇					
金卡会员卡	店里所有商品（特价商品除外）全部享受九五折优惠	采用会员积分制度，消费积分满额（2000积分）即可享受免费升级到白金贵宾卡待遇	享受特殊积分赠送（详情见积分详情表）	生日当天可凭本人身份证到各大门店领取价值××元的代金券和礼品	年底可凭积分到各大门店领取礼品	代金券每次仅限使用一张，剩余金额不返还
白金贵宾卡	店里所有商品（特价商品除外）全部享受八八折优惠	采用会员积分制度，消费积分满额（6666积分）即可享受免费升级到钻石VIP卡待遇	享受特殊积分赠送（详情见积分详情表）	生日当天便可以通过本人身份证去到各大门店领取价值××元的代金券和礼品	年底可凭积分到各大门店领取礼品	
钻石VIP卡	店里所有商品（特价商品除外）全部享受七五折优惠	积分可兑换购物代金券、礼品	享受特殊积分赠送（详情见积分详情表）	生日当天可凭本人身份证到各大门店领取价值××元的代金券和礼品	年底可凭积分到各大门店领取礼品	代金券每次仅限使用一张，剩余金额不返还

注：最终解释权归达茂旗有机绿色农畜产品合作社所有，如有疑问请进店详询。

附　录

附录一　针对达茂旗德彪养殖专业合作社系列产品的主题活动

具体活动实施方案

活动主题：达茂旗德彪有机牛羊厨艺大赛

活动时间：2014年10月1～2日每日13：00～15：00

活动地点：包头市阿尔丁广场（或者大酒店）

活动目的：提高品牌知名度，普及有机食品的知识

传播企业文化，提高公众对健康有机饮食的意识

报名地点：包头市各达茂旗有机绿色农产品直营店、万达广场现场报名、电话报名（××××××××××）、网上报名（微信公众号－×××××报名）

活动评委：三个专业评委（××××××××××××××××××××××××××××）

现场观众评委：现场观众中抽选五名充当大众评委

1. 活动前期工作安排

（1）给各门店负责人以及工作人员开会进行工作分工，明确每个员工需要负责的板块，责任落实到个人。

（2）制作宣传材料、广告条幅等，并发放到各门店，让其进行宣传。

（3）设点宣传，在万达广场内外设点，拉条幅、布幅、升热气球等很容易聚集人气的宣传物料。

（4）需要发放宣传资料，这是较为常见的方式，并且要进行资料搜集。

（5）与其他行业品牌联合进驻。

（6）赞助小区物业的活动，如业主联欢会等。

（7）准备好需要用的食材、厨具、桌椅、宣传资料、小礼品、评分表等。工作人员必须着统一服装。

2. 需注意的细节

（1）对客人要面带笑容，"您好，我是达茂旗有机绿色农产品公司的员工，有一些活动的资料想给您看看"；

（2）必须和业主索要电话，"因为到时候有优惠活动，我们好随时通知您"；

（3）一般可分为3~4人一组，男女搭配，女性进入住户进行宣传，男性负责记录宣传内容；

（4）客户信息搜集后，把有意向的客户邀请来，颁发邀请函，客户可使用邀请函领取小商品，享有VIP待遇；

（5）活动的提前准备，工作人员要确认客户是否确定要来参加并且一定要强调业主携带邀请函来现场。很重要的一点，活动现场一定要安排专人收回邀请函。

3. 比赛规则

比赛项目主要是做肉食，选手可以自行发挥、烹调，依照选手对时间的把

控，以及菜品的搭配，包括创意的设计，评委根据菜品的色、香、味、意、形、养等方面评分。

（1）比赛时间：20分钟。

（2）比赛要求：①参赛队伍的食料都进行自选，要求比赛之前进行清洗整理，而且需要事前带入现场，而且必须保证新鲜和安全；②参赛队伍可以家庭组合的形式，也可自行组队参加，参赛队员不超过2人，比赛不允许请外援，否则按零分处理。

4. 评分细则

（1）评判内容。参赛队伍都将所穿衣物进行消毒处理，保持良好的现场秩序和环境，保持现场环境的整洁有序和平稳摆放。用专用的清洁工具、专用勺去修整原料，生熟等部分都分开，绿色养生健康是我们的主题，规范遵守现场的秩序，菜品做完后，就在菜品后进行等待，并且可以进行拉票。

根据比赛内容的要求，比赛项目将设有一等奖一名、二等奖二名、三等奖三名。

（2）评分标准。本场比赛能够按每道菜十分制为标准去进行评分：①味道（2分）。是指口味独特且纯正，主要味道突出，调味品、调味量均适中。②质感（2分）。是指火候适当、肉感鲜明，符合应有的特点。③观感（2分）。是指主体辅料配比合理，规格整齐、色泽自然，装盘比较美观。④营养卫生（2分）。是指生熟差别之大、营养配比之合理，而且符合卫生标准。⑤创新加分（2分）。是指可食性原料、调味品、烹调的技艺、装盘成品、造型款式等方面有创新者的菜肴给予加分。

（3）不给予评分和不能获奖的情况有：①严重过失。参赛者使用变质的食材，使用人工色素和用铁丝、塑料等物品进行食品的支撑或装饰（果蔬雕除外）。②不服从大赛的总规则，擅自决定由主观原因引发事故。③比赛超时。遵守比赛时间，每道菜为10分，加上上台前后准备时间不超过20分钟一道菜。比赛选手的表现由监理长（评委担任）监督，发现违规行为的，要报专家评委会协商；发现有严重过失的，将由总裁判长确定是否获奖。

（4）计分办法：①比赛采用十分制，去掉一个最高分去掉一个最低分，通过均分计算；②评判小组接到赛场传递来的参赛作品，首席专家评委三名，占总分数的60%；③现场大众评审五名，占总分数的40%；④由总裁判长将三位专家评委的总分加上大众评审评分，得出最终总分。

（5）评分表见附录二。

5. 比赛宣传方案

（1）利用出租车、公交车车后窗的 LED 灯箱进行滚动活动宣传。

（2）利用广播，在上下班堵车高峰期播放。

（3）在万达广场外张贴活动宣传海报。

（4）广场内悬挂竖形条幅（参考万达广场室内条幅样式）。

（5）在门店张贴海报宣传。

（6）升空气球。

6. 现场活动流程

（1）由主持人宣布比赛开始，并请达茂旗有机绿色食品包头地区负责人讲话。

（2）比赛第一项：餐饮知识问答（问题见附录三）。

（3）比赛第二项：指定菜的制作（制作时间 20 分钟）。

（4）送评：统计人员将到各评委处拿到评分表复核无误，去掉一个最高分去掉一个最低分之后，分别计算出参赛人员各自的总得分（总分 10 分）。

（5）现场公布结果，然后颁发奖项。

（6）达茂旗有机食品包头地区负责人致辞宣布比赛结束。

7. 活动注意事项

（1）活动前。

1）提前两周准备，对可能发生的各种情况进行预案。

2）批准后，要注意以下四个问题：①自报家门，说明去意；②联系好具体的活动时间；③掌握好比赛要求，进行商讨；④确定电话通畅，保持联系的必要性。

3）联系好活动负责人后，提前一周写出策划，并且在举行活动之前将策划发至负责人处，方便参加人员了解策划方案。

4）介绍相关活动，要注意以下四个问题：①简明扼要地介绍场地的状况；②介绍活动的形式；③介绍活动的时间地点；④按要求提供人数和所感谢的话语。

5）整理参加活动的人员姓名联系方式。

6）提前 2~3 天与场地方面联系，通知其必须带的物品，方便其准备。

7）提前一天确定物品是否齐备。

8）活动前一天，以微信和短信的形式，告知参赛人时间地点，确保第二天活动有效地进行。

（2）活动中。

1）活动的主要负责人提前半小时到达比赛场地，进行人数点名和确定，之后前往基地，如果遇到迟到或者未到场地的，打电话进行通知确认。

2）出发前，要求比赛参加者先上车，负责人最后上车，确保参赛人员都已上车无误，下车后，清点人数，确保不遗漏。

3）进入比赛场地之前，跟场地的门卫打招呼，再进入。

4）到了场地内，跟相关负责人联系，以取得下一步的计划。

5）工作人员在活动中，一直要保持良好的形象。

6）工作人员要在活动前安排好各项事务，确保比赛有条不紊地进行，包括音响的调试等。

7）遇到突发状况，负责人要带头解决可能发生的各种事项。

8）注意观察参赛者的各项细节，各方负责人的态度，以便做最后总结。

9）活动后与相关负责人联系，知晓其态度。

10）要对活动进行重访，以便为下次活动做准备。

（3）活动后。

1）清点人数，收好绶带。

2）活动结束后，进行小会总结。

3）汇报活动的情况。

附录二　评分表

2014 年达茂旗德彪有机牛羊厨艺大赛评分

参赛选手		选手编号		
评定项目	内容纪要	扣分	得分	备注
味道（2分）				
质感（2分）				
观感（2分）				
营养卫生（2分）				
创新加分（2分）				
现场操作过失、违规扣分				
用时（20分钟）	实际得分			
考评员认定意见	签名： 　年　月　日	总裁判长签字： 签名： 　年　月　日		

附录三 关于达茂旗有机绿色农副产品的调查问卷

先生、女士：

您好，我们是内蒙古财经大学的市场调查小组。我们这次调查的是关于农副产品的生产、运输、审核、销售等环节，希望市民能更清楚地看到农副产品的优势，让您享受更便捷实用更放心的农副产品。

1. 您的职业：

2. 您的性别：

A. 男   B. 女

3. 您属于哪个年龄段：

A. 18 岁以下   B. 18~24 岁   C. 25~40 岁   D. 41~55 岁

E. 56 岁以上

4. 你通常会选择在哪里购买农副产品？

A. 超市   B. 菜市场   C. 批发市场   D. 直营店

5. 您在该处买菜的理由：

A. 质量安全   B. 快捷方便   C. 便宜   D. 其他

6. 您购买过特产吗？购买的频率怎样？

A. 买过，经常购买   B. 买过，购买频率一般

C. 买过，但不常购买   D. 没买过

7. 您比较青睐于哪些农副产品？

A. 肉类   B. 植物蔬菜类   C. 调味品   D. 其他

8. 您能够接受农副产品的价格范围：

A. 100 元以下   B. 100~200 元   C. 201~300 元   D. 301 元以上

9. 您了解绿色有机食品吗？

A. 十分了解   B. 比较了解   C. 了解   D. 不了解

10. 您了解绿色有机食品有什么优点吗？（可多选）

A. 无污染，无公害   B. 有益于人体健康和吸收

C. 对人体无副作用和直接伤害   D. 接受国家相关法规的认证

11. 您了解达茂旗绿色有机农副产品吗？

A. 了解   B. 不了解

12. 如果有绿色有机农副产品，您希望它在什么地方出现的频率高？

A. 超市   B. 菜市场   C. 批发市场   D. 直营店

E. 其他

13. 如果在包头地区开设达茂旗绿色有机食品专卖店，什么销售形式会吸引

您前去购买？（可多选）

  A. 价格优惠   B. 活动丰富   C. 产品本身优质

  D. 店家及服务态度优良

  14. 如果绿色有机食品专卖店进行销售，你也想购买本产品，如果添加什么销售形式，你会更加青睐？

  A. 物流可以送货上门

  B. 进行 VIP 客户授权，区别其他普通顾客，并进行打折

  C. 不需要

  15. 如果可以，方便留下您的联系方式吗？我们会在数据分析汇总后，再与您联络，到时将有小礼品赠送，谢谢。

  感谢您在百忙中抽出时间来帮我们填写这份调查问卷，您的反馈是我们诚信服务客户的关键，谢谢。